Inhalt

KENT NERBURN

DIE LETZTEN HEILIGEN DINGE

Auf den Spuren indianischer Weisheit

Aus dem Amerikanischen
von Ursula Gräfe

ARKANA
GOLDMANN

Die Originalausgabe erschien unter dem Titel
»Neither Wolf nor Dog« bei New World Library.

Vollständige Taschenbuchausgabe September 1999
© 1997 der deutschsprachigen Ausgabe
Hoffmann und Campe Verlag, Hamburg
© 1994 der Originalausgabe Kent Nerburn
Umschlaggestaltung: Design Team München
Umschlagfoto: Mauritius, Sipa/Image
Satz: DTP-Service Apel, Hannover
Druck: Elsnerdruck, Berlin
Verlagsnummer: 13275
WL · Herstellung: Stefan Hansen
Made in Germany
ISBN 3-442-13275-4

1. Auflage

Für die, die schweigen

Vorwort

»Laßt uns unseren Verstand zusammennehmen und bedenken, welches Leben wir unseren Kindern hinterlassen können.«

SITTING BULL

Der Same für dieses Buch war schon mehrere Jahre, bevor die eigentliche Idee entstand, ausgesät worden.

Ich fuhr mit dem Motorrad durch Norddakota. Die Augustsonne brannte unerträglich heiß, und unendlich wogende Weiten lagen vor mir. Von einer Anhöhe aus entdeckte ich in der Ferne ein einsames Holzgerippe, das auf drei Seiten eingezäunt war und ein flach abfallendes Dach hatte. Zuerst hielt ich es für den verlassenen Obststand eines Bauern oder eine lebensgroße Krippe, die religiöse Fundamentalisten hier aufgestellt hatten. Doch als ich näher kam, erkannte ich, daß es sich um die Überdachung einer historischen Gedenkstätte handelte.

Ich hielt an und ging über die siedendheiße Straße auf die Einfriedung zu. Beim Näherkommen sah ich, daß sie einen großen, unregelmäßigen Felsblock umgab. Eine Tafel erklärte, daß es sich um einen der Büffelfelsen handelte, die bei den Lakota als heilig galten.

Die Tafel war gut gemacht – sehr informativ und bemüht, den Traditionen der Lakota gebührenden Respekt zu erweisen. Wenn man genauer hinschaute, so hieß es, erkannte man an Abschlägen und Zeichen, wie die Bildhauer vor Generationen versucht hatten, dem Fels eine deutlichere Büffelform zu geben.

Sorgfältig las ich die Erklärungen und wandte mich dann dem Felsen zu. Obwohl ich ihn wegen des Zaunes nicht aus der Nähe untersuchen konnte, sah ich einige der Abschläge, die die Handwerker in der Absicht vorgenommen hatten, die Form besser herauszuarbeiten. Der Fels hatte tatsächlich große Ähnlichkeit mit einem Büffel. Es war nicht schwer zu verstehen, warum die Lakota ihn verehrt und ihm spirituelle Bedeutung zuerkannt hatten.

Zu einem früheren Zeitpunkt in meinem Leben hätte ich wahrscheinlich die Information in meinem Gedächtnis gespeichert und wäre fröhlich meiner Wege gezogen, zufrieden, etwas Interessantes gesehen und ein bißchen mehr über indianische Kultur gelernt zu haben.

Aber mein Blick hatte sich verändert. Ich hatte das große Glück gehabt, mit Indianern zusammen zu leben und zu arbeiten. Ich habe an ihren Tischen gesessen und mit ihnen über ihre Kinder gesprochen, habe in frösteligen Missionsturnhallen Basketball mit ihnen gespielt und ihre Toten mit ihnen begraben. Ich habe gesehen, wie sie sich lieben und streiten, wie sie sich beschimpfen und respektieren.

Deshalb betrachtete ich die Einfriedung am glühenden Straßenrand mit anderen Augen. Ich sah ein Stück Erde einen riesigen, stummen Fels – eingepfercht wie ein Tier. Ich sah den lebendigen Glauben eines Volkes auf eine Tafel und eine Sehenswürdigkeit am Straßenrand reduziert, zum intellektuellen Konsum für eine wohlmeinende amerikanische Öffentlichkeit gedacht. Kurz, ich erkannte darin eine der treffendsten Metaphern für das Schicksal des indianischen Volkes, mit dem ich mich wahrscheinlich mein Leben lang auseinandersetzen werde: Der Geist des Landes, der Geist eines Volkes, der benannt, kategorisiert und hinter Zäune verbannt worden war.

Ich war nicht der einzige, der mehr als nur eine Geschichtsstunde in der Einfriedung am Straßenrand gesehen hatte. Ein anonymer Vorgänger hatte ein paar zerbrochene Zigaretten auf den Fels gelegt, die Uneingeweihten bedeutungslos erscheinen mußten. In einem Akt, der ebenso selbstverständlich war wie der Kniefall eines Katholiken angesichts des Sakraments, hatte die Person als heilige Gabe Tabak auf die Skulptur des Büffels gelegt und damit dem Tier gehuldigt, das für die Lakota am stärksten die Freigebigkeit des Universums verkörperte. Darüber hinaus hatte sie oder er *Wakan Tanka*, dem Schöpfer, gehuldigt, dessen Unveränderlichkeit und ewige Beständigkeit sich im Wesen jedes Steines manifestiert.

Für den anonymen Passanten war dieser Fels kein Artefakt, nicht einmal ein Symbol. Er war eine lebendige spirituelle Wesenheit. Daher konnten weder Tafeln noch Einfriedungen des Straßenbauamts, der Historischen Gesellschaft oder tausend wohlmeinender Anthropologen dem Fels die gleiche Würdigung zuteil werden lassen wie jenes schlichte Tabakopfer aus unbekannter Hand.

Als ich damals in der brütenden Augusthitze auf dem einsamen Stück Autobahn in Norddakota stand, legte ich ein privates Gelübde ab. Auch wenn ich die geheiligte Gegenwart des Landes niemals auf die gleiche Art empfinden würde, wie Indianer sie erfahren, könnte ich das Leben und die Werke meiner indianischen Brüder und Schwestern nie mehr als Anschauungsobjekte zwecks Weiterbildung und Erbauung betrachten. Ich hatte die menschliche Verpflichtung, mich für eine Überbrückung der Kluft einzusetzen zwischen der Welt, in die ich hineingeboren war, und der Welt eines Volkes, das ich kennen und lieben gelernt hatte.

Die letzten heiligen Dinge ist mein Versuch, diese Verpflichtung zu erfüllen.

Mir ist bewußt, daß eine große Anzahl indianischer Leser meinem Unterfangen skeptisch gegenüberstehen wird. Sie sind zu oft Zeugen von Mißdeutungen, falschen Darstellungen und

Ausbeutung durch weiße Autoren reinen und unreinen Herzens geworden.

Ihnen, meine Freunde, die so denken, kann ich nur sagen, daß sie mich an dem messen mögen, was ich tue.

Ich glaube, Sie werden erkennen, daß ich weder ein weißer Ausbeuter bin, der mit indianischen Themen Geschäfte macht, weil sie in Mode sind, noch ein blauäugiger *Wannabe*, der auf wundersame Weise in seiner fernen Vergangenheit eine Cherokee-Großmutter entdeckt hat. Und vor allem werden Sie sehen, daß ich nicht zu den höchst ominösen weißen Schriftstellern gehöre, die behaupten, einem alten Weisen begegnet zu sein, der aus unerfindlichen Gründen beschlossen hatte, ihnen seine innersten kulturellen Geheimnisse und Lehren zu offenbaren.

Habe ich meine Aufgabe gut erfüllt, werden Sie erkennen, daß ich einfach ein Mensch bin, der das Glück hatte, Indianer zu kennen und zu schätzen, und dem die Gelegenheit zugefallen ist, durch ein Buch den Gedanken und Empfindungen eines außergewöhnlichen Mannes eine Stimme zu verleihen. Diese Gelegenheit war für mich ein Geschenk, das ich sehr ernst genommen habe.

Dan, dessen Geschichte ich erzähle und dessen Gedanken ich mitteile, hat mich zum Stillschweigen verpflichtet. »Verwische meine Spuren, als würde ich gejagt«, bat er mich. Das tat ich, indem ich änderte und verschleierte, was nötig war. Doch seine Worte sind so wahr und aufrichtig, wie ich sie nur niederschreiben konnte. Liegt Gutes in dem, was er sagt, gehört es ihm. Finden sich jedoch Fehler in der Wiedergabe, sind es meine. Ich habe, in aller Bescheidenheit und allen Ehren, mein Bestes getan und biete es Ihnen als Geschenk dar.

Sie, meine weißen Leser, bitte ich, mit wachem Verstand und offenem Herzen zu lesen. Der Boden, auf dem Sie gehen, seien es Boulevards, Feldwege oder Vorstadtsackgassen, ist indianisches Land. Unter Ihren Füßen ist ein Echo hörbar, wenn Sie bereit sind, Ihren Verstand anzuhalten und Ihrem Herzen zu lauschen.

Doch dieses Echo ertönt nicht in den Mythen und falschen Bildern, mit denen wir aufgewachsen sind. Der betrunkene Indianer, der bösartige Wilde, der edle Weise und die schweigsame Erdmutter sind allein Ergebnisse unserer historischen Imagination. Wir erweisen dem indianischen Volk keine Ehre, wenn wir es auf diese säuberlichen und einfachen Kategorien reduzieren.

Das wahre indianische Volk lacht, weint, macht Fehler, ehrt seinen Schöpfer, wird zornig, geht einkaufen, erzieht Kinder und träumt die gleichen Träume wie Sie oder ich. In ihnen, nicht in den Mythen und Bildern, finden die authentischen Stimmen unseres Landes ihren Widerhall.

Dan ist so ein Mensch. Er paßt nicht in Ihre Vorstellungen. Er ist wie der Büffelfels – roh behauen, elementar und aus der Erde geboren. Doch ebenso wie der Büffelfels offenbart er seine tiefe Spiritualität denen, die Augen haben, sie zu erkennen. Hören Sie ihm zu. Lernen Sie von ihm. Begleiten Sie uns auf unserer Reise, und nehmen Sie teil an unserer Geschichte. Sie werden lernen, wie ich gelernt habe, und es wird zu Ihrem Nutzen sein.

In der letzten Konsequenz müssen wir alle, Indianer und Nichtindianer, zusammenkommen. Die Erde ist unsere Mutter, dies Land unser gemeinsames Erbe. Unsere Geschichte und unsere Schicksale sind miteinander verflochten, gleichgültig, wo unsere Vorfahren geboren wurden und wie sie miteinander umgingen.

Die letzten heiligen Dinge ist ein kleiner Beitrag. Er hat nicht die Absicht, einen Zaun um einen Mann und sein Volk zu ziehen, sondern ihnen mit Worten Ehre zu erweisen. Ich habe mein Bestes getan und lege Ihnen dieses Buch als schlichtes Opfer ans Herz, gleich dem Tabak auf dem Büffelfelsen.

Mögen Sie es in diesem Geiste annehmen.

Kent Nerburn
Bemidji, Minnesota
Frühjahr 1994

Kapitel 1

Der Ruf des Alten

Nachdem das Telefon zweimal geklingelt hatte, hob ich den Hörer ab. Ein Kratzen war in der Leitung, dann eine Stimme.

»Ist dort Nerburn?«

Es war eine Frauenstimme mit indianischem Akzent.

»Ja«, antwortete ich.

»Sie kennen mich nicht«, fuhr sie fort, ohne ihren Namen zu nennen. »Mein Großvater möchte mit Ihnen sprechen. Er hat diese ›Red-Road‹-Bücher von Ihnen gelesen.«

Ich verspürte einen Druck auf der Brust. Einige Jahre zuvor hatte ich mit Studenten im Red-Lake-Ojibwe-Reservat gearbeitet und Erinnerungen von Eltern und Großeltern der Studenten gesammelt. Die beiden daraus entstandenen Bücher, *To Walk the Red Road* und *We Choose to Remember,* hatten bei den indianischen Gemeinschaften Nordamerikas einige Berühmtheit erlangt. Die meisten Indianer schätzten sie wegen der historischen Zusammenhänge, die wir darin eingefangen hatten. Bei anderen dagegen waren alte Wunden aufgerissen worden oder Familienfehden neu entbrannt.

Gelegentlich erhielt ich Anrufe von Leuten, die etwas in den Texten anzweifelten oder darin zitierte Aussagen ihrer Großeltern berichtigt sehen wollten.

»Gern«, erwiderte ich. »Geben Sie ihn mir.«

»Er spricht nicht am Telefon.«

Ich hatte mich schon an die Verschlossenheit von Indianern gegenüber Weißen gewöhnt und wußte, daß einige sehr traditionsbewußte Alte Telefone oder Kameras ablehnten.

»Ist er verärgert?« erkundigte ich mich.

»Er möchte bloß mit Ihnen sprechen.«

Meine Nervosität wuchs. »Wo ist er?«

Sie nannte mir den Namen eines weit entfernten Reservats.

»Was schlagen Sie vor?«

»Könnten Sie ihn aufsuchen?«

Diese Bitte verblüffte mich. Ein seltsames Anliegen für jemanden, den ich nicht einmal kannte und der so weit weg wohnte.

»Es wäre mir wichtig zu erfahren, ob er verärgert ist«, sagte ich.

Die Frau verriet keine Regung. »Er ist nicht ärgerlich. Er hat nur die Bücher gesehen und möchte mit Ihnen sprechen.«

Ich rieb mir die Augen und dachte an die Reise. Nach unserem Projekt, das die Fixierung von mündlichen Überlieferungen zum Ziel gehabt hatte, hatte ich mir das Versprechen gegeben, mich häufiger für Indianer einzusetzen. Ich hatte mich nie zuvor bei einem Volk so wohl gefühlt und nie einen vergleichbaren Sinn für Humor und eine solche Bescheidenheit erlebt. Bei den Indianern herrschte eine friedliche und unkomplizierte Atmosphäre, die weit über die Vorurteile von Trunksucht und Weisheit hinausreichte. Sie unterschieden sich von Weißen, von Schwarzen und von den herrschenden Klischees – sie waren ganz anders. Es war eine Ehre, bei ihnen sein zu dürfen.

Zuweilen stand ich einfach auf dem Boden von Red Lake und empfand die Gewißheit, daß die Vereinigten Staaten dieses Land nie richtig besessen hatten und auch die europäische Kultur es nie wirklich berührt hatte. Ich spürte eine direkte Verbindung zu etwas Elementarem, etwas unvorstellbar Mächtigem, das tiefer als der Fluß der Geschichte dahinströmte. Ich war mir der Auswirkungen gutgemeinter Hilfsbereitschaft auf das Wohl der Indianer nur zu bewußt. Dennoch wollte ich sie als Weißer unterstützen, ihre Welt zu bewahren.

Nun rief mich eine Stimme von weit her in diese Welt zurück und bat mich, den Worten eines alten Mannes Gehör zu schenken.

»Ich komme«, versprach ich, wobei ich mich einerseits für meine Zaghaftigkeit, andererseits für mein Zusage haßte. »Aber nicht sofort.«

»Er ist schon ziemlich alt«, entgegnete sie.

»Bald.«

»Fragen Sie, wenn Sie ankommen, einfach im Dorfladen nach ihm. Er ist fast immer zu Hause. Er möchte dringend mit Ihnen sprechen.« Sie gab mir seinen Namen und hängte auf.

Das war der Beginn dieses Buches.

*E*rst einige Monate später konnte ich die Reise antreten. Ich packte ein paar Sachen zusammen und machte mich mit meinem Pick-up auf den Weg durch die kahle Landschaft in Amerikas Norden. Die Krüppelkiefern wichen Feldern, und Morgennebel stiegen über der hügeligen Prärie auf. Kleine Ortschaften, die sich aus der Ferne durch turmhohe Kornspeicher ankündigten, schossen von mir unbeachtet am Rande des Highway vorbei.

Der Radioempfang kam und ging, von Augenblick zu Augenblick zwischen Rock und klassischer Musik wechselnd, um dann ganz zu verstummen. Ich schaltete von FM auf AM. Landwirtschaftliche Berichte, lokale Werbung für Eisenwarenhandlungen, Spezialsendungen über Rechen, Dünger und Viehfutter.

Ich schaute auf die Karte und markierte die Strecke, die ich bereits zurückgelegt hatte. Die Reservate waren nur durch leicht getönte, mit Punkten umrandete Quadrate gekennzeichnet. Ich versuchte mir vorzustellen, wie Amerika von diesen Inseln in einem Meer immer näher rückender Städte und Farmen aus wirken mochte. Ein leichtes Unbehagen erfaßte mich jedesmal, wenn ich eine Reservatsgrenze überschritt. Ich fühlte mich dann auf eine unbestimmte Weise fremd, unerwünscht und sogar bedroht. Ob die Indianer, die weite Strecken über Land fuhren, die gleiche Bedrohung und Fremdheit empfanden, solange sie sich außerhalb der schützenden Einfriedungen der winzigen getönten Quadrate bewegten? Auf der riesigen Karte unseres Landes befinden sich nur wenige solcher weit auseinanderliegenden Punkte.

Ich erreichte das Reservat nach Einbruch der Dunkelheit. Die Bedienung im Laden war eine stämmige junge Indianerin, die mich mißtrauisch musterte, als ich ihr den Namen des alten Mannes nannte. Drei Jungen, die am Videoregal standen, unterbrachen ihr Gespräch und beobachteten uns.

»Da drüben«, sagte sie und zeigte nach Westen. »Er wohnt drei Meilen außerhalb. Es ist ein bißchen schwer zu finden.«

Ich versicherte ihr, daß ich einen guten Ortssinn hätte.

Sie zeichnete eine kleine Karte auf eine Papierserviette. Die Wegbeschreibung war voller Kurven und natürlicher Orientierungspunkte wie Bachläufe und umgestürzte Bäume. Ich bedankte mich, kaufte ein Päckchen Prinz-Albert-Tabak und machte mich auf den Weg.

Ihre Karte war gut, besser, als ich erwartet hatte. Bald rumpelte ich einen ausgefahrenen Pfad hinauf, in dessen Mitte Unkraut wucherte. Meine Scheinwerfer entsandten einen diffusen Lichtkreis in die Dunkelheit. Ein paarmal glühten die Augen kleiner Tiere sekundenlang am Rande des Weges auf, dann waren die schattenhaften Umrisse auch schon im Unterholz verschwunden. Die Straße machte plötzlich eine Biegung, und eine Lichtung öffnete sich. Meine Scheinwerfer beleuchteten ein kleines, mit Schindeln gedecktes Haus, vor dem zwei Wagen standen. Einer war aufgebockt. Drei Holzstufen führten zur Eingangstür des Hauses. Eine alte Hündin mit Hängebauch lag auf dem Absatz und rannte, als ich die Autotür öffnete, bellend und schwanzwedelnd auf mich zu.

Die Tür öffnete sich und die Silhouette eines Menschen hob sich gegen das Licht im Inneren des Hauses ab.

»Ich bin Nerburn«, sagte ich.

»Ja, kommen Sie rein«, war die Antwort, so als wäre ich bereits erwartet worden. Die Stimme klang alt, aber warm. Meine Befangenheit schwand. Im Tonfall lag der indianische Sinn für Humor, Anmut – fast ein Zwinkern.

Der Hund bellte weiter. »Zurück, Fatback«, brüllte der alte Mann. Der Hund verstummte und kroch unter den aufgebockten Wagen. »Verdammtes Vieh. Ist eines Tages einfach hier aufgetaucht. Jetzt spielt sie sich auf.« Der Alte wandte sich um und schlurfte zurück ins Haus. Er bewegte sich langsam und schwerfällig, hob kaum die Füße beim Gehen.

Ich stieg die Stufen hinauf und trat ein. Die Sachlichkeit, mit der er meine Ankunft aufgenommen hatte, verwirrte mich.

Das Haus war voll männlicher Gerüche – Gebratenes, abgestandener Rauch, kalter Kaffee.

Im Waschbecken stand schmutziges Geschirr. An einer Wand hingen Fotografien – ein vergilbtes Foto Jahrgang 1940, das einen jungen Mann und eine junge Frau vor einem alten Auto zeigte; ein Kaufhausfoto von einem kleinen Mädchen im Taftkleid; das Schulabschlußfoto eines ernsten jungen Mannes im Barett. Ein gerahmtes Foto von John F. Kennedy aus Life stand auf einem Tischchen.

»Setzen Sie sich«, sagte der Alte. Er bat mich an einen gelben Kunststofftisch in der Mitte der Küche. »Trinken Sie Kaffee?«

Ich bejahte. »Gut«, antwortete er und goß mir eine Tasse dünner brauner Flüssigkeit aus einer weißen Emaillekanne ein, die auf dem Herd gestanden hatte. Dann trottete er herüber und setzte sich mir gegenüber.

Er mußte beinahe achtzig sein. Sein Gesicht war zerfurcht und verwittert, das lange graue Haar zu einem Pferdeschwanz zusammengebunden. Er trug ein kariertes Flanellhemd über einem weißen T-Shirt und Hosenträger. Seine Hausschuhe waren lammfellgefüttert. Ein Auge schien trüb, aber in seinem Blick lag ein Zwinkern, das zu dem Zwinkern in seiner Stimme paßte. Ich zog den Prinz-Albert-Tabak aus der Tasche. Meine Zeit in Red Lake hatte mich gelehrt, daß Tabak für Indianer ein Geschenk der Wertschätzung ist.

Der Alte betrachtete den Tabak.

»Hmm.« Mit einer arthritischen Hand nahm er das Päckchen an sich und stopfte es in seine Brusttasche. »Sie haben diese ›Red-Road‹-Bücher geschrieben.«

»Ich habe den Kids dabei geholfen.«

Er faltete die Zeitung zusammen, die auf dem Tisch lag. Darunter lag *To Walk the Red Road,* so als ob auch das Buch meine Ankunft erwartet hätte. Der Einband war mit kleinen Notizen vollgekritzelt.

»Die Bücher gefallen mir.«

»Wir haben unser Bestes getan.«

Er spuckte in eine Kaffeedose, die neben seinem Stuhl stand.

»Ich hab' nicht besonders viel für Weiße übrig.«

»Das ist verständlich.«

»Hatten die etwas für Weiße übrig?«

»Wer?«

»Die Alten in Red Lake.«

20

»Nicht alle.«

Er nahm eine Dose Kautabak vom Tisch und schob sich etwas daraus hinter die Lippe.

»Und Sie?«

»Meinen Sie, ob sie mich mochten?«

Er antwortete nicht.

»Ich glaube, ja. Einige nicht. Sie hielten mich für einen aufdringlichen weißen Kerl. Aber was sollte ich machen?«

»Sie haben das ganz gut gemacht.« Er klopfte auf den Einband von *To Walk the Red Road*.

»Jetzt will ich Sie noch etwas fragen. Wissen Sie, warum die Sie überhaupt gelassen haben?«

»Vielleicht, weil ich Menschen mag und sie gemerkt haben, daß ich sie nicht übers Ohr hauen wollte und die Kids mir vertrauten. Also beschlossen die Alten, mir auch zu trauen.«

»Nein, ich glaube nicht, daß es so war«, sagte er. »Es ist etwas anderes. Sie versuchen nicht, ein Indianer zu werden.«

Ich lächelte angesichts dieses Kompliments. Er war offensichtlich ein Mann des schnellen Urteils.

»Die meisten Weißen, die mit Indianern arbeiten, wollen Indianer spielen. Sie tragen indianischen Schmuck, sprechen vom Großen Geist und sind vollgestopft mit Unsinn.«

»Ich kenne den Typ«, sagte ich.

Er schielte auf meinen Hinterkopf. »Sie tragen keinen Pferdeschwanz. Das ist gut. Und auch keine Türkisringe, oder?« Ich hielt meine Hände hoch. Keine Ringe, keine Uhr. »Gut«, sagte er trocken.

Er nahm seinen Gedankengang wieder auf. »Oder sie denken, wir brauchen irgendeinen weißen Sozialarbeiter, der uns sagt, was wir zu tun haben. Dabei können ein paar von denen nirgendwo sonst Arbeit finden und enden deshalb im Reservat. Wir haben alle möglichen Leute hier.«

Ich nickte.

Er beugte sich vor, als ob er mir ein Geheimnis anvertrauen wollte. »Sie sind anders, oder?« fragte er.

Er senkte seine Stimme zu einem verschwörerischen Flüstern. Vielleicht machte er sich über mich lustig.

»Ich gebe mir Mühe. Aber es wäre eine Lüge zu behaupten, Indianer gefielen mir nicht.«

»Das ist ja auch in Ordnung. Mir gefallen Indianer auch. Aber wie gefallen Ihnen die Weißen?«

Die Frage erschien mir sonderbar.

»Ich bin nicht gerade begeistert von der Kultur, die wir geschaffen haben.«

»Ja, okay. Aber was ist mit den Weißen selbst?«

Ich wußte nicht, worauf er hinauswollte.

»Natürlich mag ich Weiße«, sagte ich. »Schließlich bin ich einer von ihnen.«

»Das meine ich«, kicherte er. »Das ist gut. Das ist gut. Wenn man sein eigenes Volk haßt, kann man kein besonders guter Mensch sein. Man muß sein eigenes Volk lieben, auch wenn man haßt, was es tut.« Er deutete auf den Becher auf dem Tisch. »Da – trinken Sie Ihren Kaffee.«

Ihm zu Gefallen nahm ich einen Schluck. Er schmeckte wie ausgekochte Zweige und Gummireifen.

Er hatte genug mit mir gespielt und fixierte mich nun.

Plötzlich war ich mir meiner Hautfarbe und meiner vergleichsweisen Jugend stark bewußt. Es drängte mich, herauszubekommen, worum es ging, aber die Erfahrung hatte mich Besseres gelehrt. Indianer trafen ihre eigenen Entscheidungen und bestimmten ihren eigenen Zeitpunkt. Der Alte würde sich erklären, wenn er es für richtig hielt.

Er deutete auf ein Bild an der Wand. »Das ist mein Sohn«, sagte er. »Bei seinem Abschluß in Haskell.«

Haskell ist ein indianisches Junior College in Kansas. Bekannte von mir, die es besucht hatten, waren sehr stolz darauf.

»Hat es ihm gefallen?«

»Er ist tot«, erwiderte der Alte. »Wurde getötet.«

»Ein gutaussehender Junge.«

»Ja. Er hat zuviel getrunken. Er wäre jetzt in Ihrem Alter.« Er fixierte mich wieder mit seinem bohrenden Blick. »Ich möchte, daß Sie mir dabei helfen, ein Buch zu schreiben.«

Die unvermittelte Aufforderung machte mich sprachlos.

»Ich bin achtundsiebzig«, fuhr er fort. »Das Leben war schwer. Ich möchte alles niederschreiben.«

»Alles was?« fragte ich.

»Was mir auf der Seele liegt.«

Ich vermutete, ich sollte seine Memoiren schreiben. »Meinen Sie so etwas wie Ihre Memoiren?«

»Nein. Was mir auf der Seele liegt. Ich beobachte Menschen. Indianer und Weiße. Ich sehe Dinge. Ich will, daß Sie mir dabei helfen, sie richtig niederzuschreiben.«

Er stand auf, ging in sein Schlafzimmer und kam mit einem Bündel loser Blätter in der Hand wieder heraus.

»Ich habe ein paar Sachen notiert. Meine Enkelin findet, ich sollte etwas damit machen.«

Bestürzt und aufgeregt fragte ich mich, ob ich die Seiten überhaupt sehen wollte. Vielleicht entpuppte sich der Alte als Spinner voll wilder religiöser Theorien. Andererseits bestand auch die Möglichkeit, daß ich einen jener seltenen Chronisten des Lebens vor mir hatte, denen es gelang, den lebendigen Atem ihrer Zeit einzufangen.

Er reichte mir den Papierstoß. »Lesen Sie«, forderte er mich auf.

Nach zwei Seiten wußte ich, daß ich einer außergewöhnlichen Persönlichkeit gegenübersaß. Der Alte war weder der befürchtete Spinner noch der erhoffte Chronist. Er war ein Denker, natürlich und schlicht, der die Welt um sich herum ausdauernd und scharf beobachtet hatte.

Seine Arbeit war nicht geschliffen. Sie war nicht einmal vollständig. Ganze Seiten waren mit unzusammenhängenden Betrachtungen und langen Passagen ohne Zeichensetzung gefüllt. Gedanken, auf Serviettenfetzen und Briefumschläge gekritzelt. Doch unter dem fragmentarischen Durcheinander lagen Einsichten, die ebenso tief und klar wie ein Bergsee waren.

»Es wäre mir eine Ehre, Ihnen zu helfen«, sagte ich.

»Gut. Ich möchte das alles so bearbeitet haben, daß es richtig klingt.«

»Es klingt jetzt schon richtig«, erwiderte ich.

»Nein, nicht so, wie ich es will. Ich habe lange darüber nachgedacht. Es gibt Dinge, die die Weißen erfahren müssen. Ich will, daß sie sich gut anhören, damit die Leute nicht sagen: ›Ach, da erzählt ja nur ein alter Indianer.‹«

»Ja, aber«, lachte ich, »Sie sind doch ein alter Indianer, der erzählt.«

Im selben Augenblick spürte ich, daß ich einen Fehler gemacht hatte. Er drehte sich weg, wandte seinen Blick von mir ab. Ohne mich anzusehen, sprach er langsam weiter. »Die Weißen haben immer versucht, uns zu Tieren zu machen, zu Tieren in einem Zoo. Wenn das nicht gut klingt, so wie ein Weißer sich das vorstellt, machen sie mich wieder zu einem Tier im Zoo.« Er stand auf und ging zum Waschbecken. Er drehte mir immer noch den Rücken zu. »Ich bin müde. Ich gehe ins Bett.«

Meine Wangen brannten. Ich wußte, daß ich ihn beleidigt hatte.

Wieder einmal hatte ich mich wie ein Weißer verhalten und

unüberlegt drauflos geplappert. Doch ich hatte genug von seiner Arbeit gesehen, um zu wissen, daß sie wichtiger als meine und sogar seine Empfindlichkeiten war.

Ich machte noch einen Vorstoß.

»Hoffentlich habe ich Sie nicht beleidigt«, entschuldigte ich mich.

»Ich gehe ins Bett«, sagte er, ohne sich umzuwenden. Er trottete ins Schlafzimmer und schloß die Tür.

Es war still, und ich lauschte dem unregelmäßigen Surren der Leuchtröhre über meinem Kopf. Was sollte ich tun? Ihm vielleicht eine Nachricht schreiben? Das erschien mir albern. Ich stand auf, schaltete ein paar Lampen aus, klemmte mir die ramponierten Seiten des Alten unter den Arm und ging.

*I*n dieser Nacht schlief ich kaum. Das Motelbett war eine Katastrophe, und die vorbeidonnernden Laster ließen die Wände erzittern. Ich hatte diese Seiten an mich gebracht, ohne daß der Alte sie mir angeboten hatte. So etwas hatte ich noch nie getan. Allein daß er sie mir gezeigt hatte, war ein Geschenk gewesen. Und ich hatte sie gestohlen. Ich hielt mich für den niederträchtigsten weißen Mann, der je gelebt hatte, denn ich hatte das Vertrauen eines Indianers zu meinem Vorteil mißbraucht.

Doch ich verfolgte ein Ziel. Die einzige Möglichkeit, das Vertrauen des Alten zu gewinnen, war, es zunächst einmal aufs Spiel zu setzen.

Die ganze Nacht brütete ich über seinen Notizen. Ich stellte Passagen um und korrigierte Grammatik, versuchte Themen zu verknüpfen und Leitgedanken zu Kapiteln zu gruppieren. Dann bemühte ich mich, im Tonfall des alten Mannes zu schreiben. Um halb fünf hatte ich ein Kapitel fertig, das sich ganz gut anhörte. Ich schrieb es ins reine, und erst als die Sonne begann, die Säume der Gardinen zu färben, schlief ich ein.

Gegen halb acht erwachte ich. Aus Furcht, der alte Mann könnte das Verschwinden des Manuskripts schon entdeckt haben, zog ich mich hastig an und machte mich auf den Weg, ohne auch nur zum Frühstücken anzuhalten.

Vor dem Haus stand ein weiteres Auto.

Ich wartete bei meinem Wagen, bis jemand an die Tür kam. Eine jüngere Frau – die Enkelin des Alten – winkte mich ins Haus.

Der Alte war gerade dabei, Haferflocken mit Speck zu verzehren. Ich legte die zerfledderten Seiten sofort neben ihn auf den Tisch. Er sah mich nicht an.

»Ich habe versucht, ein Kapitel so zu schreiben, wie er es sich vielleicht vorstellt«, wandte ich mich an die Frau. Mit jeder Faser meines Seins wünschte ich mir, das Gespräch in Gang zu halten – mich zu erklären und zu rechtfertigen. Am dringendsten ersehnte ich irgendeine Reaktion. Doch ich mußte schweigen.

»Lies vor, Wenonah«, sagte der Alte.

Ich lauschte, wie sie meine Worte in ihrer sanften, schwingenden Stimme vorlas. Sie klangen gestelzt und enttäuschten mich.

Als sie geendet hatte, pochte der Alte mit seinem arthritischen Finger auf den Tisch. »Nehmen Sie Kaffee«, forderte er mich auf.

Ich konnte ein Lächeln kaum unterdrücken. Ich hatte eine Art Prüfung bestanden, wußte aber nicht, wie oder warum.

Sie schenkte mir aus der großen Emaillekanne ein.

»Das war's, was ich von Ihnen wollte«, sagte der Alte. »So soll es sich anhören. Als ob ich einen Haskell-Abschluß hätte.«

Kapitel 2

Opferfeuer

Es vergingen mehrere Monate, bis ich wieder ins Reservat kam. Ich hatte einen Stoß zerfledderter Heftblätter und einige Schuhkartons mit Notizen, die auf alles mögliche, von Servietten bis Kassenzetteln, geschrieben waren, mit nach Hause genommen. Einer der Kartons enthielt eine Auswahl Zeitungsausschnitte, die der Alte über die Jahre gesammelt hatte – Todesanzeigen von Freunden, Artikel über indianische Themen und Politik, außerdem ein paar Ann-Landers-Kolumnen und Werbeanzeigen. Ich war nicht in der Lage, ein bestimmtes System darin zu entdecken oder die Gründe zu erahnen, aus denen er die Sachen gesammelt oder, ganz zu schweigen, warum er sie mir mitgegeben hatte.

Dennoch hatte ich keine Fragen gestellt.

In den vergangenen Monaten hatte ich viele Stunden damit verbracht, Papiere auszulegen und die Sätze und Notizen zu thematischen Einheiten zusammenzustoppeln. Als ich die Auffahrt zu seinem Haus hinauffuhr, war ich gespannt, aber auch beunruhigt. Ich hatte, wie ich glaubte, ein paar gute Kapitel herausgearbeitet. Dennoch wirkte das Ganze künstlich und irgendwie unbefriedigend, so als ob es eher meine Arbeit als seine wäre. Ich war begierig zu erfahren, wie er reagieren würde.

Fatback hatte ihren Stammplatz auf der Veranda bezogen. Sie bellte einmal, dann zog sie sich eilig in das Erdloch zurück, das sie sich unter dem Schrottauto gegraben hatte. Aus dem Haus tönte Gelächter.

Gleich darauf erschien der Alte in der Tür. Er winkte mich mit einer Bewegung seines Handgelenks herein. »Sie haben sich eine Weile nicht blicken lassen«, war alles, was er sagte. Er ließ jedes Maß an Überraschung und Förmlichkeit vermissen, so als wäre ich zehn Minuten weg gewesen.

Am Tisch saßen drei Männer und spielten Karten. Alle waren betagt, aber keiner war so alt wie Dan. Das Haus war voller Zigarettenqualm. In der Ecke plärrte der Fernseher.

Einer der Männer schaute auf und fragte: »Wer ist das: Grizzly Adams?« Die Frage klang gutmütig und war an den Alten gerichtet, als ob er und nicht ich dafür verantwortlich wäre, meine Anwesenheit zu erklären. Die anderen Männer lachten ein bißchen und nickten, worauf sie sich wieder den Karten zuwandten. Abgesehen davon beachtete mich niemand. Der Alte stellte mich weder vor, noch bot er mir einen Platz an.

Einer der Männer warf drei Karten auf den Tisch. »Verdammt noch mal«, sagte der andere, und alle brachen in Gelächter aus. Ich hatte mein Päckchen Prinz Albert für den Alten dabei, aber es erschien mir seltsam und unangebracht, es ihm zu geben. Ich stand schweigend da mit meinen Computerausdrucken in der Hand und lauschte dem Brummen der Leuchtröhre über meinem Kopf.

»Spielt der *Wasichu* Karten?« fragte einer den Alten. Ich erkannte das Lakota-Wort für »weißer Mann«.

»Weiß nicht«, antwortete er. Er zeigte mit seiner Zigarette zu mir herüber. »He, Nerburn. Können Sie Karten spielen?«

»Nein«, erwiderte ich. »Hab's nie richtig gelernt.«

Einer der Männer grunzte. Meine Anwesenheit war nicht mehr von Bedeutung. Er teilte ein neues Blatt aus, während ich unbehaglich in der Tür stand, unbeachtet und vergessen.

Plötzlich, als ob er gewartet hätte, sagte der Alte: »Also, lesen Sie mal was vor.« Die anderen rauchten und unterhielten sich weiter untereinander.

»Jetzt?«

»Ja, zum Teufel, wer weiß, ob ich bis morgen durchhalte.«

Allgemeines Gelächter. Ich wollte weg.

Ich ging weiter in die Mitte des Zimmers und fing an, in meinen ordentlich gebündelten Packen zu blättern, auf der Suche nach einer Passage, zu der ich Zutrauen hatte.

»Nehmen Sie irgendwas. Egal, was«, sagte der Alte.

Ich griff nach dem obersten Blatt. Es war einer der schönsten Aufsätze und schon perfekt gestaltet, als ich ihn bekam. Im Gegensatz zu den anderen war er in säuberlicher Druckschrift und mit Kugelschreiber geschrieben und in einem separaten Umschlag versiegelt gewesen. Ich war nicht einmal sicher, ob er ihn allein geschrieben hatte.

Lediglich die Grammatik hatte ich verbessert und einige Worte ausgetauscht. Doch die Sätze, den Rhythmus und die Gedanken hatte ich in ihrem ursprünglichen Zustand belassen.

Ich räusperte mich wie ein Schuljunge und begann:

*H*allo, meine Freunde.

Ich werde nun zu euch sprechen, nachdem ich viele Jahre darüber nachgedacht habe.

Ich habe mich immer bemüht, dem Weg meiner Väter zu folgen. In meinen Ohren klingen die Worte von Sitting Bull und sagen mir, den Weißen sei nicht zu trauen. Doch ich habe auch die Worte von Black Kettle vernommen, die uns lehrten, die Hand zum Frieden auszustrecken.

Ich habe die Worte der beiden Großen in meinem Herzen getragen.

Jetzt, wo ich alt bin, habe ich beschlossen zu sprechen.

Viele von meinem Volk wünschen mein Schweigen. Sie wollen, daß wir uns weiter vor dem weißen Mann verstecken. Jedesmal, wenn wir unsere Hand dargeboten haben, hat er uns vernichtet, warnen sie.

Aber wir haben keinen Ort mehr, an dem wir uns verstecken könnten. Der weiße Mann hat die Macht über die Luft, die wir atmen, und das Wasser, das wir trinken. Er ist unter uns im Guten wie im Bösen. Unsere Zahl ist gering, aber unsere Herzen sind stark. Wir müssen zusammenkommen, der rote Mann und der weiße Mann, ein letztes Mal, bevor es zu spät ist. Vielleicht werden die starken Herzen diesmal gehört. Wenn nicht, was macht das schon? Dann ist unsere Zeit ohnehin abgelaufen.

Ich habe mich entschlossen, anders zu denken. Der Schöpfer hat unser Volk nicht geschaffen, damit es vernichtet und vergessen wird. Wir sind Teil des großen Kreislaufs der Schöpfung. Die Stimme unseres Volkes muß gehört werden.

Bliebe ich stumm, fehlte uns eine Stimme. So habe ich mich entschlossen zu sprechen.

Ihr müßt mir vergeben, wenn meine Worte zuzeiten zornig klingen. In meinem Geist ist großer Zorn. Niemand, der die Leiden unserer Kinder und die Tränen unserer Mütter sah, kann den Zorn vermeiden. Doch in meinem Herzen kämpfe ich darum, zu vergeben, denn meine Lehrmeisterin ist die Erde, und die Erde lehrt uns Vergebung.

Wenn die Berge Kahlschlag und Minen vergeben und ihre Narben mit frischem Sommergras bedecken können, sollten wir dann nicht auch in der Lage sein, die Wunden mit dem frischen Gras von Güte und Verständnis zu heilen?

Wenn der Wald den Mord all seiner Kinder überleben und sich dennoch wieder in Schönheit erheben kann, warum sollte ich nicht auch den Mord an meinem Volk überleben und mein Herz wieder der Sonne zuwenden?

Es ist nicht einfach für einen Menschen, so großmütig wie ein Berg oder ein Wald zu sein. Deshalb hat der Schöpfer sie uns als Lehrer zur Seite gestellt. Jetzt, als alter Mann, blicke ich wieder zu ihnen hin, um zu lernen anstatt zu versuchen, die Wege der Menschen zu verstehen.

Sie ermahnen mich zur Geduld. Sie sagen mir, daß ich das, was ist, nicht ändern kann. Ich kann nur hoffen zu ändern, was wird. Laßt das Gras über unsere Narben wachsen, sagen sie, und Blumen auf unseren Wunden blühen.

Wenn ich zuviel oder unrecht gesprochen habe, mögen andere sprechen und es besser machen. Habe ich aber wahr gesprochen, mögen andere die Worte hören und sie beherzigen.

Ich bin nur ein Mensch. Man hat mir keinen Platz an der Spitze meines Volkes gegeben oder mich dazu erzogen, zu ihm zu sprechen. Ich sage diese Dinge, weil ich glaube, daß sie gesagt werden müssen. Vielleicht kommen andere, die sie besser sagen können. Dann werde ich beiseite treten.

Doch ich bin alt und kann nicht warten. Ich habe mich entschlossen zu sprechen. Ich werde nicht länger schweigen.«

A ls ich fertig war, schaute einer den Alten an.
»Hast du das geschrieben, Dan?«

Der Alte blieb ungerührt. »Das geht«, sagte er.

»Was, zum Teufel, hast du vor?« fragte der Mann mit den Karten.

»Es sind nur ein paar Worte.«

»Jesus Maria, du machst ein Buch?«

Der erste meldete sich zu Wort. »Ich finde es verdammt gut.«

Der dritte Mann hatte geschwiegen. »Ich weiß nicht«, sagte

er jetzt. Wie auf ein unhörbares Stichwort erhob er sich, um zu gehen. Die beiden anderen standen ebenfalls auf.

»Vergeßt nicht die Karten in euren Ärmeln«, sagte der Alte. Die Männer lachten und gingen einer nach dem anderen aus der Tür.

»Hab' ich etwas falsch gemacht?« fragte ich.

Der Alte zündete sich eine Zigarette an. »Nein, sie haben nur beschlossen, nach Hause zu gehen. Lassen Sie mich das noch mal hören.«

Ich las das Kapitel noch einmal vor. Es klang sonderbar und gestelzt in einem Raum voller Spielkarten und Zigarettenqualm. Der alte Mann sah meine Verwirrung.

»Ihr weißen Knaben versteht das nicht«, sagte er. »Kommen Sie morgen früh wieder, und ich zeige Ihnen was.« Er spuckte etwas in die Kaffeedose neben seinem Stuhl. »Vergessen Sie nicht, ein bißchen Tabak mitzubringen.«

D er Morgen graute schwer und feucht. Moskitos schwirrten gegen das Insektengitter, und ein nebliger Dunst stieg von den Feldern vor dem Motelfenster auf. Irgendwo ganz nah stand ein Sattelschlepper, dessen Kühlsystem in Gang war. Das tiefe Brummen des Dieselmotors vibrierte und dröhnte gegen die Mauer des Motels.

Die rätselhafte Reaktion des Alten machte mich nervös. Es war eine lange Fahrt und eine teure Angelegenheit, ihn hier draußen zu besuchen. Ich wünschte mir eine konkretere Bestätigung – ein Dankeschön, ein gewisses Maß an Spannung und Erwartung, irgend etwas. Doch alles, was ich bekam, waren Kopfnicken und Grunzer und Leute, die ohne ersichtlichen Grund kamen und gingen.

»Ruhig bleiben«, ermahnte ich mich selbst. Mir fiel ein, was ein Mann, ein Stammeshäuptling der Ojibwe, den ich sehr schätzte, auf die Frage nach der indianischen Zeit gesagt hatte. »Wissen Sie, was indianische Zeit bedeutet?« hatte er bei einem Treffen mit den einheimischen College-Studenten gefragt. »›Wenn ich verdammt noch mal soweit bin‹. Das bedeutet sie.«

Der Alte lebte nach indianischer Zeit. Ich lebte immer noch nach der Uhr und einer Gehaltsabrechnung.

Ich duschte mich rasch und zog Jeans und ein T-Shirt über. Ich war in Sandalen gekommen, aber sie wirkten auf peinliche Weise städtisch, also nahm ich die Arbeitsstiefel aus meinem Matschsack und zog sie über ein Paar graue Baumwollsocken. Ich warf einen kurzen Blick in den Spiegel. Bei meinem blonden Haar und dem rasch ergrauenden Bart konnte ein alter Indianer ohne Schwierigkeiten eine Ähnlichkeit mit Grizzly Adams feststellen. Sie hätten mich Schlimmeres nennen können.

Der Alte wartete schon, als ich ankam. Wieder machte ihm seine Enkelin das Frühstück. Ich begann mich zu fragen, ob das ein tägliches Ritual war und wo sie wohl jeden Morgen herkam. Sie briet rauchende Speckstücke auf einer alten gußeisernen Backplatte, dann goß sie das geschmolzene Fett in eine große Schüssel mit Haferflocken.

»Auch Hunger, Nerburn?« fragte sie, während sie das Fett mit einem großen Metallöffel unter den Haferbrei rührte. Ihre Vertraulichkeit verblüffte mich fast ebenso wie das Frühstück, das sie da zusammenrührte.

»Ein paar Scheiben Speck und eine Tasse Kaffee wären großartig.« Ich erinnerte mich an ihren Kaffee, der immerhin etwas vielversprechender geschmeckt hatte als der des Alten. Mehr nach Zweigen und weniger nach Autoreifen. Auf jeden Fall war ich bereit, alles zu ertragen, um dem fragwürdigen Brei zu entgehen, den sie auf dem Herd hatte.

Der Alte trommelte mit seinem arthritischen Finger auf den Tisch. »Haben Sie den Tabak mitgebracht?«

Ich nickte. »Ich hatte ihn schon gestern abend dabei, aber es schien mir nicht die rechte Zeit dafür zu sein.«

»Das liegt bei Ihnen«, sagte er. Seine Enkelin schaute aus den Augenwinkeln zu mir herüber, wandte aber den Blick ab, als sie merkte, daß ich sie beobachtete.

Kurze Zeit später rumpelte ein weiterer Wagen die Auffahrt hinauf. Fatback raste aus ihrer Kuhle und begann zu bellen.

»Ach, halt's Maul«, kam eine Stimme von draußen. Drei Autotüren schlugen, und ich hörte Schritte die Treppe hinauftrampeln. Die Tür öffnete sich, und die drei Kartenspieler vom vorigen Abend traten ein. Sie nickten mir zu und zogen sich Stühle heran. Einer von ihnen ging zur Enkelin des Alten und legte den Arm um sie. »Du kannst meinen Speck jederzeit braten«, kicherte er. Wenonah gab ihm einen spielerischen Schubs. »Du hast keinen Speck mehr, den man braten könnte, Grover«, sagte sie. Die anderen brachen in brüllendes Gelächter aus.

Grover kam herüber und setzte sich an den Tisch. Ich hatte am Abend davor nicht besonders auf ihn geachtet, mir war nur aufgefallen, daß er derjenige gewesen war, der das, was ich geschrieben hatte, mißbilligte. Er war etwa Ende Fünfzig und hatte die drahtige Figur eines ehemaligen Sportlers oder Straßengangsters. Er trug Jeans, Cowboystiefel und ein strahlend weißes T-Shirt, das aussah, als käme es frisch aus der Wäscherei. Die Ärmel waren sorgfältig aufgerollt und gaben eine Adlertätowierung auf seinem rechten Bizeps frei. Er trug einen Bürstenschnitt, und seine Haare hatten die Farbe von Zigarettenasche. Ich hatte das bestimmte Gefühl, daß er einmal bei der Marine gewesen war. Er hatte den rollenden Gang und die charakteristische Haltung eines Seemanns.

34

Wenonah brachte mir den Speck und eine Blechtasse mit Kaffee.

»Du bist ja sehr nett zu dem weißen Knaben, Wenonah«, sagte Grover.

»Er ist eben kein alter Ziegenbock wie du.«

Grover blökte mehrmals und lachte herzlich.

»Wahrscheinlich wollt ihr auch essen?« fragte sie die Männer.

»Nerburn hat euch etwas mitgebracht«, unterbrach der Alte. Er warf mir einen Blick zu und wies mit seinen Augen auf meine Tasche. Ich zerrte hastig den Tabak hervor.

»Hier«, sagte ich und bot ihn Grover an. »Mr. . . .« Ich wußte nicht, wie ich von dem Alten sprechen sollte. Ich wußte zwar, daß er Dan hieß, aber das schien mir zu vertraulich. Ich entschied mich dafür, eine Namensnennung zu umgehen. »Man hat mich hierher gebeten, um bei einem Buch zu helfen. Ich betrachte das als eine große Ehre und würde mich sehr geehrt fühlen, wenn auch Sie mir helfen würden.«

Die Männer saßen stumm da, ungerührt. Niemand sagte ein Wort – minutenlang, so schien es mir. Die Stimmung im Raum hatte sich völlig verändert. Schließlich nahm Grover das Päckchen Prinz Albert. »Wenn Dan meine Hilfe braucht, werde ich ihm helfen.« Die anderen nickten. Wenonah wandte uns den Rücken zu und sagte nichts.

Grover starrte in Gedanken versunken zu Boden. Auf einmal stand er auf und ging zur Haustür hinaus.

Der Alte wischte die Überreste seiner Haferflocken mit einem labbrigen Stück Toast aus der Schüssel. Die beiden anderen Männer saßen auf einer zerrissenen geblümten Couch an der Wand. Außer mir schien das Schweigen niemanden zu stören.

Grover sagte etwas durch die Fliegengittertür, das ich nicht verstand. Der Alte antwortete ihm in der gleichen Sprache, stand auf und ging nach draußen. Wenonah ließ zwei Scheiben Toast auf meinen Teller fallen. »Essen Sie, sonst wird der Toast kalt«, sagte sie ruhig.

Einer der Männer auf der Couch erhob sich und schaltete den Fernseher an. Eine aufdringliche Stimme schilderte die Vorzüge eines Geschirrspülmittels. Vor der Gittertür unterhielten sich Grover und der Alte in Lakota. Aus dem Ton ihrer Stimmen ließ sich nichts über den Inhalt ihres Gesprächs schließen.

Hinter mir hörte ich plötzlich die Fliegengittertür schlagen. Der Alte kam an den Tisch und bedeutete mir mit einer Kopfbewegung, nach draußen zu kommen.

»Grover findet es zu weiß«, sagte er. »So, wie Sie es geschrieben haben.«

Ich schaute ihn an, verblüfft. »Es sind Ihre Worte. Ich habe sie nur ein bißchen aufgemöbelt.«

Er winkte mich mit der gleichen seltsamen, tatzenartigen Bewegung, die mir schon früher an ihm aufgefallen war, nach draußen.

Grover saß auf der Veranda, die Ellbogen auf den Knien. Mit den Händen schützte er seine Zigarette, damit sie im Wind nicht so schnell herunterbrannte. Er starrte geradeaus, weg von mir.

»Irgend etwas stimmt nicht«, sagte er, während er weiter geradeaus starrte.

Ich errötete ein wenig. »Sie meinen, es klingt falsch?«

»Nein, eigentlich nicht. Es klingt schon gut, aber es ist nicht realistisch. Es hört sich zu sehr nach Indianerfilm an.«

»Ich weiß nicht genau, was Sie meinen.«

Grover rutschte auf dem Treppenabsatz herum und schaute den Alten an. »Erinnerst du dich an diese Frau aus New York?«

Dan brach in lautes Gelächter aus. »Zum Teufel, ja. Du hast sie mit deinem ewigen Gehuste fast zu Tode erschreckt.«

»Erzähl Nerburn die Geschichte.« Wieder überraschte es mich, wie familiär sie mit mir umgingen.

Dan setzte sich in einen ausgedienten Autositz, der neben dem Absatz lehnte.

»Einmal kam eine Frau aus New York. Sie schrieb einen Film über irgendeinen Weißen, der etwas Gutes für die Indianer getan hat – seinen Namen habe ich vergessen. Sie wollte sich mit Indianern unterhalten, um zu hören, wie wir reden.

Sie war ziemlich aufgedonnert, trug neue Jeans und Cowboystiefel und ein Tuch um den Hals. Sie sah aus, als wollte sie auf Safari gehen. Ich glaube, ihre Kleider waren teurer als mein Auto. Es war schon komisch, sie zu sehen. Sie mußte alles in Augenschein nehmen, bevor sie sich hinsetzte, ging oder sonst etwas tat. Ihre größte Sorge war, daß sie sich schmutzig machen könnte.

Einige von uns erklärten sich bereit, mit ihr zu reden. Wahrscheinlich dachten wir, wir könnten ein paar Dollar dabei verdienen. Außerdem wollten wir rausfinden, was mit ihr los war. Wissen Sie, seit dem Film *Der mit dem Wolf tanzt* sind wieder viele Leute hinter Indianern her.

Jedenfalls hatte ich ein paar Bücher dabei. Eins von Ihren ›Red-Road‹-Büchern und ein paar andere, die Stämme gemacht haben, bei denen die Leute Geschichten erzählen. Ich dachte, die würden ihr vielleicht nützen.

Sie versuchte uns Fragen zu stellen, aber ich merkte, daß die anderen sie nicht mochten. Also sagten sie gar nichts. Saßen nur da und schauten zu, wie sie immer nervöser wurde. Es war ziemlich lustig.

Ich gab ihr die Bücher zu lesen. Sie schaute sie ganz schnell durch und sagte dann, daß sie keine Hilfe wären, weil die Leute ›platt und uninteressant‹ klängen. Genau das sagte sie. Wörtlich ›platt und uninteressant‹.

Dabei sind darin die Stimmen lebender Menschen festgehalten. Trotzdem waren sie nicht gut genug für die Dame. Sie hörten sich nicht an, wie ihrer Meinung nach Indianer zu klingen hatten. Es war ihr völlig egal, wie Indianer wirklich sprechen. Sie wollte nur, daß wir uns so benahmen, wie sie es sich vorstellte.

Als ich ihr erklärte, es gäbe ein paar Indianer in Greenwich Village, die sich besser anhörten, wußte sie nicht, ob ich es ernst meinte oder nicht, also erklärte ich ihr weiter, daß Indianer aus New York möglicherweise besser sprachen, weil sie zur irokesischen Konföderation gehört hatten und deshalb viel eher gewöhnt waren, Reden zu halten.

Sie schrieb sich alles auf und reiste ab. Anscheinend war sie sehr froh, abreisen zu können. Grover räusperte sich pausenlos, und sie fürchtete dauernd, daß er ausspucken würde oder so. Je nervöser sie wurde, desto öfter räusperte er sich. Er rasselte und röchelte wie ein Ertrinkender. Ich bin fast geplatzt am unterdrückten Lachen.«

Grover nickte schweigend. Die Asche an seiner Zigarette war fast drei Zentimeter lang. »So ist das, Nerburn«, sagte er. »Weiße haben kein Interesse an echten Indianern, sie wünschen sich Bilderbuch-Indianer.«

Ich war beschämt und verletzt. »Ich hoffe, ich habe . . .« Ich stockte, weil ich wieder mit der Notwendigkeit konfrontiert war, den Namen des alten Mannes zu nennen.

Aber der Alte kam mir zu Hilfe. »Zum Teufel, nennen Sie mich, wie Sie wollen. Ich heiße Dan, aber viele Leute nennen mich den Alten oder Großvater. Mir ist's egal.«

»In Ordnung«, fuhr ich fort und wandte mich ihm zu. »Ich hoffe, ich habe Sie nicht zum Bilderbuch-Indianer gemacht, aber Sie haben gesagt, es soll sich anhören, als wären Sie in Haskell gewesen.«

Der Alte lächelte. Er wollte mir zu verstehen geben, daß das, was ich geschaffen hatte, ihn zufriedenstellte. Doch Grover hatte noch etwas auf dem Herzen.

»Das Problem ist folgendes.« Grover wandte seine Aufmerksamkeit mir zu. »Das, was Sie geschrieben haben, ist okay . . .«

»Ich finde es verdammt gut«, unterbrach Dan.

»Ja, ist es«, stimmte Grover zu. »Es ist zu gut. Sie sollten es an die Frau aus New York schicken.«

Ich beobachtete den Alten ganz genau. Obwohl ich kaum daran beteiligt war, fühlte ich mich angegriffen und genötigt, die Rede, die ich für wunderschön hielt, zu verteidigen. Aber der Alte lehnte sich nur mit einem nachdenklichen Ausdruck zurück und sog heftig an seiner Zigarette.

»Ich finde, die Sache ist gut, aber gefährlich wie nur etwas«, fuhr Grover fort.

»Gefährlich?« fragte ich.

»Ja, ich will Ihnen eine Frage stellen. Was mache ich gerade?«

»Sie meinen, was Sie versuchen, mir zu erklären?«

Er schüttelte den Kopf wie ein frustrierter Lehrer. »Nein, nein. Ich meine, was mache ich gerade? Was tue ich in diesem Augenblick?« Er hielt mir seine Zigarette unter die Nase, Hilfestellung für einen Begriffsstutzigen.

»Sie rauchen eine Zigarette.«

»Richtig. Und woraus besteht diese Zigarette?«

»Aus Tabak.«

»Genau. Sie wissen, daß uns Tabak heilig ist? Gerade haben Sie mir Tabak geschenkt, ja? Ist diese Zigarette jetzt heilig?«

Dan grinste. Er ahnte, worauf Grover hinauswollte. Ich war völlig verwirrt.

»Ich weiß nicht«, gab ich zu.

Grover nahm den kurzen weißen Stummel aus dem Mund und drückte ihn theatralisch auf dem Treppenabsatz aus. »Nein. Das war eine ganz gewöhnliche Zigarette.« Er griff in seine Brusttasche und zog das Päckchen Prinz-Albert-Tabak, das ich ihm geschenkt hatte, heraus. »Das ist jetzt heilig, weil Sie es mir mit einer heiligen Absicht gegeben haben. Können Sie mir folgen?«

Ich lächelte schwach. Er sprach weiter. »Manchmal sind die Dinge heilig und manchmal nicht. Es ist nicht heilig, wenn der Mann im Laden mir ein Päckchen Zigaretten gibt, weil er mir eben einfach ein Päckchen Zigaretten reicht. Verstehen Sie? Aber wenn Sie mir Tabak schenken, ist er dadurch geheiligt, daß er eine Gabe ist.«

»Ja, gut.« Der Zweck dieser Erklärung war mir immer noch unklar.

»Trotzdem bleibt es Tabak, stimmt's?«

»Ja«, bestätigte ich, dankbar für eine Frage, auf die ich eine Antwort wußte.

»Genauso ist es mit Indianern«, stellte Grover fest, als ob die Verbindung ganz offensichtlich wäre. »Manchmal sind wir heilig und manchmal nicht. Trotzdem bleiben wir immer Indianer. Wenn Sie nur den heiligen Kram schreiben, sind Sie wie die Frau aus New York. Schreiben Sie einfach alles. Der Alte wird versuchen, Sie zu überlisten, aber Sie müssen schlau sein.«

Dan amüsierte sich prächtig. Er schmauchte seine Zigarette und gab eine Reihe kleiner »He, Hes« von sich, während Grover redete.

»Was wollen Sie mir damit sagen?« fragte ich, ehrlich erstaunt.

»Sehen Sie mal da rüber. Schauen Sie sich die alte Fatback an. Genau anschauen!«

Fatback schnüffelte im braunen Gras herum. Sie nieste ein paarmal, gähnte, kratzte sich, pinkelte auf einen Busch, scharrte wild auf einem Stückchen Erde herum, drehte sich einige Male um sich selbst und legte sich hin.

»Was haben Sie gesehen?« fragte mich Grover.

Ich erzählte es ihm.

»Ergab das alles einen Sinn?«

»Für Hunde schon.«

»Aber wenn Sie eine Geschichte über Hunde schreiben würden, würden Sie das alles verwerten.«

»Stimmt. So viel, wie nötig wäre.«

»Na also. Sie schreiben eine Geschichte über Indianer. Trotzdem schreiben Sie wie ein Weißer. Sie wollen alles schön ordentlich. Nehmen Sie alles mit rein. Schreiben Sie so, wie es ist.«

Ich wandte mich an Dan, der aber gerade mit einem Stock in der Erde bohrte. »Dieser alte Mann hat eine Menge gesehen. Sie sollten alles schreiben, nicht nur Vorträge.«

Ich hatte eine Ahnung, worauf er hinaus wollte. Trotzdem begann ich ärgerlich und unzufrieden zu werden. Ich hatte nur das getan, worum der Alte mich gebeten hatte, ohne das Versprechen einer Entlohnung und sogar ohne einen Dank. Dan war offensichtlich zufrieden gewesen. Doch nun saß er stumm da und ließ zu, daß Grover mir erklärte, was ich alles falsch gemacht hatte. Ein Gefühl, das ich schon oft gehabt hatte, auch bevor ich mit Indianern arbeitete, breitete sich in mir aus. Nichts, was ich tat, war je genug. Nichts wurde je anerkannt. Ich schuftete und schuftete, bis jemand einen Schnitzer entdeckte. Dann wies man mir die Tür. Ein Anflug von Ärger stieg in mir auf. Dieses Mal würde man mir nicht die Tür weisen. Wenn es soweit war, würde ich selbst hinausgehen.

Dan hob langsam die Hand. Es war eine bedächtige Gebärde, die die Aufmerksamkeit auf seinen Wunsch, zu sprechen, lenkte. Er wählte seine Worte sorgfältig. »Ich habe zugehört«, sagte er. »Du hast recht, Grover. Es ist die Art des weißen Mannes, alles ordentlich zu machen. Anscheinend wollte ich das Buch eines weißen Mannes.«

Grover war befriedigt. Sein Standpunkt hatte gesiegt. »Wenn du alles so machst wie das, was Nerburn vorgelesen hat, wird es so wie die Klamotten der Frau aus New York – ordentlich und gebügelt.« Dann riet er mir: »Sie dürfen keine Angst haben, etwas schmutzig zu machen.«

Dan saß gebeugt und in Gedanken versunken da. Er kaute an seiner Zigarette und spuckte ein paar braune Tabakfasern aus. »Jaa«, sagte er gedehnt. Er war noch dabei, seine Gedanken zu ordnen. »Ich glaube, wir sollten es auf unsere indianische Art machen.«

Ich wußte nicht, was die »indianische Art« war. Das Wort klang ominös und abstrakt, außerdem hatte ich schon viele Stunden auf den Schuhkarton und seinen Inhalt verwendet. Ich wollte protestieren. Dan hieß mich schweigen. Er drehte sich um und begann, langsam die Treppe hinaufzusteigen. »Hören Sie auf Grover«, sagte er.

Grover griff das Stichwort auf.

»Vergessen Sie die Reden. Die bekommen Sie sowieso zu hören. Der Alte hält ständig Vorträge. Schon seit ich ihn kenne. Nehmen Sie das andere.« Er blieb auf der obersten Stufe stehen und spuckte in den Staub. »Denken Sie an Fatback.« Er deutete mit dem Kopf auf den Hund und grinste.

Fatback – mitten in einem Hundetraum – strampelte zweimal, stieß einen weinerlichen Schnaufer aus und machte es sich in ihrem Erdloch bequem.

»So sollten Sie schreiben. Einfach eine Geschichte erzählen.«

*I*ch brauchte eine Weile, um über Grovers anmaßende Ablehnung meiner literarischen Methode hinwegzukommen, denn ich hatte zu schwer und zu lange an ihr gearbeitet, um spielend damit fertig zu werden. Im Gegensatz dazu blieb Dan, der Jahre damit verbracht hatte, diese Schuhkartons voller Ideenfragmente zu sammeln, scheinbar absolut gleichgültig gegenüber unserem Richtungswechsel. Wenn Dan die Vorstellung von einer ganz neuen Richtung schlucken konnte, sollte ich auch dazu in der Lage sein, versuchte ich mich zu überzeugen. Ich beschloß, ihn danach zu fragen.

Die Gelegenheit ergab sich auf unerwartete Weise. Als ich am nächsten Morgen den Weg zu seinem Haus hinauffuhr, bemerkte ich einen dünnen Rauchschleier in der Luft. Hinter der Kurve vor seinem Hof sah ich Dan vor der Veranda stehen und in einem kleinen Feuer stochern. Er rezitierte im Flüsterton und warf dabei etwas in die Flammen. Ich fuhr vorsichtig heran, aus Furcht, irgendein privates Ritual zu stören. Doch er grinste und winkte mich hastig herbei.

»Kommen Sie, kommen Sie«, rief er, als ich aus dem Truck stieg. Ein süßer Duft ging von dem Feuer aus. »Hier.« Er griff in einen kleinen Lederbeutel, den er in der Hand hielt, und nahm eine Prise von irgend etwas heraus. »Werfen Sie das ins Feuer.«

»Was ist das?« fragte ich.

»Sie kommen zu spät für die Pfeife. Ich habe schon allein geraucht.«

Er streute noch etwas von der Substanz ins Feuer. Der schwere Duft stieg empor und erfüllte die Luft.

»*Sweetgrass*, Nerburn. Kennen Sie *Sweetgrass*?«

»Ja«, antwortete ich, obwohl ich mit den Einzelheiten seiner Verwendung nicht vertraut war.

»Der Schöpfer liebt seinen Duft. Wenn man die Pfeife raucht und betet und dann *Sweetgrass* ins Feuer wirft, hört er einem zu.«

Ich wollte teilhaben, fühlte mich aber unbehaglich bei dem Gedanken, in seine spirituelle Welt einzudringen.

»Ich mache das für Sie«, sagte er.

»Für mich?«

»Ja, damit Sie ein gutes Buch schreiben.«

In meinem Kopf begannen sich die Dinge zu verknüpfen. »Was verbrennen Sie da?« fragte ich, unsicher, ob ich es überhaupt wissen wollte.

»Das ganze Zeug, das ich geschrieben habe.« Er rezitierte einen kleinen Gesang.

»Etwa die ganzen Notizen aus den Schuhkartons?«

»Ja, von den guten Ann-Landers-Sachen habe ich allerdings einige aufgehoben. Aber mein eigenes Zeug habe ich ganz verbrannt.«

Vielleicht war es nur ein Scherz, um meine Reaktion zu testen. Aber in seinem Verhalten gab es kein Zwinkern und keine bedeutungsvollen Pausen. Er war völlig vertieft in seine Aufgabe. »Kommen Sie«, sagte er. »Hier.« Er streute noch etwas *Sweetgrass* ins Feuer und bedeutete mir, das gleiche zu tun. »Sie haben alle Hilfe nötig, Nerburn. Kommen Sie.«

Ich streute die grünen Blätter ins Feuer. Die Flammen züngelten danach und verschlangen sie, zurück blieb ein Schleier süßduftenden Rauches. Dan sang noch ein paar Worte. Mein Magen war wie zugeschnürt. Diese Seiten waren mein Buch gewesen, und das Buch hatte auf irgendeine Weise meine Hoffnungen repräsentiert. Ich starrte betäubt ins Feuer wie einer, dessen Haus gerade abgebrannt war.

Dan hingegen war bester Laune. »Grover hatte recht. So wird es viel besser.«

Ich gab keine Antwort. Vor meinem inneren Auge blickte ich auf mehrere Monate vergeudeter Arbeit. Und schlimmer noch – das gesamte Projekt lastete nun auf meinen Schultern. Dans Worte existierten nicht mehr. Abgesehen davon, daß sich natürlich immer noch die Möglichkeit bot, sie ihm zu entlocken und in einer sinnvollen Weise niederzuschreiben.

Dan schien meinem Gedankengang gefolgt zu sein. »Das ist nicht das Ende der Welt, Nerburn. Sie sind ein guter Schriftsteller.« Er streute weiter *Sweetgrass* ins Feuer. Der Wind verwehte den Rauch, der um meine Beine spielte wie ein junges Kätzchen. »Hier. Tun Sie noch mehr drauf. Wir brauchen ein starkes Gebet.«

Halbherzig ließ ich noch etwas *Sweetgrass* in die verlöschenden Flammen fallen. Billige Metaphern von verlöschenden Funken der Hoffnung erfüllten meine Gedanken.

»Sie denken, statt zu beten«, rügte er. Er erhob seine Stimme zu einer lyrisch-rhythmischen Rezitation. Ich stand still dabei und beobachtete, wie die Flammen an den zerknitterten Rändern einiger hartnäckiger Papierfetzen emporkrochen und sie in Asche verwandelten.

Ich wartete eine, wie ich hoffte, angemessene Weile, bevor ich ihn ansprach.

»Also, was tun wir jetzt?«

»Grover hat recht. Es ist alles in mir. Wir machen es auf indianische Art. Ich spreche, Sie beobachten und hören zu. Dann schreiben Sie es einfach auf.«

»Oh.« Mir erschien das Ganze nicht so einfach. Aber Dan war unbekümmert wie ein Kind. Ich konnte mir die Last vorstellen, die diese Kartons für ihn dargestellt hatten, angefüllt mit den besten und tiefsten seiner Gedanken, versteckt in einem dunklen Winkel seines Hauses, aus dem sie vielleicht niemals auftauchen würden, außer um in einem anonymen Feuer verbrannt zu werden, wenn er starb, ohne einen Weg gefunden zu haben, ihnen eine Stimme zu verleihen.

Nun hatte er sie selbst verbrannt. Nun war ich der Karton, den er von neuem füllen würde.

Kapitel 3

Worte an die Väter

*H*ier. Rauchen Sie mit mir«, bot Dan an. Wir saßen auf der kleinen Veranda, dem Lerchengesang und dem Klagen des Morgenwindes lauschend.

Ich hatte mich stets unbehaglich dabei gefühlt, wenn Indianer mir die Pfeife anboten. Nicht, daß ich nicht mit ihnen rauchen wollte. Ich wünschte es mir sogar verzweifelt, aber ich fürchtete so sehr, als *Wannabe* zu gelten, daß ich mich dauernd zurückhielt und immer als letzter an den Tisch kam, damit es auf keinen Fall so aussah, als labte ich mich gierig an Fleischtöpfen indianischer Werte, um eine Leere in meinem eigenen Inneren aufzufüllen.

»Hier«, sagte er noch einmal, während er mir die Pfeife hinhielt. Wir waren nur zu zweit. Es war eine private, intime Handlung; er hätte mir die Pfeife nicht anbieten müssen, wenn er nicht gewollt hätte. Ich nahm sie.

Ich zog mehrmals, wobei ich wie er den Rauch mit meinen Händen umschloß, ihn gegen den Boden drückte, dann gegen den Himmel, dann um meinen Kopf herum verteilte. Danach gab ich ihm die Pfeife zurück.

Er nahm noch einige Züge, bevor sie erlosch.

»Sie müssen das verstehen, Nerburn«, sagte er. Jede Leichtigkeit war aus seiner Stimme verschwunden. »Sie sind kein guter Lügner.«

»Nein, das war ich nie.«

»Ich weiß, denn ich sehe, wie schlecht Sie lügen.«

Ich errötete ein wenig. Meines Wissens hatte ich ihn nicht belogen. Außerdem erschreckten mich alte Leute, wenn sie Beobachtungen wie diese machten. Als ob sie eine Art zweites Gesicht hätten, das es ihnen gestattet, alles zu durchschauen.

»Habe ich gelogen?«

»Nicht mit Worten. Nur durch Schweigen.«

»Durch Schweigen?«

»Ja. Schweigen ist die Lüge der guten Menschen oder der Feiglinge. Ihr seht etwas, das euch nicht gefällt, und schweigt.«

»Das verstehe ich nicht.«

»Als ich da diese Worte von mir verbrannt habe, waren Sie wütend. Sie waren auch wütend auf Grover. Sie fanden, Sie hätten gute Arbeit geleistet, und dachten, Grover hätte keine Ahnung.«

»Stimmt«, sagte ich. »Anscheinend bin ich leichter zu durchschauen, als ich dachte.«

»Sind Sie. Also lügen Sie mich nicht mehr an.«

Sein Verhalten war fest und bestimmt. Wie ein kleines Kind, das gescholten wurde, wartete ich darauf, daß er weitersprach, aber er hatte gesagt, was er zu sagen hatte. Das Echo seines Vorwurfs schwebte wie Rauch um meinen Kopf.

Er war damit beschäftigt, die Pfeife zu leeren und sie nach einem eigenen Ritual zu zerlegen. Als ob er sich meiner Existenz nicht mehr bewußt sei. Ich saß neben ihm und beobachtete, wie er sie behutsam in ein Futteral aus irgendeinem weichen Fell hüllte.

Als er fertig war, sprach er mich wieder an. Sein Ton war förmlich. »Wir haben zusammen geraucht. Das ist kein Scherz. Sie haben mir das Versprechen gegeben, mich weder mit Worten noch mit Schweigen zu belügen. Das wird nicht leicht für Sie sein, weil Sie sich nicht für einen Lügner halten. Sie werden sehr aufpassen müssen. Darum haben wir den Tabak. Er hilft uns, aufrichtig nach der Wahrheit zu suchen.

Wissen Sie noch, wie ich Ihnen sagte, Sie sollten Tabak mitbringen und ihn Grover schenken? Haben Sie bemerkt, wie er sich verändert hat?«

»Ja«, antwortete ich.

»Der Grund war der Tabak. Tabak ist wie unsere Kirche. Wenn wir ihn darbringen, sagen wir damit unserem Gott, daß wir die Wahrheit sprechen. Als Grover den Tabak von Ihnen annahm, sagte er damit dem Großen Geist, daß er sein Bestes tun würde.

Überall, wo Tabak dargeboten wird, ist alles *Wakan* – heilig oder erfüllt von Kraft. Als Sie Grover den Tabak gegeben haben, mußte er mit seinen Albernheiten aufhören. Nun hat er dem Großen Geist versprochen zu helfen. Das hat weder etwas mit Ihnen noch mit mir zu tun. Es ist ein Versprechen, das er dem Schöpfer gegeben hat.«

Ich fühlte mich einfältig und beschämt. Die einfache Rechtschaffenheit in Dans Worten ließ meine Sorgen um vergeudete Arbeit hysterisch und egoistisch erscheinen. Doch Dan war nicht mehr damit beschäftigt, mich zu belehren. Seine Gedanken hatten Flügel bekommen, und er grübelte über wichtigere Themen nach.

»Wissen Sie«, sagte er, »das hat viel damit zu tun, daß wir Indianer schon früh mit der Lebensweise der Weißen in Konflikt geraten sind. Wenn wir ein Versprechen geben, ist es ein Versprechen an *Wakan Tanka,* den Großen Geist. Nichts kann dieses Versprechen auflösen. Wir waren durch viele Versprechen mit dem weißen Mann verbunden und glaubten auch an die Versprechen, die er uns gab. Aber es waren keine Versprechen, sondern Geschäfte und Abmachungen.

Wir konnten nie begreifen, wie der weiße Mann alle Versprechen brechen konnte, besonders wenn die Priester und heiligen Männer daran beteiligt waren. Für uns ist es unmöglich, ein Versprechen zu brechen. Wir konnten es nie.«

Er rupfte an einem losen Splitter an seiner Treppenstufe.

»Es ist wirklich eigenartig«, fuhr er fort. »Wir waren nicht immer mit der Religion, die der weiße Mann brachte, einverstanden. Dennoch gab es einiges, das wir sehr gut verstehen konnten. Wie die Kommunion, und daß etwas Heiliges entstand, wenn sie vollzogen wurde. Genau wie bei unserem Tabak. Und die Gelübde, zum Beispiel in der Ehe. Auch wir hatten heilige Eide. Für alles. Viele von ihnen waren persönlich – wir brauchten keinen Priester, um sie zu leisten. Aber sie waren gültig. Sie waren Versprechen an den Schöpfer, etwas Bestimmtes zu tun.

Also glaubten wir, das gleiche beim weißen Mann zu entdecken. Besonders, wenn er auf die Bibel schwor oder im Namen Gottes ein Versprechen gab.

Doch anscheinend war es wie mit der Kirche – sie war nur an bestimmten Tagen von Bedeutung. Die übrige Zeit spielte sie keine Rolle.«

Dan wiegte die Pfeife in seinem Schoß wie ein Baby. »Hören Sie zu, Nerburn. Ich will Sie und Ihr Volk nicht schlechtmachen. Ich versuche nur, Ihnen zu erklären, wie es für uns war. Hoffentlich werden Sie nicht wütend.« Er schien seine Sorge um meine Wahrhaftigkeit völlig vergessen zu haben.

»Nein, Dan«, entgegnete ich. »Ich bin nicht wütend. Ich höre nur zu. Sie haben alles Recht der Welt, wütend zu sein.«

»Sie sind ein guter Junge«, sagte er. »Das ist das Problem. Unser ganzes Volk wurde von Ihrem ganzen Volk vernichtet. Doch dazwischen stehen die guten Leute. Schon immer. Wir haben den Siedlern geholfen, und sie haben uns geholfen. Wir

49

dachten, wir könnten alle zusammenleben. Aber wir waren zu verschieden.«

Ein Anflug von Trauer hatte sich in die Stimme des Alten geschlichen. Er betastete das Bündel in seinem Schoß und starrte an mir vorbei, während er weitersprach.

»Wenn ich ein Versprechen gebe, spüre ich, wie meine Väter mir über die Schulter schauen. Breche ich es, entehre ich sie. Verstehen Sie, was ich meine? Wie könnte ich das jemals tun? Sie sind in der Welt des Geistes. Es ist meine Aufgabe, sie hier zu vertreten. Deshalb will ich jetzt reden. Deshalb sind Sie hier.

Ich möchte alles richtig sagen. Ich weiß, daß es schwer für Sie ist, zu begreifen, daß ich in der einen Minute mit Grover herumalbere und in der nächsten über geistige Dinge spreche. Doch während ich mit Grover einfach nur für mich selbst spreche, spreche ich die anderen Dinge für meine Väter aus. Ich spreche so, wie sie es mich gelehrt haben.«

Ich saß still da, wartete auf eine Eingebung, wie ich mich verhalten sollte, um die Worte des Alten zu ehren und ihnen die gebührende Achtung zu erweisen. Er starrte blicklos zu Boden. Es schien, als sei er kurz davor einzuschlafen. Ich überlegte, ob ich ihm die Pfeife abnehmen sollte, damit sie nicht herunterfiel. Plötzlich riß er den Kopf hoch und legte die Hand ans Ohr, wie um zu lauschen.

»Ich möchte Ihnen etwas zeigen. Haben Sie Benzin?«

»Natürlich.«

»Wir machen eine Tour.« Er hatte sich bereits erhoben und schlurfte auf den Truck zu.

»Wo fahren wir denn hin?« fragte ich.

»Nehmen Sie Ihren Kassettenrecorder mit. Sie werden sehen.«

Ich half ihm ins Auto und begann, rückwärts den Weg hinunterzufahren. Fatback war unter dem Schrottauto hervorgekrochen und hinkte jetzt winselnd neben uns her.

»Lassen Sie sie hinten rein«, sagte Dan. Die alte Hündin wedelte fieberhaft mit dem Schwanz.

»Komm, Fatback«, rief ich und hievte sie hinten auf die Rampe des Trucks. Sie leckte mir das Gesicht mit ihrer nassen, stinkenden Zunge und ließ sich nieder.

»Fatback ist ein guter Hund«, sagte Dan, als ich wieder in die Kabine kletterte.

»Sie sollte sich öfters die Zähne putzen.«

Dan gluckste fröhlich und lehnte sich in seinem Sitz zurück. Irgend etwas hatte sich in ihm verwandelt. Der nachdenkliche, melancholische Zug war durch eine gewisse Entschlossenheit ersetzt worden.

»Fahren Sie die Straße da runter«, befahl er. Die »Straße« bestand aus zwei Reifenspuren, die durch eine alte Auswaschung und über einen Hügel führten. Nach ein paar holprigen Meilen stieß der Pfad auf eine weitere Reifenspur, die sich einen Bergkamm hinaufschlängelte.

»Jetzt links.« Dan hielt das Bündel mit der Pfeife auf seinem Schoß fest an sich gepreßt.

Mein Truck hatte Vierradantrieb, aber ich hatte ihn hauptsächlich gekauft, um durch den Schnee in Minnesotas Norden zu kommen, und war kein besonderer Fachmann für Geländestrecken. Dan lachte. »Sie befinden sich auf einer Reservatsautobahn, Nerburn. Dann wollen wir die Kühe mal zum Tanzen bringen.«

Wir holperten und rumpelten den Kamm hinauf. Die Aufhängung des Wagens stöhnte unter den ungewohnten Stößen. »Truck eines weißen Mannes«, bemerkte Dan. »Mein Auto mag diese Wege.«

Ich dachte an das alte aufgebockte Wrack vor seinem Haus. »Ihrem Auto fehlt es nur ein bißchen an Rädern«, entgegnete ich.

Dan kicherte. »Deshalb habe ich auch eine Hütte für Fatback daraus gemacht.«

Ich quälte den Wagen in den niedrigsten Gang, und wir bewegten uns zentimeterweise die letzte Steigung hinauf. Ich war noch nie einen so steilen Abhang hinaufgefahren. Doch die Spuren waren gut eingefahren und das Steppengras von häufigem Verkehr niedergewalzt.

»Halten Sie hier«, sagte Dan.

Ich parkte auf dem höchsten Punkt des Kamms. Ein starker Wind rüttelte am Wagen und ließ die Antenne hin- und herschnellen. Im Westen fiel der Kamm zu einer Weite von wogenden Hügeln und Abhängen herab. In der Ferne wogte das Steppengras wie Meereswellen.

Dan stieg aus und ging zur Spitze des Wagens. Er zog einen kleinen wildledernen Beutel mit Tabak hervor und begann, den Tabak in alle vier Himmelsrichtungen zu streuen. Ich hörte, wie er mit dunkler Stimme ein melancholisches Lied sang. Die Worte waren in seiner Sprache, aber die Seele des Gesangs war universell. Ein Schauer durchlief mich. Als er fertig war, hockte er sich auf die Fersen und starrte gen Westen. Er wirkte auf einmal jünger, lebendiger und selbstsicherer.

Fatback trottete zu ihm. Der Alte streichelte beiläufig die Ohren der alten Hündin. Ich stand hinter ihnen, unsicher, ob ich dazugehörte oder in etwas Privates eindrang. Schließlich sprach mich der Alte an. »Kommen Sie her, Nerburn. Es wird Zeit, daß Sie etwas lernen.«

Ich näherte mich zaghaft. »Setzen Sie sich«, befahl er. Ein sanfter, aber bestimmter Befehl.

Schweigend ließ ich mich neben ihm nieder.

»Machen Sie den Kassettenrecorder an. Ich werde Ihnen jetzt erzählen, wie wir das Land verloren haben. Die wahre Geschichte.

Die Weißen überraschten uns, als sie ankamen. Diejenigen von uns, die im Westen lebten, hatten schon von ihnen gehört. Einige unserer Alten hatten ihre Ankunft prophezeit. Dennoch waren wir erstaunt.

Wir hatten schon andere Fremde erlebt. Aber sie waren Leute wie wir – andere Indianer –, von verschiedenen Stämmen gewesen. Sie fragten uns um Erlaubnis, wenn sie unsere Gebiete durchqueren wollten. Wenn wir einverstanden waren, ließen wir es zu. Anderenfalls verboten wir es ihnen.

Aber schauen Sie, das Land war nicht wie unser Eigentum. Es waren die Gebiete, in denen wir jagten oder in denen unsere Ahnen begraben waren. Das Land, das der Schöpfer uns gegeben hatte. Es lebte wie unsere Großeltern. Gleichzeitig hielt es unsere Leiber und unseren Geist am Leben. Wir waren ein Teil von ihm.

Also erlaubten wir anderen Stämmen den Durchzug, wenn es nicht anders ging, denn sie akzeptierten, daß es unser Land war. Wir wollten nicht, daß sie jagten oder unsere heiligen Orte entweihten. Doch sie durften unsere Gebiete betreten, wenn sie nicht anders konnten.

Sie müssen lernen, das zu verstehen. Wir betrachteten das Land nicht als unseren Besitz. Es war ein Teil von uns. Wir wußten überhaupt nicht, was es bedeutete, Land zu besitzen. Es war so, als würden Sie behaupten, Sie besäßen ihre Großmutter. Man kann seine Großmutter nicht besitzen. Sie ist einfach Ihre Großmutter. Warum sollte man sie besitzen?

Die ersten Ihres Volkes, die kamen, waren lediglich an einem freien Durchzug interessiert. Uns erschienen sie seltsam. Sie trugen seltsame Kleidung. Sie rochen anders. Doch sie hatten viele Fähigkeiten, von denen wir bis dahin nichts gewußt hatten. Auch sie gehörten zum Plan des Schöpfers, dachten wir. Es war nicht an uns, sie abzuweisen, weil wir nicht das Recht hatten, über sie zu herrschen. Wir lebten nur unser eigenes Leben.

Sie versprachen uns, keinen Schaden anzurichten. Sie waren wie eine neue Art von Kriegern mit Gewehren und anderen Waffen, sehr sonderbar, weil sie ständig auf der Suche zu sein schienen. Wir hatten gedacht, sie würden einfach kommen und wieder gehen. Wir erlaubten ihnen, zu uns zu kommen, gaben ihnen Nahrung und halfen ihnen. Sie waren wie Regentropfen, die vom Himmel fielen, kurz liegen blieben und verschwanden.

Doch bald kamen immer mehr Fremde. Auf einmal waren sie wie ein Strom. Sie kamen mit Pferden und Wagen. Sie durchquerten auf Pfaden unser Land. Immer noch machte uns das nichts aus, abgesehen davon, daß sie die Tiere verschreckten und daß sie nicht wußten, was heilig war. Dennoch war uns klar, daß sie Nahrung brauchten, daher störte es uns nicht, wenn sie Büffel schossen.

Ich habe von anderen Stämmen gehört, die Ähnliches empfanden. Sie bemühten sich, den Leuten zu helfen, fürchteten aber, daß die Tiere, die sie jagten, verscheucht würden. Doch die Weißen brachten Gewehre, die auch uns die Jagd erleichterten. Also nahmen wir vieles in Kauf.

Aber die Fremden schossen auch Tiere nur um des Tötens willen und ließen sie einfach an den Wasserläufen liegen. Die Pfade, die sie pflügten, waren tiefer als unsere. Diese Menschen wurden zum Fluß, der unser Land durchschnitt.

Sie taten Dinge, wie wir sie nie gesehen hatten. Für uns war die Erde lebendig. Einen Stein zu bewegen bedeutete, sie zu verändern. Ein Tier zu töten hieß, ihr etwas wegzunehmen. Man muß Achtung haben. Die Weißen hackten Bäume ab und ließen Tiere dort liegen, wo sie sie geschossen hatten. Sie machten Krach. Sie erschienen uns sehr wild. Sie bedrückten die Erde und lärmten. Das Ächzen ihrer Planwagen war bis in alle umliegenden Täler zu hören.

Wir versuchten ihnen aus dem Weg zu gehen. Dennoch

erweckten sie unseren Zorn. Sie erschwerten uns die Jagd. Sie stahlen die Nahrung aus den Mündern unserer Kinder. Wir wollten sie nicht um uns haben. Doch immerhin bewegten sie sich noch auf schmalen Pfaden, und wir waren frei. Alle, außer den zornigsten jungen Männern, versuchten, sie nicht zu beachten.

Außerdem wollten wir ihre Gewehre.

Dann geschah etwas Seltsames. Die Fremden begannen, uns um Land zu bitten. Wir wußten nicht, was wir darauf antworten sollten. Wie konnten sie um Land bitten? Sie wollten uns Geld für das Land geben, wenn ihr Volk darauf leben durfte.

Unser Volk wollte das nicht. Es war falsch gegenüber dem Schöpfer, Geld für Land zu nehmen. Auch gegenüber unseren Großeltern und den Ahnen war es nicht recht, Geld für das Land zu nehmen.

Dann geschah etwas, das wir nicht verstanden. Die Neuankömmlinge behaupteten, daß wir nicht mehr hierher gehörten. Daß es in Washington, einer weit entfernten Stadt, einen Häuptling gebe, dem das Land gehörte. Daß er ihnen erlaubt hätte, hier zu leben, uns aber nicht.

Wir hielten sie für wahnsinnig. Die Alten rieten zur Vorsicht, da diese Leute gefährlich seien. Die meisten von uns lachten – so haben es mir in meiner Jugend zumindest die Alten erzählt. Die Fremden ritten durch unsere Gebiete und pflanzten Fahnen auf. Dann erklärten sie, daß alles zwischen dem Punkt, an dem sie losgeritten waren, und den Fahnen ihnen gehörte. Es war genauso, als ob jemand mit dem Boot auf einen See hinausruderte und dann behauptete, das ganze Wasser, das er bis dahin durchquert hätte, sei seins. Oder als ob jemand einen Pfeil in den Himmel schoß und dann behauptete, der Himmel, so weit der Pfeil geflogen sei, gehöre ihm.

Es ist sehr wichtig, daß Sie das begreifen. Wir glaubten, diese

Leute seien verrückt. Oder wir hätten sie falsch verstanden. Ihre Worte ergaben keinerlei Sinn.

Was war nun wirklich geschehen? Sie sprachen von Besitz. Wir sprachen von Land. Verstehen Sie, was ich meine? Ihre Leute waren aus Europa gekommen, weil sie eigenen Besitz wollten. Den brauchten sie, um Ackerbau zu betreiben und ihre Nahrung zu sichern. Sie hatten für andere gearbeitet, die das ganze Land für sich beanspruchten und ihnen die Dinge, die sie anbauten, wieder wegnahmen. Sie hatten nie etwas, weil sie kein Eigentum hatten. Und das wünschten sie sich mehr als alles andere. Das war die ganze Vorstellung von Amerika als neuem Land auf der anderen Seite vom Ozean. Zu Besitz zu kommen.

Ich weiß nicht. Vielleicht bestand Europa vor langer, langer Zeit auch nur aus Land, wie es dieses Land für uns war. Aber das war wohl schon so lange her, daß sich niemand daran erinnerte. Alles war in Besitz verwandelt worden. Wenn jemand keinen Besitz hatte, hatte er keine Herrschaft über sein Leben, da alle glaubten, daß einer mit einem Stück Papier, auf dem stand, ihm gehöre das Land, alles bestimmen konnte, was darauf geschah. Die Menschen, die den Ozean überquert hatten, waren auch dieser Ansicht. Sie kamen auf der Jagd nach Besitz.

Von all dem hatten wir keine Ahnung. Wir waren einfach Teil unseres Landes. Sie wollten es besitzen.

Noch etwas halte ich für bedeutsam – eure Religion kommt nicht aus der Erde. Ihr könnt sie mit euch herumtragen. Welche Bedeutung die Erde für uns hatte, konntet ihr nicht begreifen. Eure Religion war ein Kelch und ein Brot, und die konnten in einer Schachtel transportiert werden. Eure Priester konnten sie überall zu etwas Heiligem machen. Ihr konntet nicht verstehen, daß uns die Erde, auf der wir standen, heilig war, weil eben dort die heiligen Dinge geschahen und die Geister zu uns sprachen.

Euer Volk wußte nicht, daß die Erde heilig war, und wir

wußten nicht, daß die Erde für euch Besitz war. Wir konnten nicht miteinander sprechen, da wir uns nicht verstanden. Doch bald war euer Volk nicht mehr wie ein Fluß, nicht einmal mehr wie ein Strom. Es war wie ein riesiger Ozean. Dieser Ozean spülte uns weg von unserem Land.

Einige Stämme wollten kämpfen. Andere fliehen. Manche alten Häuptlinge sagten, wir sollten möglichst günstige Verträge schließen, damit wir unsere heiligsten Orte für uns behalten könnten. Etliche Indianer, die all die Dinge sahen, die die Weißen besaßen, waren sogar der Meinung, wir sollten unsere Lebensweise aufgeben, denn es sei der Wille des Schöpfers, daß wir einen neuen Weg gingen.

Wir wußten nicht, was tun. Ihr wart überall. Ihr habt alle Tiere getötet. Die Büffel waren verschwunden. Die Vögel waren verschwunden. Ihr habt Schienen durch das Land gelegt, die die Büffel nicht überqueren wollten. Dann seid ihr in euren Zügen vorbeigefahren, habt aus dem Fenster auf sie geschossen und ihre Körper in der Sonne verrotten lassen. Ihr habt uns nicht erlaubt zu jagen. Ihr habt uns Decken und Whiskey gegeben, der unsere Leute verrückt machte. Ihr habt uns auf kleinen Flecken Land zusammengepfercht, die wie Inseln in eurem Ozean waren.

Das schlimmste war, daß ihr nie zugehört habt. Ihr seid in unser Land gekommen, habt es uns weggenommen und nicht einmal auf unsere Worte und Erklärungen gehört. Ihr habt uns Versprechen gegeben und jedes einzelne davon gebrochen.

Zuerst hieß es, wir könnten unsere heiligen Gebiete behalten, aber dann habt ihr sie doch genommen, auch die Black Hills.

Dann hieß es, wir dürften genug Land zum Jagen und Fischen behalten. Aber wenn euch es paßte, habt ihr es kleiner gemacht oder uns weggenommen und uns woanders hingeschickt.

Dann hieß es, wir dürften immer auf dem Land, das ihr uns

genommen hattet, jagen und fischen, aber irgendwelche Neuankömmlinge verboten es uns wieder.

Ihr habt Dinge getan, die wir nicht für möglich hielten. Ihr habt uns getötet, ohne uns das Leben zu nehmen, nur indem ihr unser Land in Papierfetzen, Mehlsäcke und Decken verwandelt und erklärt habt, das sei genug. Ihr habt uns die Orte genommen, an denen die Geister zu uns sprachen, und uns Säcke mit Mehl dafür gegeben.

Das müssen Sie begreifen. Für uns war die Erde lebendig. Sie sprach zu uns. Wir nannten sie unsere Mutter. Wenn sie zornig auf uns war, entzog sie uns die Nahrung. Wenn wir nicht mit anderen teilten, schickte sie uns vielleicht einen harten Winter oder Insektenplagen. Wir mußten Gutes für sie tun und so leben, wie sie es für richtig hielt. Sie war die Mutter aller Wesen, die auf ihr lebten, und damit waren sie alle unsere Brüder und Schwestern. Die Bären, die Bäume, die Pflanzen, die Büffel. Wenn wir sie schlecht behandelten, wurde unsere Mutter zornig. Erwiesen wir ihnen jedoch Achtung, war sie stolz auf uns.

Für euer Volk war die Erde nicht lebendig. Sie war wie eine Bühne, auf der ihr Dinge errichten und in Gang setzen konntet. Ihr saht im Boden, in den Bäumen und dem Wasser lebenswichtige Dinge, aber nicht Brüder und Schwestern. Sie waren dazu da, den Menschen zum Leben zu verhelfen. Es war eure Aufgabe, das Land zu bebauen und Früchte tragen zu lassen. Das wollte euer Gott.

Wie sollten zwei Völker jemals miteinander auskommen, von denen jedes von seinem Gott eine andere Weisung für das Land erhalten hatte. Es war unmöglich.

Aber ihr wart stärker. Ihr wart zahlreicher, so habt ihr euch durchgesetzt. Ihr nahmt das Land und verwandeltet es in Besitz. Nun schweigt unsere Mutter. Dennoch lauschen wir immer noch auf ihre Stimme.

Ich frage mich, was sie euch als Antwort schicken wird, wenn sie uns aus Zorn harte Winter und Krankheiten sandte?

Betet, daß euer Gott im Recht ist! Mehr habe ich dazu nicht zu sagen.«

Ich saß da, betäubt. Seine Beredsamkeit und sein Schmerz hatten mich unvorbereitet getroffen. In meinen Augen standen Tränen. Das war der Mann, dem ich in den Notizen begegnet war.

Dan schwieg. Die ganze Zeit über hatte er mich kein einziges Mal angesehen. Nun erhob er sich und ging ein Stück den Kamm entlang. Ich hörte, wie er wieder den seltsamen tragischen Klagegesang anstimmte. Fatback zuckelte hinkend und keuchend hinter ihm her, bis die beiden für mich nur noch als kleine Punkte zu sehen waren und sein Lied im Heulen des Windes aufgegangen war.

Kapitel 4

Ein verschlagener alter Indianer

*I*ch erwähnte unser Gespräch einige Tage nicht, denn ich dachte, Dan würde mehr sagen, wenn die Zeit dazu gekommen war. Doch jetzt wußte ich, daß Grover recht gehabt hatte. Der Alte besaß die Eloquenz eines Redners, die niemals eingefangen werden konnte, indem man Notizen aus einem Schuhkarton zusammenstückelte. Ich mußte bei ihm bleiben, mit ihm leben, ihm folgen und zuhören. Meine Feder und mein Kassettenrecorder würden meine wertvollsten Werkzeuge sein.

Dan lebte sein Leben tatsächlich wie Fatback. Er stand auf, wann er wollte, legte sich hin, wann er wollte, sprach, wann er wollte, schwieg, wann er wollte. Im Gegensatz zu weißen Menschen erklärte er weder seine Unternehmungen, noch kündigte er sie an, wie unvermittelt es auch sein mochte. Manchmal, wenn wir zusammensaßen und uns unterhielten, stand er plötzlich auf und ging ins Bett. Oder er hielt mitten in einem Satz inne und fing an, irgend etwas im Fernseher zu verfolgen, der ununterbrochen aus einer Ecke seines Wohnzimmers dröhnte. Mitunter waren seine Handlungen nachvollziehbar. Dann wieder ergaben sie überhaupt keinen Sinn, der mir logisch erschienen wäre. Er reagierte auf innere Eingebungen, die zu verstehen mir nicht gegeben war.

Die Tage verstrichen auf diese entspannte und unergründliche Weise. Die meiste Zeit verbrachten wir damit, in meinem Truck herumzufahren und in seiner Küche oder auf seiner Veranda zu sitzen.

Mir wurde zunehmend bewußt, wie alt und gebrechlich er war. Es war, als hätte er über die Jahre seinem Körper eine Kraft einverleibt, die er nun bei Bedarf abrufen konnte. Aber die Anstrengung war groß, und es gab Zeiten, in denen er in Erinnerungen versank und dann allmählich in einen unruhigen Schlaf hinüberglitt. Wenn ich zufällig etwas sagte, öffnete er die Augen und antwortete, aber ich merkte, daß ich ihn von irgendwo weit her zurückrief. Bald lernte ich, mich still zu beschäftigen, während er schlief.

Einmal kam Wenonah, während ich dasaß und darauf wartete, daß er aufwachte. Sie winkte mich zu ihrem Auto. »Sie müssen nicht so rumsitzen und auf ihn warten, Nerburn«, sagte sie. »Es stört ihn nicht, wenn Sie gehen.«

»Es kommt mir unhöflich vor zu gehen, wenn er einschläft«, antwortete ich.

»Machen Sie sich deshalb keine Sorgen. Das ist die indianische Art. Wenn Sie hier sind, sind Sie hier. Wenn Sie weg sind, sind Sie weg. Es ist kein Problem, weg zu sein, solange man, wenn man hier ist, auch wirklich hier ist.«

»Hört sich gut an. Sind Sie Zen-Buddhistin?«

Sie lächelte nur und zuckte mit den Achseln. »Er mag Sie. Das heißt, Sie können tun, was Sie wollen. Er wird es respektieren.«

»Ich bleibe lieber hier sitzen und warte. Dann fühle ich mich wohler.«

Sie lächelte wieder und ging die Stufen hinauf. »Ich muß ihm etwas zum Abendessen kochen.«

In dem Moment, in dem die Gittertür schlug, war der Alte hellwach. »Ich hab' auf dich gewartet«, sagte er.

»Du bist ein verschlagener alter Indianer, Großpapa«, gab sie zurück. Er antwortete in seiner Sprache, und die beiden brachen in Stürme von Gelächter aus. Der Alte sah mich immer noch auf der Veranda sitzen. Er rief mich hinein.

»Du wirst langsam wie Fatback, Nerburn. So hat sie auch angefangen, sie lungerte einfach nur rum.«

»Vielleicht sollten Sie anfangen, unter dem Auto zu schlafen«, sagte Wenonah. »Das wäre auch billiger als das Motel.«

Die beiden lachten wieder. Dan schien hellwach und guter Laune, also wagte ich eine Frage: »Macht es Ihnen etwas aus, ein Indianer genannt zu werden, Dan?« Die Frage schien mir angemessen, da seine Enkelin ihn gerade als Indianer bezeichnet hatte und diese Frage immer knapp unter der Oberfläche lauerte, wenn ich an Gesprächen mit Indianern beteiligt war.

»Wie, zum Teufel, wollen Sie mich sonst nennen?«

»Oh, zum Beispiel ›amerikanischer Ureinwohner‹. Ich weiß nicht, jedenfalls irgend etwas anderes als ›Indianer‹.«

Der Alte tat einen tiefen Atemzug, als hätte er das Folgende schon viele Male erklärt.

»Mir macht es nichts aus. Viele Menschen meines Volkes hingegen stört es. Es gefällt ihnen nicht, daß der Name, den wir haben, auf einem Irrtum beruht. Nur weil Kolumbus nicht wußte, wo er war, müssen wir Indianer heißen; nur weil er dachte, er hätte Ostindien entdeckt. Sie glauben, das nimmt uns unseren Stolz und unsere Identität.«

»Das leuchtet mir ein«, sagte ich. Der Alte brachte mich mit einer Geste seiner Hand zum Schweigen.

»Ich glaube, mich stört es nicht, weil wir den Namen angenommen und ihn zu dem unseren gemacht haben. Wir haben noch immer unsere eigenen Namen in unseren eigenen Sprachen. Gewöhnlich bedeuten sie ›die ersten Menschen‹, aber niemand würde uns je so nennen. Also lassen wir uns ›Indianer‹ nennen. Sagt Ihnen das etwas über uns?«

Ich war nicht sicher, worauf er hinauswollte. »Es sagt mir, daß Sie willens sind, ein gewisses Maß an Ungerechtigkeit zu akzeptieren.«

Er nickte heftig. »Richtig. Was wäre, wenn ihr anfangen würdet, die Schwarzen Russen oder Chinesen zu nennen? Glauben Sie, die würden sich das gefallen lassen?« Er lachte über diese Vorstellung. »Zum Teufel, die ändern die Namen, die ihnen gefallen, alle paar Jahre.

Obwohl ich es verstehen kann. Sie haben ein paar schlimme Namen gehabt. Und nach einer Farbe benannt zu werden, ist fast genauso schlimm wie nach einem Ort, an dem man nie gelebt hat. Aber unser Volk macht sich nicht so viel aus Namen. Wir sehen die meisten Dinge ziemlich gelassen.

Doch etwas gefällt uns überhaupt nicht. Nämlich wenn die Leute Sportvereine oder irgendwelches Zeug nach Indianern benennen. Wenn wir schon einen falschen Namen haben, dann sollte er wenigstens unserer bleiben und nicht auf Bierflaschen und Eiscremepackungen stehen. Damit beschämt ihr uns und stempelt uns zu Idioten. Und sagen Sie nicht, es geschieht, um uns zu ehren. Wir entscheiden selbst, was uns ehrt und was nicht.«

Der alte Mann redete sich in Rage. Das Thema hatte offensichtlich einen wunden Punkt berührt.

»Schauen Sie«, sagte er, »so ist es immer gewesen, seit die Weißen in unserer Land gekommen sind. Keiner läßt uns in Ruhe und akzeptiert uns, wie wir sind. Zuerst hat man uns erklärt, wer wir sind, dann hat man uns gesagt, wie wir sein sollten. Jetzt sagt man uns, wie wir es aufnehmen sollen, wenn jemand uns auf eine bestimmte Weise einordnet. Wir selbst werden nie gefragt. Niemand hört uns zu. Alle wissen, was sie wollen. Wenn wir nicht damit einverstanden sind, nennt man uns Radikale oder Unruhestifter.«

Der Alte wandte sich Wenonah zu. »Hol mal die Zeitschrift

mit der Landkarte.« Wenonah ging ins Schlafzimmer und kam mit einer alten Ausgabe von *National Geographic* zurück. Dan breitete sie auf dem Tisch aus.

»Schauen Sie sich das an«, sagte er. Es war eine Karte, auf der die verschiedenen Stämme Nordamerikas eingezeichnet waren. Er tippte mit dem Finger auf die Beringstraße. »Das ist das Problem. Genau hier.«

Ich zuckte die Achseln und bedeutete ihm fortzufahren. Aber er wollte, daß ich antwortete. Er pochte wieder auf die Karte. »Erklären Sie mir, was Indianer überhaupt sind, Nerburn.«

Ich war auf der Hut. Ich wollte ihn nicht erzürnen, wußte aber, daß ich antworten mußte.

»Es sind Völker, die ursprünglich hier gelebt haben«, sagte ich, genau wissend, daß das keine befriedigende Antwort war.

»Okay. Woher kamen sie?«

»Viele sagen, sie waren Teil einer Völkerwanderung über die Beringstraße.«

»Ha«, stieß er hervor. »Sehen Sie, Sie wissen auch keine Antwort. Sie haben Angst, zu sagen, daß wir hier unseren Ursprung haben, daß der Schöpfer uns hier geschaffen hat. Sie kommen auch mit dieser verdammten Beringstraße, genau wie die Zeitschrift.«

»Na ja«, sagte ich. »Niemand weiß es.«

»Was soll das heißen, niemand weiß es? Wir wissen es. Aber niemand glaubt uns. In unseren Herzen wissen wir, wer wir sind. Wir haben die Geschichten unserer Vorfahren. Aber wir können nichts beweisen. Wenn wir uns die ersten Menschen nennen, also diejenigen, die hier ihren Ursprung haben, springt irgendein verdammter Archäologe auf und erklärt uns, wir seien über eine Landbrücke und durch Alaska gekommen. Sie wollen unbedingt, daß wir auch Einwanderer sind, die nur ein bißchen früher hier waren.

Wenn wir sagen, daß unsere Vorfahren uns erzählten, unsere Anfänge seien hier, streicht sich gleich ein Anthropologe den Bart und erklärt, das sei nur ein Mythos.

Wenn wir versuchen, gar nicht über unsere Herkunft zu sprechen, und nur sagen, wir seien Teil eines Stammes, glaubt uns ohne Beweise auch keiner. Die Beweise sind unsere Geschichte, sagen wir, aber das genügt nicht. Man erklärt uns, sie müßte schriftlich niedergelegt sein. Aber die Leute, die alles mögliche über die Stämme zu Papier gebracht haben, waren Weiße oder Indianer, die für Weiße arbeiteten und alle möglichen Fehler machten.

Und was ist mit den indianischen Völkern, die vernichtet wurden und nicht mehr existieren? Sind die vielleicht keine Indianer, weil sie zu keinem Stamm gehören, den die Regierung anerkennt?

Begreifen Sie jetzt, wie es ist? Wir haben einen falschen Namen, Fremde versuchen, uns unsere Geschichte zu erklären, und behaupten, die Geschichte, die wir kennen, sei falsch. Außerdem stellt die Regierung ihre eigenen Gesetze darüber auf, wer wir sind und wer zu uns gehört.«

»Eine bedauerliche Situation«, sagte ich.

»Bedauerlich? Allerdings bedauerlich. Da ist noch etwas. Es gab Zeiten, da gestattete die Regierung Weißen, unser Land zu besiedeln und es zu ihrem eigenen zu erklären. Eine Menge Weißer zog auf indianisches Land, und als es später die Abfindungen gab, behaupteten sie, sie wären Indianer, um einen Teil des Geldes einzustreichen.

Viele heirateten untereinander, manchmal gab es auch Vergewaltigungen, so daß sowieso keiner mehr richtig weiß, wer ein Indianer ist, oder was das überhaupt bedeutet.«

Wenonah stand an das Waschbecken gelehnt und lauschte zufrieden. Offensichtlich freute sie sich, ihren Großvater so zu sehen. Sie stellte eine Tasse Kaffee vor ihn auf den Tisch und zwinkerte mir von der Seite zu. »Reg dich nicht auf, Opa«, sagte sie. »Du kriegst noch einen Herzanfall.«

Der Alte winkte ab. »Zum Teufel mit Herzanfällen. Diese Dinge müssen gesagt werden.«

Er wandte sich wieder an mich. »Sie sollten das lieber notieren.«

Ich zeigte auf den Kassettenrecorder. Er nickte zustimmend.

»Das kann sehr verwirrend für uns sein, Nerburn. Äußerst verwirrend. Die Europäer haben uns wirklich geschlagen. Sie taten es mit Gewehren und Gesetzen, mit allen möglichen Volkszählungen und Regelungen, die unsere Identität verwirrten.

Sie vermischten uns mit Weißen. Sie nahmen uns unsere Sprache. Sie brachten unsere Kinder fort in Schulen und ließen sie nichts über die alte Kultur lernen. Sie pferchten uns in Reservate und belohnten die Indianer, die sich wie Weiße benahmen. Sie schufen eine Generation von Indianern, die nicht einmal weiß, wohin sie einmal gehört hat.«

Er beugte sich so nah zu mir, daß ich das Pfeifen seiner Lungen hören konnte.

»Sie dürfen mich jetzt nicht falsch verstehen. Aber Sie müssen wissen, daß wir uns noch im Krieg befinden. Nicht daß wir gegen Amerika oder die Amerikaner kämpfen, aber wir verteidigen noch immer das, was wir sind. Für uns ist das ein Krieg, denn wenn wir nicht darum kämpfen, werden wir vernichtet. Die falschen Vorstellungen, die falschen Indianer und all die wohlmeinenden Leute, die glauben, daß sie uns helfen, wenn sie uns zu Weißen machen, sind unser Untergang.«

»Großvater«, warf Wenonah ein.

Der Alte schüttelte den Kopf. »Nein, laß mich ausreden. Ich bin fast am Ende.«

»Haben Sie je einen Weißen sagen gehört, er sei teilweise Schwarzer oder Mexikaner? Zum Teufel, nein! Aber die Welt wimmelt von Leuten, die behaupten, sie seien indianischer Abstammung. Für gewöhnlich ist es die Großmutter oder die Urgroßmutter. Nie ein Großvater. Man legt keinen Wert auf einen Indianer in der Familie. Er könnte einen Tomahawk oder so etwas haben. Eine alte *Blanket*-Indianerin, die die Weisheit der Familie verkörpert, ist ihnen lieber. Außerdem war sie niemals eine Potewatami oder eine Chiracahua oder eine Tlingit – meist war sie eine Cherokee. Anscheinend sind die Cherokee romantischer. Ich habe bestimmt hundert Weiße kennengelernt, die behaupteten, sie hätten eine Cherokee-Großmutter. Und wissen Sie was? Sie sind wirklich davon überzeugt! Sie wünschen es sich so sehr, daß sie selbst daran glauben.

Die meisten geben sich damit zufrieden. Manche aber auch nicht. Sie lassen sich Zöpfe wachsen und gehen zu *Powwows*. Einige nehmen Unterricht bei irgendeinem falschen Medizinmann und presto! haben wir einen neuen Indianer. Bald sprudelt indianische Philosophie aus ihnen, und sie verzerren das Bild von uns Indianern noch ein bißchen mehr.

Ich sage Ihnen, Nerburn, ein Indianer zu sein ist nicht leicht. Viele Jahre wollte Amerika uns einfach nur vernichten. Jetzt sind wir plötzlich die einzigen, zu denen Leute gehören möchten. Woran, glauben Sie, liegt das?«

Ich bekannte mich zu meiner Unwissenheit.

»Weil die Weißen erkannt haben, daß wir etwas Authentisches besitzen und wissen, wie ein Volk nach dem Willen des Schöpfers in diesem Land leben kann. Das wünschen sie sich für sich selbst. Sie haben bemerkt, daß ihr eigener Weg falsch ist. Wenn sie behaupten, teilweise Indianer zu sein, ist es, als hätten sie gleichzeitig Anteil an dem, was wir besitzen.«

Wenonah hatte die äußeren Signale des Gesprächs im Auge

behalten. Sie hatte den alten Mann genau beobachtet, seinen Zorn und seine Erregung registriert, wie eine Krankenschwester bei einem Patienten. Es war eindeutig, daß sie ihn sehr liebte. Ich überließ ihr die Führung.

Kurze Zeit später stellte sie sich hinter ihn und schlang die Arme um seinen Hals. Sie legte ihren Kopf an seinen und sagte ihm leise ins Ohr. »Es ist genug, Großvater. Es ist genug.«

Der Alte nickte. Er sank auf seinem harten Holzstuhl zurück. Sein Gesicht nahm einen unbeteiligten Ausdruck an. Wenonah nahm die *National Geographic* vom Tisch und brachte sie wieder ins Schlafzimmer. Aus dem Halbdunkel des hinteren Raumes sah sie mich an. Sie hob die Hand an die Lippen, wie um zu sagen: »Es ist genug.«

Die Erschöpfung des alten Mannes war augenfällig. Er schien sich vor meinen Augen in Stein zu verwandeln. Sein Blick blieb starr, und er regte keinen Muskel. Es war, als habe er sich in sein Inneres zurückgezogen, an einen Ort der Tränen und Erinnerungen.

»Ich komme morgen wieder«, sagte ich. Wenonah nickte, offensichtlich erfreut, daß ich ihre Botschaft verstanden hatte. Ich warf einen letzten Blick auf den alten Mann, als ich die Fliegentür öffnete. Wenonah stand hinter ihm, streichelte sein Haar und summte sanft, wie eine Mutter für ein Kind summt.

Kapitel 5

Land der Träume und
Phantasien

Seit meiner Ankunft im Reservat waren mehrere Wochen vergangen. Das Wetter begann eine leicht herbstliche Wendung zu nehmen. Große, drohende Kumuli rollten wie Munitionskarren über den Himmel. Das Licht wirkte gefiltert, die Tiere waren emsiger.

Als Kind der Wälder habe ich nie viel für die Ebenen und Steppen übrig gehabt. Doch nun, während die Tage vergingen, ergriffen die hypnotischen Kräfte des weiten Landes Besitz von mir. Ich fühlte mich wie auf einem Binnenmeer. Die wogenden, schwankenden Steppengräser waren ein einziges symphonisches Auf und Nieder; die Rhythmen der ziehenden Wolken fesselten den Blick. Geräusche verstärkten sich, als ob sie in einem riesigen himmlischen Gewölbe widerhallten. Donner grollte jenseits des Horizonts herauf; das Summen der Insekten erfüllte meinen ganzen Kopf. Es herrschte zu gleichen Teilen Frieden und Bedrohung – ein Land der Träume und Phantasien.

Manchmal breitete ich nachts meinen Schlafsack auf der Laderampe meines Wagens aus und beobachtete, wie das ferne Zucken von Blitzen das Innere riesiger, bedrohlicher Gewitterwolken von sechs oder sieben Meilen Höhe beleuchtete. Die Erde hatte aufgehört, das primäre Element in meinem Bewußtsein zu sein. Ich befand mich in einem Land des Himmels, und jede Biegung, jede Handlung leitete das Auge nach oben.

Dan hatte meine wachsende Faszination bemerkt. Wir hatten uns angewöhnt, beinahe täglich zu seinem Lieblingshügel zu gehen. Er sagte nie etwas, aber ich spürte, wie er mich beobachtete, während ich auf die Plains starrte. Wir saßen stundenlang da, oft ohne ein Wort zu wechseln. Die einzigen Laute waren das endlose Rauschen des Windes und das Rascheln und Schnüffeln von Fatback beim Durchstöbern des hohen Präriegrases.

Zuweilen machte der Alte eine beiläufige Bemerkung, wie einmal, als er mir erzählte, daß sein Vater ihn als Kind mit hierher genommen und hier vieles geschehen war, über das er nicht sprechen konnte. Manchmal begann er zu singen, verhalten und für sich, so als sollte es niemand hören. Einmal schaute er mich an und nickte. »Ihre Augen sind anders geworden, Nerburn. Sie blicken weiter.« Er führte die Bemerkung nicht aus und sagte auch nichts mehr, aber dieser Satz in seiner ganzen hintergründigen Bedeutung gab mir mehr Auftrieb als alles, was er je gesagt hatte.

Die Zeit auf dem Hügel verbrachte ich damit, über meine Familie oder Gott und verschiedene andere Themen nachzudenken, die den Geist beschäftigen, wenn man sich weiten, leeren Räumen gegenübersieht. Da ich mir nie viel aus dem Studium von Flora und Fauna gemacht habe, hatte ich nur geringes Interesse an der Vielzahl winziger Blumen und Pflanzen, die Dan sehr zu interessieren schienen. Für mich war es ein Land der Poesie – karg, einmalig, voll lyrischer Verse im Wind.

Eines Tages überraschte Dan mich mit einem vollständigen Satz. »Sie machen Fortschritte im Schweigen.«

»Ja?«

»Ich beobachte Sie.«

»Ich weiß.«

»Sie lernen. Das merke ich an Ihrer Schweigsamkeit.«

Ich spürte, daß er etwas zu sagen hatte. Dan machte keine Konversation, wenn er auf seinem Hügel war.

»Wir Indianer kennen uns mit dem Schweigen aus«, sagte er. »Wir fürchten uns nicht davor. Für uns ist es sogar mächtiger als Worte.«

Ich nickte zustimmend.

»Unsere Alten wurden im Schweigen unterrichtet und gaben diese Kenntnis an uns weiter. Beobachten, lauschen und dann handeln, lehrten sie uns. So sollte man leben.

Beobachte, wie die Tiere für ihre Jungen sorgen. Beobachte, wie die Alten sich benehmen. Beobachte den weißen Mann, um zu erkennen, was er vorhat. Beobachte stets zuerst mit ruhigem Herzen und Verstand, dadurch wirst du lernen. Nachdem du genug beobachtet hast, kannst du handeln.«

Stille.

»Das unterscheidet sich sehr von unserer Art«, versuchte ich ihn zu weiteren Äußerungen zu ermuntern.

»Stimmt. Bei euch gilt das genaue Gegenteil. Ihr lernt durch Sprechen. Ihr lobt die Kinder, die in der Schule am meisten reden. Auf euren Partys bemühen sich alle zu reden. Bei der Arbeit haltet ihr ständig Konferenzen ab, auf denen jeder jeden unterbricht, und jeder spricht fünf, zehn oder hundert Mal. Ihr nennt das ein Problem lösen. Für uns klingt das nur, als ob eine Menge Leute alles sagen, was ihnen gerade in den Kopf kommt, und dann versuchen, irgendeinen Sinn hineinzubringen.

Wir wenden das Schweigen auch gern bei euch an. Wir wissen, daß ihr in einem Zimmer, in dem Stille herrscht, nervös werdet. Ihr müßt den leeren Raum mit Geräuschen füllen. Also fangt ihr sofort an zu sprechen, ohne überhaupt zu wissen, was ihr sagt.

Unsere Alten haben uns gelehrt, daß der beste Weg, mit Weißen fertig zu werden, das Schweigen sei. Denn dann werden sie nervös und beginnen zu sprechen. Sie sprechen immer weiter, und wenn du ruhig bleibst, verraten sie sich. Dann kannst du in ihre Herzen blicken und begreifen, was sie wirklich meinen, und du wirst wissen, was zu tun ist.«

Ich wußte genau, daß es funktionierte; meine Studenten hatten die gleiche List bei mir angewandt, und ich hatte Monate gebraucht, sie zu durchschauen.

»Natürlich funktioniert das«, sagte der Alte. »Aber es bringt auch Schwierigkeiten. Ich erinnere mich an meine Schulzeit. Wenn die Lehrerin mich aufrief, mußte ich manchmal erst über die Antwort nachdenken. Sie wurde nervös und klopfte mit dem Lineal auf das Pult. Als nächstes wurde sie ärgerlich und fragte, ob ich sie vielleicht nicht gehört hätte oder die Katze mir die Zunge weggenascht hätte.

Wie konnte ich mir meine Antwort überlegen, wenn ich merkte, wie ärgerlich und nervös sie wurde, und wußte, daß es mit jeder vergehenden Sekunde schlimmer werden würde? Schließlich sagte ich irgendein Wort oder ›ich weiß es nicht‹. Ich hätte alles gesagt, um ihr zu entkommen. Bald hieß es, ich sei dumm.

Ich weiß noch, wie eine Lehrerin zu mir sagte, ich müsse denken lernen. In Wirklichkeit war es ihr völlig egal, ob ich denken konnte. Sie wollte einfach, daß ich redete. Sie glaubte, reden hieße denken, und war nicht zufrieden, wenn ich nicht in derselben Sekunde, in der sie mich aufrief, losplapperte. Und je länger ich redete, desto zufriedener war sie. Es spielte gar keine Rolle, was ich sagte. Ich sollte einfach nur reden.

Das tat ich nicht. Ich glaubte, es gehöre sich nicht zu sprechen, ohne etwas zu sagen zu haben. Sie sagten, ich sei ein schlechter Schüler und dumm.

Ich sehe, wie meinen kleinen Urenkeln das gleiche passiert. Ihre Lehrer behaupten, sie passen nicht auf, da sie dem Lehrer nicht die ganze Zeit in die Augen sehen; sie sagen, sie sind nicht besonders intelligent, weil sie nicht dauernd reden.

Ich weiß, was sie wirklich tun. Sie schauen den Lehrern nicht in die Augen, weil sie versuchen, ihre Gedanken zu ordnen. Sie sind einfach nur respektvoll, wie man es sie gelehrt hat, denn bei uns gilt es als ehrerbietig, die Augen niederzuschlagen, wenn eine wichtige Person spricht. Würden die Lehrer ihnen Zeit lassen, ihre Gedanken in ihren eigenen Köpfen zu entwickeln, würden sie feststellen, daß meine Urenkel sehr klug sind. Aber die Lehrer denken anders als wir. Sie möchten, daß alle mit allen durch Worte und Blicke verbunden sind. Schweigen und leere Räume lieben sie nicht.«

»Wie die Pioniere die leeren Flächen des Landes nicht liebten«, ergänzte ich. Dans Gesicht hellte sich erkennbar auf. »Genau! Sie fangen an zu verstehen.« Ich erglühte innerlich und hörte ihm weiter zu.

»Darin liegt einer der Gründe, warum wir Indianer die Weißen nervös machen, Nerburn. Weiße streiten gern. Sie lassen sich gegenseitig nicht einmal ausreden. Sie unterbrechen sich ständig und sagen: ›Ja, aber ich finde . . .‹

Für Indianer ist das sehr unhöflich und sogar dumm. Wenn jemand etwas zu sagen hat, werde ich ihn nicht unterbrechen. Ich höre zu. Vielleicht höre ich irgendwann nicht mehr zu, weil das, was er sagt, mir nicht paßt. Aber ich würde ihn nicht unterbrechen.

Wenn er fertig ist, entscheide ich über meinen Standpunkt, aber ich werde es ihm nicht sagen, falls ich anderer Meinung bin, es sei denn, es wäre sehr wichtig. Anderenfalls halte ich den Mund und gehe weg. Ich habe erfahren, was ich wissen muß. Es gibt nichts mehr zu sagen.

Aber das genügt den meisten Weißen nicht. Sie wollen, daß ich ihnen meine Meinung über das Gesagte erkläre, und wenn sie nicht meiner Meinung sind, wollen sie weiter reden und versuchen, mich zu überzeugen.

Mit Streit kann man niemanden überzeugen. Menschen treffen ihre Entscheidungen im Herzen. Worte berühren mein Herz nicht.

Man sollte Worte als Samen betrachten. Sie sollten gesät werden und dann in Ruhe wachsen. Die Alten haben uns gelehrt, daß die Erde zu uns spricht und wir schweigen müssen, damit wir sie hören.

Ich bemühe mich darum. Das habe ich auch meine Kinder gelehrt.«

Er holte aus und wies mit dem Arm über die Landschaft vor uns. »Hören Sie die Stimme der Prärie? Sie ist laut, aber wenn ich spreche, kann ich sie nicht hören.

Es gibt viele Stimmen außer den unseren, Nerburn. Viele Stimmen.«

Ich lächelte über seine sanfte Belehrung. »Sie haben recht, alter Mann«, sagte ich. Er nickte in stummem Einverständnis. Ich glaube, wir waren beide stolz auf unsere Fortschritte.

Er nahm eine Handvoll Erde und betrachtete sie. »Was geht in Ihrem Kopf vor, wenn wir hier oben sind, Nerburn?« fragte er.

»Ach, ich denke an meine Familie. Manchmal dichte ich kleine Gebete oder suche nach Figuren in den Wolken. Die meiste Zeit verbringe ich wohl einfach mit Träumen.«

»Wissen Sie, was ich mache?« sagte er. »Ich lausche auf Stimmen. Für mich ist dieser Hügel so voller Leben, daß ich nie leise genug sein kann, um alle Stimmen zu hören.«

Ich wollte ihn vorsichtig dazu bringen, mehr zu sagen, aber auch den Zauber nicht brechen. »Wirkliche Stimmen oder Empfindungen, die einen Sinn zu haben scheinen?«

»Wirkliche Stimmen. Nicht nur Menschen haben Stimmen.

Nicht alle sprechen unsere Sprache. Dennoch sind es Stimmen. Lauschen Sie.«

Ich hörte das Zirpen von Heuschrecken und den fernen, wiederkehrenden Ruf eines Vogels.

»Hören Sie den Vogel?« fragte Dan.

Ja, ich hörte ihn.

»Wissen Sie, was er sagt?«

»Ich spreche die Vogelsprache nicht«, erwiderte ich.

»Das sollten Sie aber«, zwinkerte er. »Sehr lehrreich. Vögel sind Zweibeiner wie wir. Sie sind uns sehr nah. Dieser ruft einen anderen und sagt, daß es bald regnen wird.«

»Das wissen Sie?«

»Ja, und ich weiß, daß der Wind sich nach Norden dreht und es bald kälter wird.«

»Woher wissen Sie das?«

»Ich weiß es eben«, antwortete er unbestimmt. »Es liegt in den Stimmen, die ich höre. Ich kann die Bäume verstehen. Den Wind. Die Tiere. Die Insekten. Ich weiß, was die Farben des Himmels bedeuten. Alles spricht zu mir.«

Er zeigte auf eine Stelle struppigen Grases in der Ferne. »Was sehen Sie dort?«

»Es sieht ein bißchen grüner aus als die übrigen Hügel. Zumindest an einigen Stellen.«

»Gut. Woher kommt das?«

»Ich weiß nicht.«

»Schauen Sie genauer hin.«

Ich kniff die Augen zusammen. Es gab nichts zu sehen, außer dem kurzen grünen Gras.

»Ich sehe nichts.«

»Noch genauer.«

Wieder kniff ich die Augen zusammen. Etwas schien sich zu bewegen, aber es war zu klein, um es zu erkennen.

»Etwas bewegt sich.«

»Gut. Wissen Sie, was es ist?«

Ich mußte zugeben, daß ich es nicht wußte.

»*Pispiza*. Bei Ihnen heißen sie Präriehunde.«

»Aha.«

»Deshalb ist das Gras so grün. Unsere Brüder, die Präriehunde, bauen ihre Höhlen in die Erde. Sie wühlen die Erde auf, so daß der Regen tiefer einsickert und die Graswurzeln kräftiger wachsen.

An Stellen, an denen das Gras satter ist, fressen größere Tiere. Sitzen wir morgens, wenn die Antilopen Hunger haben, ganz ruhig hier, sehen wir sie und können sie jagen. Das haben wir nur unserem Bruder, dem Präriehund, zu verdanken. Wo er lebt, können auch wir leben.

Das sind die Dinge, die ich sehe, wenn ich meinen Blick schweifen lasse. Das haben mich meine Väter gelehrt. Ich kann sie hören. Meine Väter. Ich höre ihre Knochen unter der Erde.«

Ich schaute auf den Klumpen staubiger Erde, den er in der Hand hielt.

»Sie denken, ich lüge oder daß ich ein seniler alter Dummkopf bin. Ich kann es nicht erklären. Dennoch weiß ich, wo die Toten begraben liegen. Ich höre sie. Sie sprechen zu mir in einer uralten Sprache. Das ist meine Gabe.

Haben Sie von den Leuten gelesen, die Wasser mit Hilfe einer Astgabel finden können? Sie laufen mit dem Ast den Boden ab, und wenn sie über einer Wasserader sind, schlägt der Stock aus.

Genauso ist es bei mir. Wenn ich über ein Grab gehe, verspüre ich einen Schauer. Meine Großmutter hatte diese Gabe auch. Sie sagte, die Ahnen hätten sie uns verliehen und daß ich immer darauf lauschen solle.

Darum komme ich hier herauf, Nerburn. Da draußen sind meine Leute begraben. Hierher komme ich, um zu lauschen.«

»Ich glaube Ihnen, Dan.« Das stimmte. Einmal vor vielen Jahren hatte ich eine größere Menge Peyote genommen. Damals hatte ich mir nichts dabei gedacht – es gehörte einfach zu den Dingen, die man in den sechziger Jahren tat. Stundenlang lag ich auf dem Rücken unter dem nächtlichen Himmel und lauschte dem Sprudeln unterirdischer Quellen. Ein rauschender Ton, als ob sie sich miteinander unterhielten. Ich hatte das Gefühl, einem Gespräch in der Erde zu lauschen. Als ich dann zu einem bestimmten Punkt ging, einer Art Plateau über einem Tal, fühlte ich plötzlich, wie mich ein kalter Schauer überkam. »Hier sind Gräber«, sagte ich mir. Ich wußte, daß ich überzeugt davon gewesen war, war aber nie sicher gewesen, ob Peyote gesprochen hatte oder ich in ein tieferes Reich meines Bewußtseins vorgedrungen war. Ich hatte diesen Augenblick nie vergessen, obwohl ich selten jemandem davon erzählte.

Nun sagte mir dieser alte Mann das gleiche, für ihn hingegen handelte es sich nicht um einen mit Hilfe von Drogen herbeigeführten Bewußtseinszustand, sondern dieses Wissen gehörte zu seiner alltäglichen Realität. Ich fragte mich, wie es sein mochte, in jedem Augenblick des Lebens diese Sensibilität zu spüren.

Er registrierte meine Neugier. »Schauen Sie her.« Er ging in die Hocke und umschloß seine Knie mit den Händen. Nichts schien sich zu verändern. Erwartungsvoll setzte ich mich neben ihn. Plötzlich raschelte Fatback schwanzwedelnd durch das hohe Gras herbei.

»Guter Hund.« Er kraulte ihr den Nacken. Fatback wedelte begeistert und verschwand wieder im Gras.

Ich zog die Augenbrauen hoch und schmunzelte.

»Haben Sie sie gerufen?«

»Soll ich es noch mal tun?«

»Nein«, erwiderte ich, obwohl ich ihn gern geprüft hätte. Mir war jedoch bewußt, daß auf einer gewissen Ebene alles ein Test war, und wollte nicht als Skeptiker erscheinen. Meine Aufgabe bestand darin, das, was ich sah, so zu berichten, wie er es sich vorstellte, und nicht, eine anthropologische Studie zu erstellen. Mir fielen die Worte ein, die eine alte Frau zu mir sagte, als ich im Red-Lake-Reservat ankam, um mit dem Projekt über die mündliche Überlieferung zu beginnen. Ich war in ihr Büro gegangen, um um ihre Unterstützung bei der Suche nach alten Leuten zu bitten, die Interesse an einer Teilnahme hatten. Sie starrte mich erbittert an und sagte nur: »Wenn Sie glauben, Sie könnten hier eins von den verdammten weißen anthropologischen Projekten durchziehen, können Sie sich gleich aufs Pferd schwingen und abhauen.« Dann wandte sie sich wieder ihrer Perlenstickerei zu und sagte kein Wort mehr.

Obwohl ich zu gern den Beweis gehabt hätte, daß Dan Fatback wirklich gerufen hatte, roch das zu sehr nach einem »verdammten weißen anthropologischen Projekt«.

»Der Hund hat ein gutes Gehör.« Dabei ließ ich es bewenden.

Dan kicherte vielsagend. »Sie sind ein guter Junge, Nerburn. Kommen Sie, wir wollen zu Mittag essen.«

Kapitel 6

Autowracks und Büffelkadaver

Auf dem Rückweg vom Hügel schlug Dan einen Besuch bei Grover vor. »Er macht unschlagbare Mortadella-Sandwiches.«

Ich stimmte begeistert zu, denn ich hatte Grover sehr zu schätzen gelernt. Er war ein rauher und spröder Charakter. Aber er sagte, was er dachte. Seit ich ihm den Tabak geschenkt hatte, nahm er Dan gegenüber eine Beschützerrolle ein. Er traute mir nicht völlig über den Weg. Er hatte genügend *Wasichu* kommen und gehen sehen, die von guten Absichten, irregeleiteten Phantasien und ordinärer Gier beherrscht worden waren. Er war nicht bereit, einem Weißen, der behauptete, mit Indianern arbeiten oder leben zu wollen, leichten Zugang zu ermöglichen. Er hatte einmal zu mir gesagt, daß die meisten Weißen überhaupt nicht wüßten, was sie wollten. »Ihr wollt irgend etwas und benutzt uns, um es zu kriegen.«

Bis zum Beweis des Gegenteils war ich nur ein Exemplar in dieser langen Reihe von Ausbeutern, die zu den Indianern gekommen waren, um ein persönliches Anliegen – sei es spirituell, materiell oder sonst etwas – zu verwirklichen. Er wußte jedoch, daß der Alte mich von sich aus gebeten hatte zu kommen. Deshalb war er bereit, mit mir zusammenzuarbeiten. Er wollte nur sichergehen, daß mir das, was er »ein gutes Herz« nannte, nicht verloren ging.

Grovers Haus lag auf der anderen Seite des Dorfes. Ich hatte bis jetzt den Ort noch nicht durchquert – Dans Haus war näher am Highway. Ein Besuch bei Grover würde mir die Gelegenheit geben, mehr vom Reservat zu sehen, ohne mich wie ein weißer Eindringling zu fühlen.

Wir holperten den Hügel hinunter, bogen in eine Schotterstraße ein, die einen schmutzigen, staubig-braunen Rand hatte. Die Häuser standen zurückgesetzt im Abstand von einer halben Meile an der Straße. Alle sahen aus wie heruntergekommene Fertighäuser aus der Nachkriegszeit. Türen hingen nur noch an einer Angel. Fenster ohne Scheiben waren mit Decken verhängt. Die Vorgärten waren nur von Kinderfahrrädern und irgendwelchen Geräten übersäte Flächen.

Alles schien dort liegengeblieben zu sein, wo es fallengelassen wurde. Es gab keinen erkennbaren Sinn für Ordnung oder die Bemühung um Sauberkeit. Vor einem Haus stand ein alter Billardtisch, auf dem ein Berg öliger Autoteile lag. Ein anderer hatte ein großes Gestell aus Telefonmasten vor dem Haus, an dem ein Motorblock mit einer schweren Holzfällerkette befestigt war. Unter dem Motor stand auf großen Holzblöcken ein rostig-beiger Chevrolet ohne Vorderräder. Seine Haube war offen, so als ob der Motor dem Wagen gerade wie ein Zahn gezogen worden war.

Es war ein Welt der Halbheiten. Nichts war zu Ende gebracht worden. Das einzige Zeichen von Emsigkeit war die unvermeidliche Wäscheleine, an der hinter jedem Haus die Wäsche im anhaltenden Präriewind flatterte. Die weißen Laken wirkten wie Flaggen der Hoffnung in einer verzweifelten Landschaft.

Die Bereitschaft von Menschen, im Dreck zu leben, hat mich immer verwundert, besonders wenn nur eine geringe Anstrengung nötig gewesen wäre, um aufzuräumen. Schließlich hatte ich mich achselzuckend mit dem soziologischen Unsinn abgefunden, daß es sich um einen Ausdruck von Hoffnungslosigkeit und mangelnder Selbstachtung handele. Doch im Inneren war mir klar, daß das zu einfach, zu bürgerlich gedacht war. Immerhin war diese Erklärung der früheren vorzuziehen – nämlich daß Menschen, die so lebten, einfach faul und ziellos seien. Ich wollte Dan danach fragen. Er hatte bestimmt einen Standpunkt dazu. Dennoch zögerte ich. Die Frage betraf einen zentralen Punkt zeitgenössischen indianischen Lebens.

Doch ich hätte mir gar keine Gedanken zu machen brauchen. Der Alte sah, wie ich mich umschaute, und kam gleich zum Thema.

»Das stört Sie, nicht wahr?«

Wir passierten ein Haus mit einem ausgebrannten Kombi, der auf der Seite im Vorgarten lag.

»Ehrlich gesagt, ja«, erwiderte ich. »Ich verstehe es einfach nicht.«

»Ich habe schon auf diese Frage gewartet. Aber anscheinend sind Sie der Meinung, ich hätte noch ewig Zeit.« Er tat, als schlüge er mir auf die Schulter. »Ich bin fast achtzig, Nerburn. Sie müssen schneller arbeiten.«

Ich grinste über seinen Scherz. »Tut mir leid, Dan. Ich arbeite nach der Uhr des weißen Mannes.«

Er glückste ein paarmal und zeigte auf eines der vorbeiziehenden Häuser. Das Dach eines alten Plymouth ragte aus einem von Unkraut überwucherten Fleck hervor. »Was sehen Sie da draußen?«

»Wollen Sie das wirklich hören? Ich sehe eine Geringschätzigkeit gegenüber dem Land, von dem Sie behaupten, sie ehrten es.«

»Sie meinen, Sie sehen einen Haufen Abfall, stimmt's?«

Seine Offenheit war befreiend. »Ja.«

»Das sehen alle Weißen. Sie fahren durch unsere Reservate

81

und sagen: ›Schaut euch die Schrottautos und den ganzen Müll an.‹ Was glauben Sie, sagen wir, wenn wir durch eine Stadt fahren?«

»Ich weiß es wirklich nicht.«

»Wir sagen das gleiche. Daß ihr alles geschrubbt und geordnet habt, heißt gar nichts. Was ist mehr Müll – ein Schrottauto oder ein Parkplatz? Wir könnten das Schrottauto wegräumen. Aber ein Parkplatz muß mit Bulldozern und Kränen abgerissen werden. Der einzige Grund, aus dem ihr ihn nicht als Abfall betrachtet, besteht darin, daß er noch benutzt wird. Wenn ihr ein Gebäude nicht mehr braucht oder es zu teuer wäre, es zu renovieren, ist es Müll. Für uns sieht es die ganze Zeit wie Abfall aus.

Fatback lebt in meinem Auto. Ist es Müll? Für euch ja, denn es erfüllt ja nicht mehr seinen ursprünglichen Zweck. Wenn ein Wagen neu ist, glänzt und auf der Straße fährt, dann bezeichnet ihr ihn nicht als Abfall. Wenn er alt ist und nicht mehr fährt, ist er Müll. So ist es mit den meisten Dingen auf der Erde, ob sie sich bewegen oder nicht. Ihr glaubt es nur nicht. Wenn die Zeit kommt, nimmt die Erde sie zurück. Dann sind sie genauso Schrott wie das Auto auf meinem Hof.«

»Trotzdem wäre es keine Mühe, sie wegzuräumen.«

»Vielleicht brauchen wir sie noch. So haben wir es immer gemacht. Jeden Teil eines Büffels verwertet. Seile aus seinem Haar, Trommelstöcke aus seinem Schwanz. Einige Leute machen aus vielen Autos ein neues. Ich habe aus meinem eine Hundehütte gemacht.«

Zum ersten Mal hätte ich fast Streit mit Dan bekommen. Gewöhnlich hatte ich seinem Standpunkt zugestimmt. Diesmal wollte ich ihn herausfordern und sehen, wohin es führte.

»Schrottautos sind keine Büffelkadaver.«

»Kein Unterschied.«

»Das ist Unsinn.«

»Unsinn!« explodierte er. »Ich erkläre Ihnen, was Unsinn ist. Die Einstellung der Weißen zu Eigentum ist Unsinn!«

»Na gut. Erklären Sie mir das.«

Er drehte sich in seinem Sitz zu mir herum, so daß sein erboster Blick mich direkt traf. »Das Leben der Weißen dreht sich einzig um den Besitz von Dingen. Jede Fernsehwerbung erklärt mir, daß irgend etwas neu ist. Das heißt, ich soll es kaufen, weil das, was ich habe, alt ist und das andere neu. Habenwollen ist das, was ihr den Leuten beibringt. Was ihr habt, ist schlecht. Was ihr nicht besitzt, ist neu und besser.

Von klein auf lernt ihr ›das ist meins, und das ist deins‹; ›faß das nicht an, das gehört dir nicht‹. Man lehrt euch, Dinge nicht zu berühren, weil sie Eigentum anderer sind und nicht aus Ehrerbietung. Früher brauchten wir keine Schlösser. Es gab keinen Diebstahl, aber wenn jemand Hunger hatte, konnte er in ein Haus gehen und sich Essen nehmen. Das war alles. Warum haben die Leute nichts gestohlen? Aus Achtung!

Ihr baut Zäune um eure Höfe und bezahlt Leute, damit sie eure Grundstücke ausmessen und ihr wißt, daß der Zaun eures Nachbarn drei Zentimeter zu nah an eurem Haus ist. Ihr gebt nichts her, wenn ihr nichts dafür bekommt. Alles wird aufgerechnet.

Eure Mächtigsten verbergen ihre Ansichten nicht einmal. Wenn man um etwas bittet, fragen sie nicht, ob man es braucht, sondern, was sie dafür bekommen.«

»Ich fürchte, das ist Amerika, Dan«, sagte ich.

Er schüttelte seine knorrige Faust.

»Ich weiß. Viele von meinem Volk haben auch angefangen, sich so zu verhalten. Nicht alle, aber genügend. Das tötet die indianischen Sitten, nach denen alles geteilt wurde. Wir glaubten, daß uns alles geschenkt war und gute Männer und Frauen diese Geschenke teilten. Neben der Tapferkeit war Großzügigkeit das Wichtigste.

Man hat uns umgedreht. Wir finden, daß gute Menschen belohnt werden müssen, genau wie der weiße Mann. Verstehen Sie nicht, wieviel besser es war, als die guten Menschen noch glaubten, sie sollten geben, anstatt zu nehmen?

Wir beurteilten die Menschen nicht nach arm oder reich. Wir hätten gar nicht gewußt, wie. In guten Zeiten waren alle reich. In schlechten alle arm. Wir beurteilten die Menschen nach ihrer Art zu teilen.«

»Ich glaube Ihnen«, sagte ich. »Das ist ein Punkt, den ich an Ihrer Lebensweise sehr bewundere. Aber was hat das mit den Schrottautos zu tun?«

»Das versuche ich gerade, Ihnen zu erklären. Aber Sie unterbrechen mich ja dauernd. Lassen Sie mich zum Ende kommen.«

Ich lehnte mich zurück und konzentrierte mich auf die Straße vor uns. Dan schwieg einen Augenblick, um sich zu sammeln. Er war immer noch gereizt. Dann begann er aufs neue.

»Heute ist alles anders. Es gibt reiche Indianer, die nicht einmal wissen, was sie mit ihrem Geld anfangen sollen. Sie verdienen immer mehr und behalten es einfach. Vielleicht kaufen sie sich ein neues Auto, ein gutes Gewehr oder sonst etwas, aber sie werden sich nicht jede Woche einen neuen Anzug oder ein großes Haus kaufen. Nehmen Sie dieses Reservat. Einige von den Leuten hier haben viel mehr Geld als andere. Dennoch führen sie weiterhin ein einfaches Leben, weil die Idee des Eigentums ihnen so fremd ist.

Das liegt daran, Nerburn, daß uns Dinge nur wichtig sind, wenn wir sie brauchen. Wenn wir sie nicht brauchen, sind sie unwichtig. Sie mögen das für eine altertümliche Lebensweisheit halten. Das ist es aber nicht. Ich habe darüber nachgedacht.«

Er zeigte auf einen borstigen Hügel. »Sehen Sie das Rad?«

Ein schwarzes Geländerad lag auf der Wiese. Niemand schien in der Nähe zu sein.

»Nach was sieht das für Sie aus?«

»Nach einem Rad, das ein Kind da vergessen hat. Vielleicht spielt es irgendwo in der Nähe. Keine Ahnung.«

»Der Blick eines Weißen, Nerburn. Sie haben den weißen Blick. Der Junge hat es wahrscheinlich hier liegen gelassen. Das ist es, was ich meine. Beobachten Sie unsere Kinder. Sie bekommen ein Fahrrad und fahren damit, dann lassen sie es irgendwo liegen wie das da. Bei euch nennt man das verantwortungslos. Sie verhalten sich aber nicht anders als ihre Vorfahren, die glaubten, etwas gehört einem nur, solange man es braucht. Dann gibt man es weiter.

Wenonahs Kleiner kommt aus der Schule. Seine Lehrer rufen an. Er hat sein Buch irgendwo vergessen oder keinen Bleistift dabeigehabt. Ich versuche ihnen zu erklären, daß er das Buch gerade nicht gebraucht hat und sich eins besorgt, wenn er es braucht, aber sie verstehen das nicht. Sie wollen, daß er große Tüten und Schachteln mit allem möglichen füllt und niemanden daran läßt. Sie wollen, daß er seine Klassenarbeiten aufhebt. Sie wollen, daß er alles aufbewahrt.

Kein Wunder, daß die Weißen so große Häuser brauchen – nicht um darin zu leben, sondern um Dinge darin zu lagern. Ich war schon in Häusern, in denen die Schränke so groß wie Zimmer waren, weil die Leute so viele Dinge aufbewahrt haben. Wenn man alle Gebäude und Räume, in denen man Sachen lagert, für Menschen verwenden würde, hätte jeder auf der Welt ein Dach über dem Kopf.«

»Büffelkadaver und Autowracks, Dan«, erinnerte ich ihn.

»Sie machen mich wütend, Nerburn. Ich weiß, was Sie wollen.« Er lehnte sich zu mir herüber und dämpfte seine Stimme.

»Na gut, ich verrate Ihnen ein Geheimnis. Ich bin stolz auf all das – die ganzen Autos und das Zeug.«

»Stolz?«

»Ja, denn sie bedeuten, daß wir unsere traditionelle Lebensweise nicht verloren haben.«

Der Ärger war aus seinem Gesicht verschwunden und einem zufriedenen Lächeln gewichen. »Wir müssen in dieser Welt leben. Die Europäer haben alle Tiere getötet und uns unser Land weggenommen. Wir können nicht mehr leben wie früher. Wir müssen leben wir ihr. Bei uns erfüllte alles seinen Zweck, dann wurde es wieder zu Erde. Wir hatten hölzerne Schalen und Becher oder Dinge aus Ton. Wir ritten auf Pferden oder gingen zu Fuß. Wir machten alles aus den Dingen der Erde. Wenn wir die Sachen nicht mehr brauchten, gaben wir sie der Erde zurück.

Doch heute gehen die Sachen nicht mehr zur Erde zurück. Unsere Kinder lassen Coladosen herumliegen. Wir lassen alte Autos herumliegen. Früher wären es Löffel aus Knochen und Becher aus Horn gewesen und statt der alten Autos Pferde- oder Büffelskelette. Wir konnten sie verbrennen oder liegen lassen, sie wurden zu Erde. Das geht jetzt nicht mehr.

Wir leben noch genauso, aber mit anderen Materialien. Wir werden eure Lebensweise schon noch lernen, aber ihr versteht die Dinge trotzdem nicht besser. Alles, was euch wirklich interessiert, ist ihre Sauberkeit. Es ist euch egal, wie sie beschaffen sind, Hauptsache, sie sind sauber. Ihr seht einen Feldweg mit einer Coladose und findet das schlimmer als eine riesige asphaltierte, aber saubere Autobahn. Ihr regt euch mehr über Abfalltüten im Wald auf als über ein blankgeputztes Einkaufszentrum.

Es läuft alles auf Eigentum hinaus. Ihr wollt alles haben und findet das ganz in Ordnung, solange es säuberlich in Räumen oder beschrifteten Kartons gestapelt ist. Wir dagegen besitzen wenig und lassen es zurück, wenn wir es nicht mehr wollen oder brauchen.

Wenn ich in einem großen Haus leben und Zimmer voll verschiedener Dinge hätte, große Autos und eine Bibliothek voll Bücher, wenn ich alle Blumen und Heilpflanzen aus dem Boden risse und statt dessen einen Rasen pflanzte, der wie ein Teppich aussähe, würden die Leute zu mir kommen und mit mir sprechen, denn für sie wäre ich ein ›guter‹ Indianer. Doch das hieße nur, daß ich ein Indianer voller Zwänge wäre, genau wie ein weißer Mann. Aber in euren Augen wäre ich gut und wichtig. Geben Sie es zu.

Ab und zu müßte ich an einem *Powwow* teilnehmen und Federn tragen, wie es sich für einen echten Indianer gehört. Aber abgesehen davon, würdet ihr glauben, ich sei intelligenter, weil ich in einem großen Haus wohnte und viele Dinge besäße. So sind die Weißen. So seid ihr erzogen.

Biegen Sie hier ab!« sagte er abrupt. Ein zerfurchter Weg führte hinauf zu einem beigen Wohnwagen. »Da wohnt Grover.«

Der Wohnwagen stand frei auf einer baumlosen Anhöhe. Auf der linken Seite türmte sich ein ordentlicher Holzstapel. Jeder Stamm schien genau die gleiche Länge zu haben, sie waren über Kreuz gestapelt, so daß jede Lage quer zu der darüber oder darunter verlief.

Ein kleines Stück Erde rechts von seiner Veranda war vom Gestrüpp befreit und glatt gerecht. Zwei Liegestühle standen im gleichen Abstand zur Umzäunung des Wohnwagens. Es gab keine Schrottautos, keine Motorteile, keine Kinderfahrräder – nur Grovers alter Buick parkte auf einem Platz, der mit faustgroßen Steinen als vollkommenes Rechteck markiert war.

Dan warf mir einen Blick zu. Das Funkeln war wieder in

seinen Augen. »Verdammter Reservatsindianer«, murmelte er. »Hat seine Kultur verloren.«

Dann lehnte er sich zurück und lachte ein langes, grollendes Lachen, das wie Präriedonner vom Anfang aller Zeiten klang.

Kapitel 7

Für die Cowboys

Grover saß auf einer zerschlissenen braunen Couch in seinem Wohnzimmer und sah sich einen alten Cowboyfilm in Schwarzweiß an. Er drehte sich nicht einmal um, als Dan die Tür öffnete.

»He, Grover«, rief Dan. »Wieso hast du eigentlich keine Schrottautos im Vorgarten?«

Grover rührte sich nicht. »Hab' keinen Hund«, antwortete er. Die beiden Männer brachen in dröhnendes Gelächter aus, als ob das ein alter Witz zwischen ihnen wäre.

Grover machte ein gekonntes Schauspiel daraus, aus dem Fenster nach der Sonne zu schauen. »Scheint Zeit zum Mittagessen zu sein.«

Er wies mir einen braunen Holzsessel mit grünen Tweedkissen an. Mit seiner schrägen Lehne und den plattgesessenen Schaumgummipolstern erinnerte er an die Stühle in billigen Hotels. Ich ließ mich auf den weichen Sitz fallen. Dan war schon am Kühlschrank.

Ich starrte dumpf auf die zerkratzten Bilder auf Grovers Fernsehschirm. Eine Gruppe Cowboys ritt, so schnell sie konnten, durch ein Beifußfeld. Sie beugten sich über die Köpfe ihrer Pferde und schwenkten ihre Gewehre beim Schießen, als würden sie die Kugeln aus den Läufen schleudern. Blecherne Hintergrundmusik, donnernde Hufe und Schüsse dröhnten durch den

Wohnwagen. Ich hätte den Ton gern leiser gedreht, traute mich aber nicht.

Dan schlurfte mit einem Laib Weißbrot, einem halben Zellophanpaket mit Mortadella, einem Glas Miracle Whip und einer Flasche Ketchup herüber. Grover deckte den Tisch, der vor dem Fernseher stand, mit einem Buttermesser und drei hellgrünen Plastiktellern. Dan fummelte an dem kleinen roten Draht herum, der die Brottüte verschloß. Schließlich gelang es ihm, sie zu öffnen. Geschäftig begannen die beiden Männer, ihre Sandwiches zusammenzustellen.

»Halten Sie sich lieber ran, Nerburn«, sagte Grover. »Der Alte kann ganz schön was vertilgen.«

Dan grunzte zustimmend und legte die dritte Scheibe Mortadella auf sein Brot. Dann hämmerte er auf dem Boden der Ketchup-Flasche herum, bis ein großer Klecks auf die Wurst platschte.

»Verdammt«, fluchte Grover. »Hoffentlich habe ich mit achtzig auch noch solchen Appetit.« Er drehte den Fernseher lauter.

»Da, guckt hin, gleich kommen sie an einen Felsen, und ein Indianer springt sie an.«

Die Cowboys galoppierten, der Staub wirbelte, und die Musik dröhnte. Nun schwenkte die Kamera auf eine Felswand. Die Musik wechselte zu einer pseudo-indianischen Melodie mit einem lauten Tamtam-Rhythmus, und eine Gruppe verdächtig italienisch aussehender Indianer kroch hervor und lauerte auf dem Felsen. Ihre Oberkörper waren, abgesehen von ärmellosen Westen, nackt, und um die Stirn hatten sie große Tücher gebunden.

»Zu hoch«, bemerkte Dan. »Von da können sie nicht springen.«

Er hatte recht. Die Indianer entdeckten die heranreitenden Cowboys und besprachen sich in einer gutturalen, indianisch klingenden Sprache. Sie rannten zu ihren Pferden – alles Pintos* – und sprangen wie Turner von hinten auf. Dann ritten sie unter lautem Kriegsgeschrei davon.

Die Cowboys waren wieder im Bild. Einer hob die Hand, und die anderen zügelten ihre Pferde. »Da«, rief der Anführer, »Comanchen!« Die Schar schlug sich zu einer wilden Verfolgungsjagd nach links, Hufschlag dröhnte und Gewehre ballerten.

»Du meine Güte. Wie können Sie das aushalten?« fragte ich. »Macht Sie das nicht verrückt?«

»Zur Hölle«, grinste Grover. »Wenn ich als Kind ins Kino ging, feuerte ich immer die Cowboys an. Wahrscheinlich habe ich diesen Film sogar schon gesehen.«

»Genau. In den alten Kinos haben alle mitgejubelt und gestöhnt. Wir pfiffen die Indianer aus und jubelten, wenn die Kavallerie anrückte. Ich war begeistert von John Wayne«, erzählte Dan.

Ich hatte das gleiche schon oft von anderen Indianern gehört und mich darüber gewundert. Aber die Antwort war auch immer die gleiche: Diese Schauspieler waren keine echten Indianer. Wir jubelten den Cowboys zu und pfiffen die Indianer aus, genau wie die weißen Kinder.

»Also stört Sie das nicht?«

»Vieles stört mich«, erwiderte Grover. »Aber hierfür lohnt sich die Mühe nicht.«

»Es macht mir jetzt viel mehr aus als früher«, fügte Dan hinzu.

Ich legte eine gummiartige rosa Scheibe Mortadella auf mein Weißbrot. »Warum denn?«

---

* Pintos sind eine gefleckte spanische Pferderasse (schwarz-weiß, braun-weiß, auch dreifarbig). Die kleinen Reitpferde sind besonders in den USA verbreitet und gelten als typische Indianerpferde. (A. d. Ü.)

»Tja, als Kinder hatten wir nicht viel Kontakt zu weißen Kindern. Die, die wir kannten, waren genau wie wir. Verteufelt arm, eben Kinder, die im Dreck spielten. Vielleicht waren ihre Eltern besser dran als unsere, aber die Kinder schienen sich nicht von uns zu unterscheiden. Wir haben uns nie als anders wahrgenommen. Cowboy und Indianer war nur ein Spiel wie Räuber und Gendarm. Es hatte nichts mit unserem wirklichen Leben zu tun.

Keiner hatte damals ein Auto. Wir kamen höchstens ein- oder zweimal im Jahr in eine größere Stadt. Es gab kein Fernsehen. Erst nach dem Krieg, als die Soldaten zurückkamen, erfuhren wir überhaupt, daß es Menschen gab, die anders lebten als wir.«

»Genau, damals begriff ich zum erstenmal etwas«, sagte Grover. »Als ich aus Korea kam. Alle in meiner Einheit nannten mich ›Häuptling‹, und mir gefiel das. Aber als ich zurückkam und eine Zeitlang in der Stadt lebte, habe ich zum erstenmal gehört, wie Weiße über Indianer sprachen. Was sie sagten, war so verdammt blöd. Erst damals begann ich mich über diese Cowboyfilme zu ärgern.

Es hat mir nie etwas ausgemacht, wie die Indianer in diesen Filmen dargestellt sind. Aber es störte mich, wie sie uns den Weißen präsentierten – wie eine Bande Wilder, die schreiend und kreischend wie verrückt herumgaloppierte. Dadurch behandelten uns die Weißen schlecht.«

Dan kaute an seinem Sandwich. Die Schüsse aus dem Fernseher knallten im Hintergrund.

»Wissen Sie, wo dieser ganze Quatsch herkommt?« fragte er mich.

Ich hatte einiges darüber gelesen, wollte jedoch seine Ansichten dazu hören.

»Sie haben bestimmt schon von Buffalo Bills Wildwest-Show gehört.«

»Ja.«

»Gut, dann wissen Sie schon ein bißchen. Buffalo Bill hatte eine Truppe, die herumreiste – nach New York, nach Europa, eben überallhin. Er hatte sich das ausgedacht, nachdem er alle Büffel getötet und die Armee uns so gut wie ausgerottet hatte. So konnte er immer noch etwas an Indianern verdienen. Es war, kurz nachdem wir Custer erledigt hatten und die Zeitungen uns zu blutrünstigen Killern stempelten. Buffalo Bill meinte, die Leute würden gern lebendige Indianer sehen.«

»Wie Tiere in einem Zirkus«, fügte Grover hinzu.

»Nur daß wir die Tiere waren. Er stellte eine Show zusammen. Sogar Sitting Bull trat eine Weile darin auf, aber ich will verdammt sein, wenn ich wüßte, warum er das machte. Jedenfalls ritten Indianer kreischend herum und töteten irgendwelche Leute, genau wie die Weißen es sich vorstellten.

Die Menschen kamen von weit her, um die Show zu sehen. Ich glaube, sogar die Königin von England hat sie gesehen. Einige der Indianer wurden dem Präsidenten vorgestellt. Alles stand in den Zeitungen. Die Shows waren eine richtige Sensation.«

»Ja«, echote Grover. »Mehr wußten die Leute nicht – das, was sie bei Buffalo Bill sahen, und das, was in den Zeitungen stand.«

»Nein, es gab noch etwas«, ergänzte Dan. »Das Gedicht über Hiawatha. ›Am Ufer des Gitchi-gumi‹. Was, zum Teufel, ist überhaupt Gitchi-gumi?«

»Ich glaube, das ist Lake Superior, bei mir da oben«, warf ich ein.

»Vielleicht«, fuhr der Alte fort. »Aber das gehört zu der anderen Vorstellung, die Weiße von uns hatten. Indianer, die in Mokassins durch den Wald schleichen und mit Kanus herumpaddeln. Wildleder-Indianer im Wald und Indianer mit Kriegsbemalung hier.

So stellten sich die Weißen Indianer vor. Als später der Film und das Fernsehen aufkamen, ließen sie es einfach dabei. Manchmal schleicht sogar ein Indianer in einem Wildlederhemd mit Fransen in einer Szene durch den Wald – paddelt im Kanu herum und so. In der nächsten zeigen sie ihn dann in Kriegsbemalung mit einem kleinen Handtuch um die Hüften, während er durch die Prärie reitet und Pfeile auf weiße Männer abschießt. So etwas Dämliches kann man sich kaum vorstellen.«

»Da!« rief Grover dazwischen. Die italienischen Indianer in Wildlederhosen rasten auf ihren Pintos dahin, schossen Pfeile ab und schwangen Tomahawks.

»Wenigstens tragen sie nicht die verdammten kleinen Handtücher«, sagte Dan. »Überlegen Sie mal, Nerburn. Sie leben in den Wäldern. Sie müssen ja wissen, wie es ist. Die Leute aus New York oder Kalifornien kommen doch nie in den Norden. Ich wette, wenn sie einen Film über die Gegend, in der Sie leben, machen würden, wäre der genauso ein Witz.«

»Haben sie schon«, gab ich zurück. »Und er war ein Witz.«

»Dann denken Sie an uns. Wir sind Indianer. Wir leben hier draußen im Land der Büffel. Das einzige, was wir zu sehen kriegen, sind winzige Flugzeuge, die über unseren Köpfen zwischen Kalifornien und New York verkehren. Sie landen hier nicht. Die Leute wollen hier auch gar nicht Station machen.«

»Außer dieser Frau aus New York«, ergänzte Grover.

Dan nickte und fuhr fort. »So ist es schon immer gewesen. Alle Siedler blieben im Osten, oder sie zogen direkt nach Kalifornien, während die meisten von uns irgendwo in der Mitte hängenblieben. Wo niemand anders hinziehen wollte. Deshalb durften wir hier bleiben.

Aber alle Filme und Bücher kamen aus Kalifornien oder aus dem Osten, daher wußten sie außer dem, was sie wissen wollten, verdammt wenig über Indianer. Diese Frau aus New York war genauso eine. Nur eine andere Ausgabe. Wahrscheinlich arbeitet sie gerade an einem Drehbuch, in dem alle Indianer wie weise Männer sprechen. Sie wird einen Drehbuchautor auftun, der ein paar indianische Reden gelesen hat. So werden ihre Indianer dann sprechen. Ohne zu wissen, daß wir, wenn wir eine Rede halten, ganz anders sprechen. Aber das ist ihr ohnehin egal.

Und wissen Sie was? Im Endeffekt wird der Held wahrscheinlich sogar ein Weißer sein. Der Indianer wird den Weißen beraten, und das wird ihm helfen, aber der Film wird ein Film über Weiße sein und darüber, wie sie an Weisheit zunehmen, wenn sie ihrem weißen Dasein indianische Weisheiten hinzufügen.

Ich weiß nicht einmal, was das für ein Film werden soll, aber ich wette, alles wird genau so, wie ich es sage. Heutzutage sind sie alle so. Wir sehen sie auf Video und wissen, wie sie sind. Wilde kann man nicht mehr zeigen. Jetzt ist es der weise Indianer – Sie wissen schon, im Einklang mit der Natur und so –, der die Weißen bessert, indem er ihnen indianische Tugenden beibringt.«

»Wie in *Der mit dem Wolf tanzt*«, fügte Grover hinzu.

»Ja, genau. Der war wenigstens ganz gut. Sie haben ein paar echte Indianer engagiert. Aber der Weiße war der Held.«

Grover hatte eine Packung Milch aus dem Kühlschrank geholt. »Was wohl aus dem Film von der Frau aus New York wird?« fragte er.

»Alter Indianer, der sich räuspert«, erwiderte Dan.

Grover lachte. »Jedenfalls hab' ich sie aufgeklärt, das ist sicher. Ich muß auf das Fernsehprogramm achten.«

»Das ist das Schlimme«, sagte Dan. »Egal, was sie macht, es wird im Fernsehen gesendet. Kinder sehen es. Weiße Kinder, indianische Kinder. Sie sehen es und denken, so sind Indianer. Sie sehen, was irgendeine weiße Frau, die sich pausenlos fast in die Hose gepinkelt hat, über Indianer denkt, und sie glauben es.«

Dan steckte sich den letzten Bissen von seinem Sandwich in den Mund. Im Fernseher besprühte eine Frau eine Mülltonne mit Luftverbesserer. Er schob seinen Teller weg. »Gib mir mal die Milch.« Grover reichte sie ihm. Er nahm einen Schluck direkt aus der Tüte.

Er hielt sie mir hin. »Nein, danke«, murmelte ich.

Grover wandte sich an mich. »Hüten Sie sich, so ein Buch zu schreiben, Nerburn.«

Seine Stimme klang nicht drohend, ließ jedoch keinen Zweifel an der Ernsthaftigkeit seiner Aufforderung.

Ich schüttelte den Kopf. »Ich pinkle in die Toilette«, sagte ich.

Dan hob die Hand und wiegte den Kopf, wie um mich zu schelten.

»Sie müssen auf die Erde pinkeln, Nerburn. Auf die Erde.«

Kapitel 8

Squantos Mais*

*I*n dieser Nacht konnte ich nicht schlafen. Irgend etwas an dem Nachmittag mit Dan und Grover hatte mich beunruhigt. Obwohl ich freundlich behandelt worden war und mich geehrt fühlte, daß Grover sein Heim und seinen Tisch mit mir geteilt hatte, war das Gefühl der Distanz zwischen uns im Lauf dieses Tages gewachsen.

Vielleicht hatte es an der unbefangenen Vertrautheit zwischen den beiden Männern gelegen, vielleicht lag es an einer tieferen kulturellen Kluft, die ich nie überwinden würde. Ich wußte nur, daß ich mich, als ich in mein Motelzimmer zurückkam, ferner und fremder fühlte als bei all meinen vorherigen Besuchen. Zum erstenmal fühlte ich mich wie der gefürchtete Anthropologe – ein Beobachter, der eine Teilnahme vortäuschte, ein Außenseiter, vor dem sich die Einheimischen gezwungen sahen, eine Vorstellung abzugeben.

Ich lehnte mich an das harte Motelkissen und schaltete den Fernseher ein. Die nächtlichen Talk-Shows hatten gerade ange-

---

* Squanto, ein Wampanoag, hatte sich den »Pilgrims« freiwillig als Helfer zur Verfügung gestellt. Ihm und den anderen Indianern erschienen die Kolonisten von Plymouth wie hilflose Kinder. Daher teilten sie ihre Maisvorräte mit ihnen und halfen ihnen so über den ersten Winter. Im Frühjahr schenkten sie ihnen Mais zur Aussaat und brachten ihnen bei, wie man ihn anbaute. (A. d. Ü.)

97

fangen, und die verschiedenen Gastgeber gaben die üblichen Einführungen. Ich sah, wie sie gockelten und schäkerten – Grimassen schnitten und schmunzelten und ihre Augen rollten, während sie Witze über aktuelle Ereignisse und Politiker rissen.

Ihr Humor war rauh, das Publikum grob. Die Hände in den Taschen, wippten sie auf den Fersen, wie neunmalkluge College-Studenten, die sich über Leute, die noch dümmer sind als sie selbst, lustig machen.

Ich drehte den Ton ab und schaute sie mir als Pantomime an. Sie schienen eine Million Meilen entfernt.

Dans Bild der Flugzeuge, die auf ihrem Weg von Küste zu Küste vorüberflogen, verfolgte mich. Wie oft war ich selbst Passagier in einer dieser Maschinen gewesen, hatte in der Dunkelheit auf eine winzige Ansammlung von Lichtern geschaut und mich gefragt, wer dort wohl wohnte und was für ein Leben sie führten.

Nun war ich selbst eines dieser Lichter.

Ich rollte mich auf die Seite und starrte aus dem Fenster. Sterne glitzerten am Himmel. Hoch oben zwischen ihnen konnte ich das regelmäßige Blinken eines vorüberfliegenden Jets kaum ausmachen.

Ich stellte mir vor, wie die Passagiere zum Dröhnen der Motoren dösten oder auf die dunkle Landschaft weit unter ihnen starrten. Ich wollte winken, irgendein Zeichen geben, um ihnen mitzuteilen, daß wir am Leben waren, es uns gut ging, und daß diese Landschaft nicht leer war, sondern voller Leben, Geschichten und Träume. Doch die blinkenden Lichter entfernten sich, und es blieb nur die funkelnde Stille des Sternenmeers. Ich drehte mich wieder zum Zimmer und dem stummen Fernsehapparat. Die komischen Männer stolzierten immer noch, gestikulierend und Grimassen schneidend, auf ihren jeweiligen Bühnen einher. Wenn sogar ich, der in Städten aufgewachsen war und ihrer

Kultur angehörte, mich jetzt von ihrer rauhen Hektik und ihren wilden Possen abgeschnitten fühlte, wie weit entfernt davon war jemand wie Dan, der in einem Land endloser Weiten geboren und dazu erzogen war, auf die Stimmen im Wind zu lauschen?

Dennoch war es durchaus möglich – sogar wahrscheinlich –, daß Dan im Augenblick David Letterman dabei zusah, wie er eine Liste der Top Ten verlas, oder einen nachgestellten Kriminalfall mit heulenden Sirenen, hektischer Kamera und hysterischen, krächzenden Notrufimitationen anschaute.

Was bedeutete das alles? Und wie konnte ich mir einen Reim darauf machen?

Allmählich wünschte ich, ich hätte dieses Projekt nie angefangen. Es gab keine Möglichkeit, es richtig zu machen. Natürlich respektierte ich Grover, aber er belauerte mich ständig, beargwöhnte meine Absichten mit einer unermüdlichen Wachsamkeit, die mich zu ersticken begann. Auch Dan erwartete viel von mir, dennoch war er unfähig zu formulieren, was ich nun genau leisten sollte. »Als ob ich einen Haskell-Abschluß hätte.« – »Es soll nicht zu weiß klingen.« Die Anweisungen widersprachen sich. Der einzige Hinweis, den ich je erhalten hatte, war der, einen alten, räudigen Hund zu beobachten.

Auf der anderen Seite hatte ich schon die Herausgeber und Verleger im Ohr. »Der alte Mann klingt zu barsch und eigensinnig. Machen Sie ihn etwas liebenswürdiger. Und könnten Sie ihn nicht ein bißchen origineller und weiser machen?«

Ich war des ganzen Unternehmens überdrüssig. Ich hatte es satt, in einem Motelzimmer zu leben und um zwei Uhr morgens Fliegentüren klappen und Toilettenspülungen rauschen zu hören. Ich hatte kein Geld mehr, und meine Familie fehlte mir. Ich hatte keine Zusage von einem Verleger und keine Vorstellung, wie diese Abfolge von Gesprächen und alltäglichen Geschehnissen jemals eine Gestalt annehmen sollte.

Die Geschichte mit den Büffeln und den Autowracks hatte das Faß zum Überlaufen gebracht. Ich war unsicher, ob Dan mich auf den Arm genommen oder es ernst gemeint hatte. Die Art, wie er sich zu mir gebeugt und seine Stimme gesenkt hatte, war so theatralisch gewesen, daß seine Worte genausogut ironisch gemeint gewesen sein konnten. Dennoch würde er mich gewiß danach beurteilen, ob ich ihn verstanden hatte oder nicht.

Ich war nicht den weiten Weg hierher gekommen, um meine kulturelle Empfindsamkeit endlos prüfen zu lassen oder das Ziel versteckter privater Scherze zu werden. Wenn es dem Alten auch nicht bewußt war, so tat ich ihm doch einen Gefallen, für den meine Familie und ich einen hohen Preis zahlten. Ich war bereit, ihm zu helfen, aber nicht sein Hampelmann zu sein. Auf keinen Fall war ich bereit, jede meiner Bewegungen beurteilen und kritisieren zu lassen. Das konnte nicht als Basis für meine Anerkennung dienen. In diesem Moment traf ich eine schwere und schmerzliche Entscheidung. Ich beschloß, aufzugeben und nach Hause zu fahren. Vielleicht waren es die Anstrengungen des Tages gewesen; vielleicht hatten auch die Phantome meiner nächtlichen Visionen die Oberhand gewonnen. Jedenfalls beruhigte mich diese Entscheidung erheblich. Ich würde das, was ich bis jetzt geschrieben hatte, mitnehmen und es ihm mit einer Erklärung zurückschicken. Das war zwar nicht die anständigste Möglichkeit, aber ich wollte mich auf meine Art rechtfertigen, was ich wahrscheinlich persönlich nie schaffen würde. Ich sah schon vor mir, wie er diesen leeren Gesichtsausdruck bekam und sich von mir abwandte oder mitten in meinen Erklärungen in sein Schlafzimmer trottete und mich am Tisch sitzen ließ, als hätte ich Lepra oder sonst etwas.

Nein, wenn ich ihm schrieb, würde er mich vielleicht nicht achten, aber wenigstens verstehen. Er könnte nicht widerstehen, meinen Brief zu lesen, also würde er auch zur Kenntnis nehmen, was ich zu sagen hatte. Immerhin hatte er selbst eine Familie gehabt und in seinem Leben schwere Entscheidungen getroffen. Ich wollte, daß er mir zuhörte.

Es war sogar möglich, daß wir irgendwann in der Zukunft, wenn wir beide uns über unsere Absichten klarer geworden waren, das Projekt erneut in Angriff nahmen. Oder vielleicht wäre ein Indianer, der nicht so leicht Gefahr lief, als potentieller Verräter gesehen zu werden, ein geeigneterer Chronist und würde die Nuancen in Dans Verhalten besser verstehen. Ich gab mich sogar der mir bis dahin undenkbaren Überlegung hin, daß außer ein paar Indianern und Indianophilen niemand sich für den Alten, und was er zu sagen hatte, interessierte und das Ganze sowieso nicht besonders wichtig war.

Ich holte einen Bogen Papier aus meiner Tasche. Das Motelzimmer hatte keinen Schreibtisch, und ich stapelte mir ein paar Kissen an die Wand am Kopfende des Bettes und benutzte die Gideon-Bibel als Schreibunterlage.

»Lieber Dan«, begann ich. »Ich möchte ehrlich und aus dem Herzen zu Ihnen sprechen. Sie haben mir die Ehre erwiesen, mich zu bitten, ihre Gedanken niederzuschreiben. Doch mit jedem Tag werde ich . . .«

Aus den Augenwinkeln sah ich, wie Arsenio Hall seine Hand wie ein Lasso über dem Kopf schwang und eine Art Cakewalk auf der Bühne tanzte. Ich griff nach der Fernbedienung und versuchte den Fernseher abzuschalten, bevor ich den Faden verlor.

Ich drückte einen Knopf, aber es gelang mir lediglich umzuschalten. Die Atlanta Braves spielten gegen die L. A. Dodgers oder San Diego Padres. Anscheinend war gerade etwas Folgenschweres passiert. Die Kamera schwenkte über die Zuschauer und blieb an drei Weißen mit freien Oberkörpern und Bierbäu-

chen hängen, die Indianerfedern trugen und riesige Tomahawks
aus Gummi schwangen. Neben ihnen saßen eine Frau und ein
etwa zweijähriges Mädchen.

Die Bierbäuche gaben der Frau wilde Zeichen und deuteten
auf die Kamera. Sie sah hoch, aufgeregt, hob dann den Kopf
des schlafenden Kindes, damit die Kamera sehen konnte, daß
sein Gesicht mit roten und weißen Streifen bemalt war. Daraufhin stopfte die Frau ein kleines Gummi-Tomahawk in die
Hand des kleinen Mädchens und begann, hackende Bewegungen mit dem Arm auszuführen. Nun waren alle fünf im Bild
und schwangen simultan ihre Tomahawks. Die Kleine schlief,
die Mutter grinste, und die drei Hemdlosen schlugen sich die
wurstigen Hände auf ihre Münder, um Kriegsgeschrei zu simu-
lieren.

Ich schaute auf das Blatt Papier in meinem Schoß. Langsam
und mit Vorbedacht zerknüllte ich es und ließ das Knäuel von
der Wand in den Papierkorb abprallen.

»Bis morgen, Alter«, seufzte ich, schaltete den Fernseher und
das Licht aus. Keine Antwort – nur der Aufprall der Käfer, die
gegen die Gittertür knallten, und das tiefe, gleichmäßige Brummen eines Flugzeugs irgendwo hoch oben.

*E*s wäre weit entfernt von der Wahrheit, zu behaupten, daß
ich den nächsten Morgen mit Freude oder Begeisterung
begrüßte. Die Entfremdung und Empörung, die ich empfand,
waren noch durch eine Schicht Beschämung bereichert worden.

Ich hatte das schreckliche Gefühl, daß Dan irgendwie von
meinem nächtlichen Plan, zu desertieren, wußte. Nur einen
Moment lang hatte ich die Erleichterung empfunden, die eine
Befreiung von diesem Projekt bedeutet hätte. Dennoch hatte
sich in mir das Bild meiner Frau und meiner Kinder, meines

Zuhauses, festgesetzt. Diese Bilder waren noch in meinem Kopf, während ich unter der Dusche stand und mich für den Tag rüstete.

Ich beschloß dem Alten entgegenzutreten. Sollte das mein Projekt werden, mußte es meinen Bedingungen genügen – nicht seinen, nicht Grovers, nicht denen eines altersschwachen Hundes. Es gab zuviel zu tun, als daß man alles so laufen lassen konnte.

Ich hatte zu viele Notizen. Methode und Ziel waren mir unklar. Mein Truck hatte begonnen, während unseres gestrigen Ausflugs auf den Bergkamm einen seltsamen dampfigen Geruch abzusondern, und es war höchste Zeit für eine Wartung.

Heute würde ich alles klären – meine Aufgaben und die Erwartungen des Alten. Dann würde ich mit meinen Notizen, meinen Aufnahmen und einem besseren Verständnis für das, was ich vorhatte, nach Hause fahren. Ich könnte mit meiner Familie zusammensein, meinen Wagen von einem Mechaniker meines Vertrauens untersuchen und alles zu einer gewissen Form reifen lassen. Wenn ich dann ein klareres Bild hatte, würde ich mit einer Reihe von grundlegenden Vorgaben zurückkommen und dem Ganzen eine Gestalt geben.

Das war der einzige Weg. Niemand hier wußte, wie ein Buch entsteht. Keiner von ihnen hatte die Erfahrung gemacht, daß man ein Projekt strukturieren mußte, damit man zu einem sinnvollen Ergebnis kam. Für sie war das einfach ein endloses Nörgeln und Kritisieren: »Tu dies, tu das. Warum hast du dieses oder jenes nicht erwähnt?«

Wenn alles gesagt und getan war, war es mein Buch, und ich mußte ihm eine Form geben.

Ich mußte die Führung übernehmen. Ich mußte einfach.

Das Packen dauerte nur ein paar Minuten. Ich hatte mich daran gewöhnt, mit leichtem Gepäck zu reisen, und alles, was ich dabeihatte, paßte problemlos in die eine grüne Tasche aus Canvas, die mein ständiges Reisegepäck geworden war.

Die Frau an der Rezeption schaute nicht einmal hoch, als ich bezahlte. Ihre Augen waren auf einen kleinen Schwarzweißbildschirm geheftet, der auf der Theke stand. Sie kritzelte aufs Geratewohl eine Quittung und knallte sie mit aufgebrachter Gleichgültigkeit auf die Theke. Das Geld, das ich ihr gegeben hatte, zählte sie nicht einmal nach.

Beschwingt von meinem Plan, fuhr ich zu Dans Haus. Ein heftiges Gewitter war spät in der Nacht niedergegangen und hatte die Prärie mit einem kurzen, aber erfrischenden Regen getränkt. Die Erde verströmte einen Duft wie süßer Nektar, und die sich wiegenden Grasflächen summten und brummten vor neuerwachtem Leben. Weiße Schmetterlinge taumelten über dem hohen Gras und vollführten verrückte Tänze vor dem azurblauen Himmel.

Es war ein Tag zum Genießen.

Ich holperte den Pfad zum Haus des Alten hinauf. Fatback kroch bellend und wedelnd unter dem alten Chevy hervor. Wenonahs Wagen stand, wie ich es erwartet hatte, in der Auffahrt.

Ich sprang aus dem Auto, zauste Fatback und ging zur Treppe. Es war meine Gewohnheit, draußen zu warten, bis ich hineingebeten wurde.

Wenonah erschien an der Tür und spähte durch das kaputte Fliegengitter. »Er ist nicht da, Nerburn«, sagte sie.

»Macht nichts«, sagte ich. »Ich setze mich ein bißchen oben auf den Hügel.«

»Er kommt aber länger nicht zurück.«

»Wie lange?«

»Ich weiß nicht.«

Diese Nachricht verblüffte mich. »Wo ist er hingefahren?«

»Er hat nur gesagt, daß er einen kleinen Ausflug macht.«

Erstaunt schüttelte ich den Kopf. Wenn er mir das gestern gesagt hätte, hätte ich schon am Abend aufbrechen und eine Übernachtung sparen können. Ich hatte ein schlechtes Gewissen, wegen meiner Entscheidung abzureisen, und er machte sich nichts daraus, aufzustehen und zu verschwinden, ohne mir etwas davon zu sagen.

Wenonah bemerkte meine Verärgerung.

»Er hat Ihnen nicht gesagt, daß Sie heute kommen sollen«, sagte sie.

Mir platzte der Kragen. »Verdammt noch mal, ich weiß, daß er mir nicht gesagt hat, ich soll kommen. Aber ich schreibe das Buch für ihn. Ich fahre Hunderte von Meilen auf eigene Kosten, um ein Buch zu machen, das ihm am Ende seines Lebens Frieden gibt, und Sie stellen sich hin und tun so, als hätte ich kein Recht, mich darüber zu ärgern, daß er einfach verschwindet, ohne mir Bescheid zu sagen.

Dieser ganze Quatsch macht mich krank. Ich darf mich über nichts ärgern, aber Sie, er und Grover spielen beleidigt, wenn ich meine Schnürsenkel falsch binde oder das falsche Adverb benutze. Wieso ist nichts, das ich für wichtig halte, von Bedeutung?«

Ihre Stimme war ruhig und gefaßt. »Vielleicht haben wir es satt, allem, was ihr für wichtig haltet, Bedeutung zu geben. Niemand hat euch hergebeten. Niemand hat euch gebeten, uns Decken voller Pockenbazillen zu geben und unsere Alten zu töten, damit ihr den ganzen Kontinent übernehmen konntet, um Autobahnen und Einkaufsstraßen zu bauen.

Dann sind Sie eben fünfhundert Meilen gefahren, um ihn zu sehen. Na und? Er strengt sich an, wach zu bleiben und Schmerzen und Erinnerungen niederzuhalten, die Sie sich nicht einmal vorstellen können, damit Sie die Geschichte, die Sie wollen, schreiben können.

Sie sollten dankbar sein, daß er überhaupt mit Ihnen spricht. Es ist eine Ehre, wenn ein Älterer zu Ihnen spricht. Sie wissen das überhaupt nicht zu würdigen.«

Sie drehte sich um und ging zurück ins Haus.

»He, Wenonah«, rief ich. »Sie können jetzt nicht einfach weggehen.«

Innen herrschte Stille.

»Ich weiß, daß Sie mich hören können, und ich sage, was gesagt werden muß. Ich habe dieses Gerede von Ehre satt. Ich weiß, daß ich privilegiert bin, und würdige es. Aber es ist auch ein Privileg für ihn, daß sich jemand die Mühe macht, diese Sache für ihn zu übernehmen.

Ich habe eine Frau, eine halbwüchsige Tochter und einen kleinen Sohn zu Hause, nach denen ich mich jeden Tag sehne. Ich schlafe in einem verlausten Motelzimmer, das von den zahllosen Säufern in den Nachbarzimmern nach Whiskey stinkt. Ich gebe Geld aus, das ich nicht habe, trotzdem beäugen mich Grover und alle mit verdammten Adleraugen, damit ich ja keine falsche Bewegung mache.

Ich habe an niemanden Decken mit Pockenbazillen verteilt. Wahrscheinlich schlafe ich sogar selbst auf welchen in dem verdammten Motel. Ich bin auch nicht auf irgendeiner verdammten Pinta oder Niña oder Santa Maria gesegelt, habe keinen Mais von Squanto bekommen und bin auch nicht mit General Custer geritten.

Ich bin nur ein anständiger Knabe, der sein Bestes für einen Mann tun will, den er respektiert. Alles, was ich dafür will, ist ebenfalls ein bißchen Respekt.«

Wenonahs Schatten erschien in der Tür. Sie kam auf die Veranda. In ihrer Hand war ein zerknitterter Umschlag aus Manilapapier.

»Kommen Sie her, Nerburn«, sagte sie.

Ich stieg die Stufen hinauf. Sie hatte ein Bündel vergilbter Fotos in der Hand und reichte mir eines, auf dem ein kleiner Junge in einer Uniform und schweren schwarzen Schuhen abgebildet war. Er sah aus wie ein kleiner Soldat aus dem Bürgerkrieg oder dem spanisch-amerikanischen Krieg.

»Wissen Sie, wer das ist? Das ist mein Großvater. Und wissen Sie, was er da anhat? Einen kleinen wollenen Anzug aus alten Uniformen der US-Armee. Und wissen Sie, warum? Weil er seinen Eltern weggenommen und in ein Internat gebracht wurde, wo sie ihm die Haare abschnitten, seine Lederstrümpfe und die Mokassins verbrannten, die seine Mutter eigenhändig für ihn gemacht hatte.

Und wissen Sie, warum seine Eltern ihn nicht geholt haben: Weil sein Vater verhaftet wurde, als er sich darüber beschwerte, daß die Polizei seinen Sohn in die Schule gebracht hatte.

Sie glauben, Sie wissen alles, Nerburn. Aber Sie wissen überhaupt nichts.«

Sie zeigte mir ein anderes Foto. Es war ein großes weißes Gebäude, das aussah wie eine Scheune. »Wissen Sie, was das ist?«

»Sieht aus wie ein Schlafsaal oder ein altes Internat.«

»Dort zwangen sie ihn, auf Murmeln zu knien und seine Arme eine halbe Stunde lang auszustrecken, wenn sie ihn dabei erwischten, wie er seine Sprache sprach. Dort stand er mit den anderen Kindern in einer Reihe mit geöffnetem Mund. Ein Zahnarzt zog ihnen mit einer Zange jeden Zahn, der nicht in Ordnung war. Ohne Betäubung. Dort fing er an, ins Bett zu machen, und die Wärterin band die Haut am Ende seines Penis jeden Abend mit Angelschnur zu, bis er eine Infektion bekam, an der er fast starb.«

Sie stopfte die Fotos zurück in den Umschlag und verschloß ihn. »Er macht nicht mehr, was Weiße wollen, Nerburn.«

Sie stand auf und ging ins Haus. Ich sah Fatback an, die damit beschäftigt war, an ihrem Hintern zu kauen.

»Du lieber Himmel«, seufzte ich und kletterte zurück in mein eigenes sicheres Auto.

Kapitel 9

Jumbos Werkstatt

Wahrscheinlich war ich zu schnell die Auffahrt hinuntergerast oder hatte zu stark beschleunigt, jedenfalls war der dampfige Geruch wieder da. Dunst strömte durch die Ventile der Klimaanlage ins Auto. »Los, Alter«, ermunterte ich den Truck. »Du schaffst es.«

Aber er schaffte es nicht. Nach einer halben Meile gab der Motor einen lauten Knall und ein flatterndes Geräusch von sich. Eine Mischung aus Dampf und Rauch begann die Fahrerkabine zu füllen.

Ich sprang hinaus und öffnete die Haube. Weißer Dampf hüllte mich ein.

»Verdammt, verdammt, verdammt«, schrie ich. Es mußte ein Hauptdichtungsring sein. Es gab keine Hoffnung und nur wenig Zeit. Ich sprang zurück in den Wagen und gab Gas. Eine große Rauchwolke entwich dem Auspuff. Der Motor heulte auf, stotterte und spuckte ganze Dampfschwaden unter der Haube hervor. Der Wagen kroch vorwärts. Mehr als fünf Meilen pro Stunde gab er nicht her.

Ich fuhr in Richtung Reservatszentrum. Wagen voller Indianer fuhren hupend und winkend an mir vorbei. Qualvoll tuckerte und dröhnte ich den Abhang hinunter, auf ein paar Häuser zu, die nach einem Ort aussahen.

Auf der panischen Suche nach einem Anzeichen für eine

Tankstelle oder Werkstatt dröhnte ich die Hauptstraße entlang. Der Temperaturanzeiger tauchte nicht mehr aus dem roten Feld auf. Kinder umkreisten mich auf ihren Fahrrädern, lachten und deuteten. Ein kleiner Junge strampelte vor mir her und winkte mir, ihm zu folgen. Ich wußte nicht, wohin er mich führte, hatte aber keine andere Wahl.

Er flitzte um eine Ecke, mir mit der linken Hand winkend. Dann bremste er vor einem niedrigen, verwahrlosten Bau mit einer weißen Garagentür. Über den Eingang hatte jemand ein verwittertes Sperrholzbrett angenagelt. Darauf stand »Kaputte-Auto-Werkstatt. O.K. Jumbo«.

Ich schaltete den Motor aus und rollte auf den staubigen Platz vor der Garagentür. Der Motor tuckerte und brummte, um schließlich ganz zu verstummen.

Ich saß im Wagen und überlegte. Wer auch immer Jumbo war, er mußte mich retten. Der Truck würde sich keinen Zentimeter weiter bewegen.

Der kleine Junge mit dem Fahrrad rannte in die Werkstatt. Kurz darauf kam er wieder herausgerannt, stellte sich vor dem Truck auf und blickte erwartungsvoll in Richtung der Werkstatt. Als ich ausstieg, erschien ein Schatten im Flur. Zuerst glaubte ich, innen würde ein Wagen bewegt, aber dann ging die Tür auf, und heraus trat der größte Mann, den ich je gesehen habe. Er wog wahrscheinlich über vierhundert Pfund. Sein Kopf hatte die Größe eines Basketballs und war ebenso rund. Er hatte eine struppige Topffrisur, kastanienbraune Haut und kaum Zähne, falls er überhaupt welche hatte.

Ein schmutziges weißes T-Shirt stand wie ein Schirm von seinem Bauch ab, der seinerseits wie ein Mehlsack über seiner Gürtelschnalle hing. Von vorn war der Bund seiner Hose unter dem riesigen, hängenden Bauch verborgen.

Er trug verdreckte weiße Turnschuhe ohne Schnürsenkel, und

beim Gehen hielt er beide Arme zur Seite gestreckt, wie um das Gleichgewicht zu halten.

»Jumbo?« fragte ich, bemüht, mein Erstaunen zu verbergen.

Er würdigte mich keines Blickes, ging schnurstracks zum Wagen und öffnete die Haube.

Er steckte den Kopf in den Qualm wie in einen Drachenschlund, zog an einigen Strippen und knallte die Haube wieder zu.

»Der Wagen ist im Arsch.«

Die Diagnose war nicht ausführlich, aber korrekt.

»Können Sie ihn reparieren?«

Er beugte sich langsam nach vorn und musterte den Grill.

»Was für eine Marke?« fragte er. Seine Stimme grollte wie Donner in einem Brunnen.

»Ein Nissan.«

»Nie gehört.«

Er wendete wie ein riesiges Schlachtschiff und ging auf die Tür zu.

Ich sank gegen den Kotflügel. Das war keine Niederlage mehr, es war die totale Vernichtung. Ich hatte mich die ganze Zeit ein bißchen fehl am Platz gefühlt mit meinem adretten kleinen japanischen Truck. Mir fiel ein, daß ich im ganzen Reservat keinen einzigen ausländischen Wagen gesehen hatte. Die bevorzugten Modelle schienen riesige Fords oder Chevys aus den Siebzigern und zerbeulte Trucks zu sein, die aussahen, als hätten sie sich zigmal überschlagen oder wären mit Vorschlaghämmern bearbeitet worden.

Ich dachte an die zahllosen Autokadaver, die, über das ganze Reservat verstreut, in der Präriesonne schmorten. Es gab keine Möglichkeit, meine Verzweiflung einem Mann zu vermitteln, der in einem Land lebte, wo Autos wie weggeworfene Blechdosen oder billige Schuhe herumlagen.

Ich wollte gerade in den Wagen zurückklettern und nach den Papieren kramen, als ich hinter mir ein quietschendes Geräusch vernahm. Das weiße Garagentor öffnete sich, um eine dunkle, ölige Höhle mit einer schmierigen Grube in der Mitte preiszugeben. Jumbo dräute hinter der Grube und deutete auf seine Füße.

Zuerst begriff ich nicht, was er wollte. Endlich dämmerte mir, daß ich den Truck in die Garage bringen sollte. Ich kletterte wieder in die Kabine und versuchte, den Motor anzulassen. Er surrte und gab puffende Geräusche von sich, sprang aber nicht an. Ein paar Jungen, die mir mit ihren Fahrrädern nachgesaust waren, stemmten sich von hinten gegen den Truck. Ich stieg aus und schob von der Seite an der Fahrertür. Von Jumbo zuerst ein wenig nach rechts, dann nach links dirigiert, damit die Reifen nicht in die ölige Grube gerieten, bugsierten wir den Wagen langsam in die Werkstatt.

Als wir es geschafft hatten, kam Jumbo zu mir.

»Hab' nachgeschaut. Kann ich reparieren.«

Ich schielte auf mein blitzendes schwarzes Auto. Dann betrachtete ich die schmierigen Bänke, auf denen sich Werkzeuge, ölige Schläuche und alte, verdreckte Luftfilter stapelten, und fühlte mich wie die Frau aus New York mit ihren teuren Klamotten.

»Wirklich?« fragte ich.

»Ja.«

»Wie lange wird es dauern?«

»Weiß nicht.«

»Ungefähr? Ein paar Tage? Eine Woche?«

»Weiß nicht.«

Eigentlich wollte ich mich nach dem Preis erkundigen, aber das schien mir hoffnungslos.

»Aber Sie können ihn wirklich reparieren?« wiederholte ich.

112

Es war eher ein Versuch, ihn zum Sprechen zu bringen, als eine ernstgemeinte Frage.

»Ja.«

Ich nahm meine Tasche hinter dem Sitz hervor. Gerade wollte ich den Autoschlüssel von meinem Schlüsselbund lösen, als mir bewußt wurde, wie absurd das wäre. Niemand wußte, wo ich wohnte, oder interessierte sich dafür. Außerdem würde Jumbo vielleicht das Gefühl bekommen, ich mißtraute ihm, und das war das letzte, was ich wollte.

Ich zuckte die Achseln und sah mich nach der großen schattenhaften Gestalt um, die mein Schicksal in ihren Händen hielt. Er war in die Schwärze seiner Werkstatt zurückgeschlurft und hatte sich mit gespreizten Beinen und hängendem Bauch gegen einen Stapel Reifen gelehnt. Er aß ein Sandwich. Das weiße, weiche Brot war voll schwarzer Fingerabdrücke. In seiner riesigen Pranke wirkte es wie ein Cracker.

»Ich schaue später noch mal vorbei und frage nach«, sagte ich.

»Ja«, erwiderte er.

Ich wollte gerade aus der Garagentür gehen, als ich hinter meinem Truck die Silhouette einer gebeugten Gestalt gegen das Mittagslicht wahrnahm, die den Kopf zur Seite gelegt hatte. Es war Dan. Mit einem tiefen Seufzer der Erleichterung lief ich, beinahe rennend, auf ihn zu.

»Wenonah sagte, Sie wären unterwegs.« Ich hatte meinen Ärger und meine Enttäuschung über sein plötzliches Verschwinden völlig vergessen.

»Grover mußte noch ein paar Sandwiches machen.« Er nickte in die Richtung von Grovers Buick, der wie ein Schiff auf der Straße herumstand. Grover winkte mir aus dem brummenden Fahrzeug zu. Er trug einen großen Cowboyhut mit einem türkisfarbenen Band. Fatback saß wie eine wachsame Großmutter auf dem Rücksitz.

»Hab' gemerkt, Sie brauchen mich«, sagte der Alte.

Ich warf ihm einen forschenden Blick zu.

»Hab' die Rauchzeichen von Ihrem Truck gesehen. Altes indianisches Notsignal«, kicherte er.

Er ging langsam auf die Seite, schüttelte den Kopf und begutachtete meinen Wagen, als wäre er der dampfende Kadaver eines gerade getöteten Büffels oder Elks.

Er strich behutsam mit dem Finger die Seite entlang.

»Funkelt ja richtig«, sagte er. »Gäbe eine schöne Hundehütte ab.«

»Kommen Sie, Dan. Das ist kein Spaß mehr. Ich muß die Kiste wieder zum Laufen kriegen.«

Jumbo grunzte etwas aus dem Dunkel.

»Jumbo repariert ihn. Er kann gut reparieren.« Die riesige Gestalt im hinteren Teil der Werkstatt brachte das Sandwich zum Mund, und ein weiteres Stück Weiß verschwand.

»Ja, aber wie lange wird das dauern?«

»Schwer zu sagen. Das hängt von Jumbo ab. Er ist ziemlich beschäftigt.«

Ich spähte in das mit Schrott gefüllte Dunkel und betrachtete die an die Reifen gelehnte ungeschlachte Gestalt, die das Sandwich verschlang. Außer meinem Truck war kein anderer Wagen zu sehen.

»Aha«, sagte ich.

»Wie lange wird das dauern, Jum?« schrie der Alte Jumbo zu.

»Weiß nicht«, dröhnte es langsam, tief und dumpf von innen.

Ich packte Dans Ärmel. »Fragen Sie ihn, ob es einen Tag oder eine Woche dauert«, flüsterte ich.

»Was meinst du? Einen Tag oder eine Woche?« schrie Dan.

Kaugeräusche kamen aus dem Dunkel. »Könnte sein«, antwortete die Stimme. »Der Wagen ist im Arsch. Er hätte einen Chevy kaufen sollen.«

Kapitel 10

Pferdeschwänze und Schmuck

*I*ch lümmelte mich mürrisch neben Fatback auf dem Rücksitz von Grovers großem grünem Buick herum, während wir über einen Kamm auf den Highway zufuhren. Eigentlich hätte ich mich über das Glück freuen sollen, den »kleinen Ausflug« mit Grover und dem Alten machen zu dürfen. Doch das einzige, woran ich denken konnte, war mein präzise konstruierter kleiner Truck in der Finsternis von Jumbos Garage. In meiner Phantasie wechselten sich Bilder von Bergen schmieriger Schraubenschlüssel mit denen steriler japanischer Fabriken ab, in denen emsige Männer in weißen Kitteln mikrometergenau arbeiteten und Markierungen an Kontrolltafeln anbrachten.

Jumbos lakonische Bemerkung »kann ich reparieren« ging mir immer wieder durch den Kopf. Genau das hatten wahrscheinlich die zangenbewehrten Zahnärzte im Internat gesagt, bevor sie den Kindern den erstbesten Zahn herausrissen.

Ich rutschte noch tiefer in den Sitz. Kein Zweifel, das war das letzte, was ich von meinem geliebten Truck gesehen hatte. Es war ganz klar: Ich hatte sechsundzwanzig Stunden in einem Greyhound-Bus voll kreischender Babys und armer Frauen mit Stirnbändern vor mir. Meinem Wagen war es bestimmt, ein vergessenes Denkmal auf dem staubigen Gelände hinter Jumbos Werkstatt zu werden, während glückliche Indianer auf seinen neuen Hundert-Dollar-Reifen herumfuhren und auf meinem neuen Zweihundert-Dollar-Kassettenrecorder *Powwow*-Kassetten hörten. Ich versank in einem Ozean subjektiver Verzweiflung.

Auf dem Vordersitz lachten Dan und Grover. Mein Unglück – wenn sie es überhaupt als solches erkannten – beeinträchtigte ihre Begeisterung nicht im geringsten. Ich hätte mich lieber dem Augenblick überlassen sollen, aber ich brauchte etwas mehr Unterstützung.

»Grover«, sagte ich. »Kennen Sie Jumbo?«

»Seit meiner Kindheit.«

»Glauben Sie, er kann meinen Wagen reparieren?«

»Reparieren oder vermurksen«, antwortete Grover. Dan lachte.

Grover wandte sich um und sah, wie ich mich verdrossen gegen die Hintertür lümmelte. »Nein, Jumbo ist in Ordnung. Er repariert den Wagen oder sagt Ihnen Bescheid.«

»Wenn er ihn repariert, muß er Ihnen natürlich nicht Bescheid sagen«, fiel Dan ein. Die beiden brachen wieder in Gelächter aus.

Ich hatte keine Vorstellung, wovon sie redeten. Sollte es komisch sein, so ging der Witz an mir vorüber. Sollte es eine Information sein, hatte sie keine Bedeutung für mich. Ich wollte einfach nur zurück ins Motel und schlafen, bis die ganze Sache vorbei war.

»Kommen Sie schon, Nerburn«, sprach mich Grover wieder an. »Vergessen Sie's. Sie können doch sowieso nichts ändern. Dieser kleine Ausflug wird Ihnen guttun. Sie machen sich viel zuviel Gedanken.«

Ich wußte, daß er recht hatte, konnte mich aber meiner Niedergeschlagenheit nicht entledigen. Vor einer Stunde war ich in Gedanken schon auf dem Heimweg gewesen. Plötzlich fuhr ich mit unbekanntem Ziel in die entgegengesetzte Richtung, während ein Klotz von einem Mann, der schmierige Sandwiches aß, meinen computergestylten Wagen mit irgendwelchen Rohrzangen zerlegte.

Dennoch begann die ständige Erwähnung des »kleinen Ausflugs« meine Phantasie zu beflügeln. Er schien wie eine rituelle Aufgabe mit einer speziellen Bedeutung für Grover und den Alten. Vielleicht konnte ich hier mehr erfahren, als ich erwartete. Ich bemühte mich, nicht mehr an meinen Truck zu denken. Grover hatte recht: Ich konnte sowieso nichts ändern.

Grover drosselte das Tempo und bog auf einen größeren Highway ab.

Mit ein bißchen Wohlwollen konnte man ihn als »vorsichtigen« Fahrer bezeichnen, der selten über siebzig Stundenkilometer fuhr. Achtzehnrädrige Laster schossen mit plärrendem Hupen an uns vorbei. Grover nahm keine Notiz von ihnen. Indianer mit Nummernschildern anderer Bundesstaaten in Wohnmobilen und Kombis überholten uns. Einige hatten in der Heckscheibe Aufkleber, auf denen *Powwow Power* oder *Custer had it coming* stand. Auf dem Dach eines verbeulten Econoline war mit Draht ein Kuhschädel befestigt, und eine grelle Airbrush-Version von Frederic Remingtons* *End of the Trail* zierte die Seite.

Dan und Grover sprachen Lakota. Die alten Reifen des Buick rumpelten in regelmäßigen Abständen über die Nahtstellen im Asphalt. Ich hatte nichts zu tun, nichts zum Gespräch beizutragen und nichts Schönes, an das ich denken konnte. So fiel ich bald in einen tiefen Schlaf.

Als ich erwachte, waren die Schatten lang und die Hügel in

---

* Frederic Remington (1861–1909), amerikanischer Maler und Bildhauer, bekannt durch seine realistischen Darstellungen des amerikanischen Westens und der Indianer. (A. d. Ü.)

dunkles, glänzendes Gold getaucht. »Wird aber auch Zeit, Nerburn«, sagte Grover. »Zeit zum Abendessen.«

Er deutete auf die Ankündigung einer Raststätte an der nächsten Ausfahrt. »Da machen wir halt.«

Er lenkte den rumpelnden Wagen auf den Parkplatz. Am anderen Ende parkten zehn oder fünfzehn Sattelschlepper in einer Reihe mit laufenden Motoren. Das Beben und Brummen ihrer Motoren hallte von den goldenen Bergen wider.

Grover stellte sich neben einen alten grünen Schulbus mit Idaho-Kennzeichen. An den Fenstern hingen schwere rote Vorhänge, und neben der hinteren Tür steckte ein Ofenrohr aus dem Dach. Eine stabile Plattform war wie ein Balkon am Ende festgeschweißt. Auf ihr türmten sich alte Fahrräder, Kühlbehälter und Kanvasplanen. Ein Traumfänger* hing von der Mitte des Heckfensters herab.

»O je, jetzt wird's unangenehm«, sagte Dan.

»Nicht für mich.« Grover lachte. »Nur für dich. Das hast du nun von dem verdammten Pferdeschwanz.« Er strich sich mit der Hand über seine eigenen grauen Borsten. »Du solltest ihn abrasieren – so wie ich.«

Dan grunzte nur.

Das Restaurant – eine typische Raststätte für Trucker mit einer Cafeteria auf der einen und einer Tankstelle auf der anderen Seite – machte keinen besonders einladenden Eindruck. Wir gingen durch die Tankstelle hinein. Dan machte sich daran, eine Kaffeedose mit Wasser für Fatback zu füllen, während Grover und ich schon das Restaurant betraten.

---

* Engl. *dream catcher,* ein runder Rahmen aus dünnem Holz, dessen Mitte netzartig mit Schnüren ausgefüllt ist. Ins Fenster gehängt, läßt er nur die guten Träume ins Zimmer gelangen, während sich die bösen in ihm verfangen und abgeleitet werden. (A. d. Ü.)

Eine Reihe Kabinen mit prallen orangefarbenen Polstersitzen aus Vinyl befand sich an der Fensterseite zum Parkplatz. In der Mitte des Raumes standen quadratische Tische, deren rot-weiß-karierte Tischdecken ihnen wie Röcke um die glänzenden, verchromten Beine hingen. Über die Theke hinweg sah man in die Küche, aus der die Köche heiße Beef-Sandwiches und rote Plastiktüten mit Hamburgern und Pommes frites gleiten ließen.

An der Theke lümmelten sich ein paar Trucker, tranken Kaffee und aßen Kuchen. Die meisten Nischen waren von Männern in verwaschenen T-Shirts und Baseballmützen besetzt. Die Raststätte war eindeutig Treffpunkt für den Fernverkehr; Einheimische sah man kaum.

»Wo sind wir?« fragte ich. Die vielen Lastwagen waren ein Indiz dafür, daß wir uns auf einer Hauptstrecke befanden.

Grover zuckte nur die Achseln. »Wir haben schon ein paar Meilen hinter uns.« Mehr war nicht aus ihm herauszukriegen.

In der Nische an der Tür saß eine Familie, die auf den ersten Blick als Besitzer des Busses zu identifizieren war. Der Mann hatte ein hageres, hohlwangiges Gesicht und einen langen geflochtenen Zopf, dazu trug er ein Barett aus Perlen- und Stachelschweinborsten-Stickerei. Die Frau war mit einem T-Shirt und einem bodenlangen Schnürbatik-Rock bekleidet. Ihre rechte Hand zierten drei Türkisringe. Dem Ehepaar gegenüber saßen drei blonde Kinder, das kleinste war ungefähr drei, das älteste etwa zwölf Jahre alt. Sie nuckelten geduldig an ihren ketchupgetränkten Pommes und malten Muster auf die Platzdeckchen. Als wir an ihnen vorbeigingen, stieg mir der süßlich-modrige Duft von Patchouli in die Nase und mischte sich mit dem stickigen Geruch von Schweiß und gebratenen Zwiebeln im Restaurant.

Grover und ich setzten uns in eine der freien Nischen. Niemand schenkte uns Beachtung. Kurze Zeit später betrat auch Dan das Restaurant.

Geblendet vom grellen Sonnenlicht, das durch die Fenster hineinschien, kniff er die Augen zusammen. Schließlich entdeckte er uns. Mit einem argwöhnischen Seitenblick auf die Familie schlurfte er zu uns herüber.

Er schüttelte den Kopf und zischte uns etwas zu, während er neben Grover in die Bank rutschte. »Seht ihr die Leute da?« Er deutete mit dem Kopf in die Richtung der Familie.

»Die Alt-Hippies?« fragte ich.

»Umh. Was halten Sie von denen?«

Es handelte sich offensichtlich wieder einmal um einen Test, nur daß ich überhaupt nicht in der Stimmung für Tests war. »Wenn in meinem Leben nur ein paar Kleinigkeiten anders gelaufen wären, wäre ich vielleicht genauso.«

Der Alte saß einfach nur da und wartete. Eigentlich wäre ich seinem weisen Schweigen gern mit ebenso weisem Schweigen begegnet, besann mich dann aber eines Besseren. Mit Prinzpienreiterei war nichts zu gewinnen.

»Ich finde sie eigentlich sympathisch«, fuhr ich fort. »Sie sind ein Paar und hängen offenbar aneinander. Die Kinder benehmen sich anständig. Auf mich wirken sie wie harmlose Leute – sie würden niemals alte Omas im Dienst des Fortschritts auf die Straße setzen oder so was. Wahrscheinlich sind sie Träumer aus den Sechzigern, die ein bißchen stehengeblieben sind und an der Vision von einer besseren Welt festhalten. Bestimmt sind sie raus in die Wälder von Idaho gezogen, haben sich ein Haus gebaut, pflanzen Gemüse und Marihuana an und wollen in Ruhe gelassen werden.«

Grover nickte und kicherte. »Nicht schlecht, Nerburn. Sie sollten schreiben.«

»Besten Dank, ich werd's mir überlegen.«

Dan nahm die Sache nicht ganz so leicht. Er hielt den Blick gesenkt, so als wolle er nicht gesehen werden. Irgend etwas schien ihn nervös zu machen.

Es stand mir eigentlich nicht zu, aber ich war neugierig, was ihn so bedrückte. Ich schaute zu Grover hinüber, aber er zeigte keine Reaktion. Schließlich fragte ich doch.

»Was haben Sie denn?« Das war eine sehr »weiße« Frage, wie ich wußte. Keiner der mir bekannten Indianer hätte die Gefühle eines anderen durch so eine aufdringliche Frage verletzt. Aber ich war zum Zuhören verurteilt und hatte nichts zu verlieren. Eine solche Unruhe beobachtete ich zum erstenmal an dem Alten.

»Ich will nicht mit den Hippies reden«, sagte Dan.

»Das müssen Sie doch auch nicht.«

»Doch, die wollen es immer.«

»Mit Ihnen reden?«

»Ja. Das sind *Wannabe*. Sie versuchen, Indianer zu sein.«

»Woher wissen Sie das?« forschte ich. Wieder wies er mit dem Kopf in ihre Richtung. »Schauen Sie sich den Schmuck an, die Stachelschweinborsten in seinem Haar. Das sind *Wannabe*. Wahrscheinlich auf dem Weg zu einem *Powwow*. Verdammt!«

»Wollen Sie keine Weißen auf dem *Powwow*?« Die vielen indianischen Wagen aus anderen Bundesstaaten, denen wir unterwegs begegnet waren, hatten mich überzeugt, daß irgendwo ein *Powwow* stattfand. So hatte ich automatisch angenommen, das sei auch unser Ziel, und war nun besorgt, daß meine Anwesenheit die anderen Teilnehmer stören könnte. Ich wollte nicht im gleichen Licht dastehen wie die Leute mit dem Schulbus.

»Nein, das ist mir schon recht. Es gefällt mir sogar, wenn Weiße kommen. Aber bei den *Wannabe* ist es etwas anderes. Sie wollen Indianer sein.«

Der Mann mit dem Zopf rutschte auf seinem Sitz herum, offenbar im Begriff, sich zu erheben. Dan sank noch mehr in sich zusammen, als hielte er sich für unsichtbar, wenn man seine Augen nicht sah.

»Warum sind Sie nicht beunruhigt?« fragte ich Grover.

»Von mir wollen sie nichts wissen.«

»Aber von Dan?«

»Ja.«

»Warum?«

»Weil ich ein kahlköpfiger Indianer bin.« Grover grinste und fuhr sich mit der Hand über die Stoppeln. »An mir haben sie kein Interesse.«

Der Alte hakte ein.

»Bei mir sehen sie den Pferdeschwanz und denken, ich sei ihr Seelenverwandter oder so was. Grover mit seinem Bürstenschnitt sieht aus wie alle alten Männer.«

»Aha. Also bringt Ihr langes Haar Sie in Schwierigkeiten?«

»Schon immer. Mehr als alles andere. Bevor der weiße Mann kam, trugen meine Leute langes Haar. Wir lassen es wachsen, denn es ist Teil der Natur und unser Stolz. Widerfuhr uns ein Unglück, oder wir brachten Schande über die Unsrigen, schnitten wir es ab. Gewannen wir aber unsere Ehre zurück, ließen wir es wieder wachsen. Viele aus unserem Volk halten noch an diesem alten Brauch fest.

Am Anfang verlangten die Weißen, daß wir uns die Haare abschnitten. Das war das erste, was sie im Internat mit uns machten. Viele von uns gewöhnten sich daran, ihr Haar kurz zu tragen, und beließen es dabei – wie Grover zum Beispiel. Andere wollten es halten wie früher und ließen ihr Haar wieder wachsen.«

Dan beugte sich vor und flüsterte, als ob der hagere Mann uns belauschen könnte. »Aber dann hat diese Hippie-Mode die

Weißen erfaßt, und alle jungen Leute ließen sich die Haare wachsen. Sie banden es hinten zusammen oder trugen Stirnbänder. Bestimmt wollten sie einfach ihre Freiheit demonstrieren. Das konnten wir gut verstehen. Aber sie waren nicht unseresgleichen. Sie sahen unser langes Haar und dachten, wir wären ebenfalls Hippies. Als nächstes kamen sie in unsere Reservate und tauschten den Hippie-Händedruck mit uns aus. Ich hasse diesen verdammten Hippie-Händedruck. Dann redeten sie von Peyote und Drogen und wollten zu uns gehören, weil sie glaubten, wir wären uns ähnlich.

Auf uns wirkten sie wie Kinder, die sich verlaufen hatten. Wir hatten Mitleid mit ihnen, weil sie sich in ihrem eigenen Land nicht zurechtfanden. Natürlich fühlten wir uns nie mit ihnen verwandt.

Das Dumme war, daß sie sich mit uns verwandt fühlten. Sie sahen unsere langen Haare und die Pfeifen und fingen an, indianische Kleidung und indianischen Schmuck zu tragen. Außerdem beschäftigten sie sich mit indianischer Religion. Als nächstes wollten sie dann an unseren Peyote-Zeremonien oder dem Sonnentanz teilnehmen und in unsere Schwitzhütten kommen.

Der Mann da drüben ist einer von ihnen. Ich sehe es ihm an. Er wird zu uns herüberkommen, mir den verdammten Hippie-Händedruck verpassen und reden, reden, reden. Grover wird er keines Blickes würdigen.«

Grover lachte. »Du solltest dir eben endlich den Zopf abschneiden.«

»Ich schneide mir nicht die Haare wegen irgendwelchen verdammten Hippies«, grollte der Alte. »Wetten, daß sie den ganzen Sommer der Spur der *Powwows* folgen?

Sie sollten unsere *Powwows* sehen. Es kommt vor, daß ein drogenberauschter weißer Junge oder ein Mädchen im langen

Kleid aufspringt und mitten in einem wichtigen Abschnitt der Zeremonie zu tanzen beginnt. Dabei wissen sie nicht einmal, was sie da machen.«

»Manche tragen sogar Adlerfedern«, fügte Grover hinzu. »Adlerfedern muß sich ein Krieger jedoch in einer Schlacht verdienen oder sie von einem Veteranen erhalten haben. Einige *Wannabe* haben mehr Adlerfedern als Geronimo.«

»Zum Donnerwetter«, trumpfte Dan auf. »Einmal habe ich sogar einen *Wannabe* mit einem ganzen ausgestopften Adlerkopf gesehen. Ein Adlerkopf!«

»Warum sagt den Leuten keiner, wie sie sich auf den *Powwows* zu benehmen haben?« fragte ich.

»Das ist nicht unsere Art. Jeder ist für sein eigenes Herz verantwortlich. Und wenn sie es reinen Herzens tun, bin ich auch damit einverstanden, daß Weiße tanzen.«

»Aber da ist noch etwas anderes«, warf Grover ein.

»Was denn?«

»Die Cherokee-Großmutter.« Die beiden Männer kicherten.

Aus den Augenwinkeln beobachtete ich, wie der Mann mit dem Zopf aufstand und zur Kasse ging, um die Rechnung zu bezahlen. Die Frau und die Kinder folgten ihm. Kurz darauf hörten wir das Motorengeräusch ihres Busses. Dan atmete hörbar auf.

»Anscheinend hatte er gar kein so großes Interesse an Ihnen«, bemerkte ich.

»Ja, da habe ich mich wohl geirrt«, gab der Alte zu. »Wahrscheinlich war er nur ein Sozialarbeiter auf dem Weg zu Grovers Haus.«

Das verschmitzte Zwinkern war wieder in seine Augen und seine Stimme zurückgekehrt.

»Jetzt, wo Sie mich zum Reden gebracht haben, lassen Sie mich aussprechen. Es gibt noch eine ganze Menge anderer

Leute, die mir auf die Nerven gehen, zum Beispiel die Reichen, die in großen Wohnwagen und ausländischen Autos vorfahren und indianische Sachen einkaufen. In Santa Fe halten sie einmal im Jahr einen großen Markt ab, zu dem die reichen Weißen kommen und mehr Geld ausgeben, als wir im ganzen Reservat haben. Sie stopfen alles in ihre Kofferräume, was sie kriegen können. Traumfänger, Schilde, Bilder, alles, was indianisch ist. Je reicher sie sind, desto mehr sind sie hinter indianischen Sachen her. Das sollten Sie mal sehen. Typen im Mercedes und ihre Frauen von oben bis unten mit Tonnen von Türkis- und Silberschmuck behängt.«

»Ach, das macht doch nichts«, widersprach ihm Grover. »Die Leute, die Traumfänger kaufen, finde ich nicht so schlimm. Sie geben unseren Leuten immerhin die Möglichkeit, etwas zu verdienen. Außerdem haben diese Dinge Macht. Vielleicht tun sie den Weißen sogar gut.«

»Solange wir ihnen nicht unsere heiligen Dinge verkaufen«, entgegnete Dan.

Grover stimmte zu. »Das ist nämlich das eigentliche Problem. Der Ausverkauf der heiligen Dinge.«

»Erzählen Sie mir mehr darüber«, drängte ich.

Dan schaute weg und schüttelte den Kopf. »Jetzt nicht. Der Gedanke daran schmerzt mich zu sehr. Lassen Sie mich die Geschichte von den Hippies und den reichen Leuten zu Ende bringen. Es gibt doch so ein bestimmtes Wort für diese reichen Pinkel, Nerburn?«

»Welches meinen Sie?«

»Sie wissen schon, wohlhabende Leute, die sich immer noch für Hippies oder Radikale halten, aber eigentlich nur eine Menge Geld wollen.«

»Sprechen Sie von ›Yuppies‹?« schlug ich vor.

»Ja, genau, die Yuppies. Darüber kann man gut beim Essen

reden. Vielleicht erzähle ich Ihnen später ein bißchen etwas von den Indianern, die unsere heiligen Gegenstände verkaufen.«

Offensichtlich war dies kein Thema, zu dem er sich drängen ließ. Ich machte mir im Geist eine Notiz, es bei passender Gelegenheit wieder anzusprechen. Im Moment wollte ich den beiden Männern den Fluß des Gespräches überlassen.

Die Kellnerin nahm unsere Bestellung auf. Grover bestand darauf, daß wir jeder einen doppelten Cheeseburger mit Speck und Pommes frites nahmen. »Ich war schon einmal hier«, verkündete er. »Sie machen sehr gute Cheeseburger.« Um jedes Risiko, ihn zu beleidigen, zu vermeiden, ging ich auf seinen eher fettigen Vorschlag ein und bestellte als nicht ganz überzeugenden Ausgleich einen Milchkaffee.

Dan und Grover lehnten sich zurück und holten ihre Zigaretten hervor. Jetzt, wo die Bedrohung durch den im Grunde harmlosen Mann mit Zopf verschwunden war, schienen sie sich bei ihrem Gespräch über die Weißen, die indianisches Kunsthandwerk kauften, prächtig zu amüsieren. Insbesondere das Wort »Yuppie« erregte ihre Heiterkeit.

»Sie glauben nicht, was los ist, wenn die Yuppies kommen, Nerburn. Dagegen sind die Hippies gar nicht so übel, wenn man mal von ihrem Händedruck absieht. Die meisten haben ein gutes Herz und sind wirklich auf der Suche. Aber die Yuppies sind ein ganz anderes Kaliber. Die würden meine Zähne kaufen, wenn ich sie ließe.«

»Und wenn du welche hättest«, ließ Grover sich vernehmen. Die beiden Männer glucksten vor Vergnügen.

Dan fuhr fort. »Wissen Sie, Nerburn, ich muß mich immer ganz schnell verstecken, denn wenn sie mein langes Haar sehen, wollen sie sich sofort mit mir fotografieren lassen. Oder ein Video aufnehmen. Können Sie sich vorstellen, daß jemand auf Sie zukommt und sich wegen Ihres Aussehens mit Ihnen fotografieren lassen möchte? Halten Sie das für ein Kompliment?«

Er wartete meine Antwort nicht ab. »Man kommt sich vor wie ein Tier im Zoo, zum Teufel. Bei netten Leuten mache ich trotzdem mit. Wie die meisten Indianer. Es schadet ja nichts. Es hat nur wieder etwas damit zu tun, daß diese Weißen im Grunde ihres Herzens gern Indianer wären. Das geht schon seit Jahren so. Dennoch ist es seltsam.

Überlegen Sie doch mal. Stellen Sie sich vor, ein Indianer käme auf Sie zu und wollte mit Ihnen vor Ihrem Haus fotografiert werden. Er würde Sie bitten, hineinzugehen und ihre amerikanischsten Kleider anzuziehen, damit Sie auf dem Foto mehr wie ein Weißer aussehen. Was würden Sie dabei empfinden?«

»Ich wäre ziemlich erstaunt.«

»Genau das passiert uns seit Jahren. Meiner Großmutter passierte es ständig. Sie verdiente sogar Geld damit. Sie setzte sich auf eine Decke, die Leute machten ein Foto von ihr und gaben ihr zehn Cents. Es existieren sogar Postkarten von ihr. Ich habe zu Hause noch ein paar davon. Für die Postkarten hat sie allerdings nichts bekommen.

Auch heute hat sich daran nichts geändert. Es geschieht auf jedem indianischen Markt oder *Powwow,* überall wo Weiße hinkommen. Irgendeiner von ihnen fängt an zu schwärmen, wie wunderbar unsere Kultur sei, und kurze Zeit später will er sich mit dir fotografieren lassen. Dabei geben sie einem heute nicht einmal mehr die zehn Cents.

In den Schulen veranstalten sie etwas ganz Ähnliches und nennen es ›Kulturkunde‹ oder so. Man mietet einen Indianer, der etwas über unsere Kultur sagt. Dann gehen die Kinder wieder nach Hause und erzählen, daß ein Indianer in der Schule war. Das ist nichts anderes als die Sache mit der Postkarte. Eigentlich könnten sie sich auch einen Pappindianer hinstellen.«

Grover nickte wissend. Er drückte seine Zigarette in dem Aschenbecher aus, der vor mir stand. Der feine, beißende Rauch stieg mir direkt ins Gesicht. »Ich wünschte, einer von diesen Miet-Indianern würde den Schülern etwas über seine Probleme mit dem Wagen oder seine Kinder erzählen«, sagte Grover. »Das würde alle ärgern. ›Wir wollten etwas über indianische Kultur erfahren und nicht diesen Quatsch‹, würden sie sagen.«

»Stimmt«, pflichtete der Alte ihm bei. »Alles, was sie interessiert, ist ›Großer Geist‹ und ›Heilige Erde‹. Sie wissen schon vorher genau, was sie hören wollen. Aber ein Indianer soll es sagen.

Deshalb erheitert es mich immer, wenn ich Weiße mit Indianerschmuck sehe. Denn für die meisten Amerikaner sind wir genau das – nur ein Schmuck für die amerikanische Kultur. Es ist unsere Aufgabe, leuchtend und farbenfroh zu sein.«

»Exotisch?« soufflierte ich.

»Ja, genau – exotisch. Das ist das richtige Wort. Das ist es, was die Weißen im Grunde von uns erwarten. Wir geben ihnen ein exotisches Gefühl – wie unser Schmuck. Wir sollen zur Verfügung stehen, wenn ihr Lust habt, euch irgendwie außergewöhnlich zu fühlen. Ein Indianer in der Schule oder eine Navaho-Decke an der Wand oder ein Buch über Black Elk. Damit könnt ihr euch im Herzen wie Indianer fühlen.«

Grover war in den Genuß seines fettigen Cheeseburgers vertieft, hatte jedoch sichtliches Vergnügen an Dans kleinem Vortrag. Er schluckte und schaltete sich ins Gespräch ein.

»Ich finde das alles gar nicht so verkehrt. Die Kinder freuen sich, und unsere Leute bekommen das Gefühl, den Weißen etwas wert zu sein. Vielleicht lernen die *Wasichu* sogar etwas dabei, wenn sie Traumfänger über ihre Betten hängen und uns in ihre Schulen holen.«

Der Alte nickte. »Ja, das weiß ich auch. Ich will nur nicht, daß die Leute sich einbilden, sie wüßten über uns Bescheid, wenn sie Fotos machen oder Indianer vor ihre Schulklassen stellen. Oder daß ein Traumfänger oder der Besuch eines *Powwow* sie zu Indianern macht. Man kann eine Kultur nicht mit zehn Cents kaufen.«

»Und ein Pferdeschwanz macht auch noch keinen Indianer«, fügte Grover hinzu.

Sie brummten einander einträchtig zu und richteten ihre Aufmerksamkeit wieder auf die roten Plastikteller mit den Burgern und Pommes. Ich trommelte lautlos auf den Rand meiner Kaffeetasse und starrte aus dem Fenster. Der grüne Schulbus verschwand in weiter Ferne hinter einem gelbbraunen Hügel.

Kapitel 11

Der Ausverkauf der
heiligen Dinge

Die Sonne war schon fast untergegangen, als wir uns wieder auf den Weg machten. Dan hatte ein Stück von seinem Cheeseburger für Fatback aufgehoben, und die alte Hündin auf dem Sitz neben mir leckte nun hingebungsvoll den Ketchup und die Zwiebeln von dem fettigen Brötchen.

Wir fuhren schweigend dahin. Allein Fatbacks unentwegtes Schlabbern durchdrang den Frieden der abendlichen Hochebene.

Das Wohlgefühl, das diese weite Landschaft in mir hervorrief, überraschte mich. Schroffe Kanten und innere Zerrissenheit gab es nicht mehr. Alles schien aus einem Stoff, einheitlich und weich unter dem erhabenen Himmelsgewölbe.

Ich erinnerte mich an einen alten Bauern, den ich einmal in Bismarck kennengelernt und gefragt hatte, ob er jemals im Osten gewesen sei.

»Nein«, hatte er geantwortet, »Bäume machen mich so nervös.«

Hier in der tiefen, bernsteinfarbenen Ruhe der Präriedämmerung konnte ich ihn auf einmal sehr gut verstehen.

Grover und Dan saßen schweigend auf den Vordersitzen. Zum erstenmal seit Jahren fuhr ich in einem Wagen, in dem keiner sprach. Im allgemeinen füllte ich den leeren Raum mit Musik oder Worten aus dem Radio oder Kassettenrecorder und empfand es als Mangel, ohne sie auskommen zu müssen. Jetzt, wo das Dunkel in Grovers altem Buick mich einhüllte, erinnerte ich mich der Freuden des schweigsamen Reisens in meiner Kindheit. Ich ließ mich tiefer in meinen Sitz gleiten, lauschte dem Surren der Reifen und dem regelmäßigen Brummen des alten V-8-Motors. Fatback kroch zu mir herüber und legte ihren Kopf in meinen Schoß. Der Himmel war von Gold über Orange in ein flammendes Rot übergegangen und begann nun, ein dunkles, samtiges Purpur anzunehmen. Mein Truck, meine Unentschlossenheit, meine nichtigen Kümmernisse und mein ganzer Ärger schienen Lichtjahre entfernt. Ich befand mich auf indianischem Boden und reiste nach indianischer Zeit.

Grover und Dan mußten meinen Stimmungsumschwung bemerkt haben, sagten aber nichts. Statt dessen sangen sie ein klagendes, kehliges Lied in Lakota. Sie sangen es, als wäre es ein Teil von ihnen. Ebenso selbstverständlich wie Atem entströmte es ihren Mündern. Während wir so die immer tiefer im Dunkel versinkende Hochebene durchquerten, durchlief mich ein Schauer beim Gesang dieser beiden alten Männer, der eine fast achtzig, der andere eine Generation jünger. Ihr Lied schien wie ihren Mündern auch der Erde zu entströmen. Ich konnte mir keinen Laut vorstellen, der den Weiten, die wir durchquerten, angemessener gewesen wäre.

Plötzlich überfiel mich der fast unkontrollierbare Drang zu weinen. Gefühle, die ich nicht zu benennen wußte, quollen über und flehten um Befreiung. Schönheit, Vergebung, Einsamkeit, Freude. Auf eine bestimmte Art, die ich nicht erklären konnte, fühlte ich mich wie damals, als ich zum erstenmal Bachs Messe in b-Moll gehört hatte. Das *Sanctus,* das *Agnus Dei,* das *Kyrie* der amerikanischen Plains fanden ihren Ausdruck im Gesang der beiden alten Lakota und dem Vibrieren eines V-8-Buick.

Ich drehte den Kopf zum Fenster, damit die beiden meine

Tränen nicht sahen. Sie wußten ohnehin davon. Auch in ihren Stimmen schwang ein Schluchzen mit, das Schluchzen der Erde – viel machtvoller und tiefer als das meine.

Schließlich unterbrach Dan seinen Gesang und drehte sich herum, sah mich jedoch nicht an, sondern zeigte mir sein Profil, wie ein Priester, der die Beichte entgegennimmt oder einen Segen erteilt. Seine Stimme hatte einen förmlichen Klang.

»Ich werde jetzt über die heiligen Dinge sprechen. Hören Sie zu.«

Ich schaltete den Kassettenrecorder ein.

»Es ist nicht leicht für mich, über diese Dinge zu sprechen, denn ich klage damit mein eigenes Volk an. Ansonsten spreche ich immer gegen die Menschen, die uns schaden und unsere Bräuche mißachten.

Nun spreche ich jedoch von den Indianern, die unsere heiligsten Dinge veräußern.«

Dan holte tief Luft. Das Thema lag ihm sehr am Herzen.

»Die Indianer, von denen ich jetzt spreche, verkaufen unsere Kultur an die Weißen. Sie nehmen willkürlich irgendeinen indianischen Namen an, halten indianische Zeremonien, wie beispielsweise das Schwitzen, für Weiße ab und verlangen Geld dafür. Oder sie rauchen die Tabakspfeife mit ihnen. Ich habe gehört, daß einige die Riten zur Namensgebung vollziehen oder Peyote-Zeremonien abhalten und sogar Mythen preisgeben, die geheim sind.

Diese Leute tun etwas Unrechtes. Sie wissen es, doch aus irgendeinem Grund macht ihnen das nichts aus.

Ich spreche nicht von den Indianern, die sich bemühen, etwas von unserer Kultur zu vermitteln. Ich spreche von denjenigen, die die geheiligten Wahrheiten unserer Ahnen feilbieten. Es schadet nichts, unsere Tänze vorzuführen oder Legenden weiterzugeben, die den Menschen eine Hilfe sein können. Ich bin sogar der Meinung, daß die Weißen diese Geschichten kennen sollten, damit sie uns besser verstehen. Es ist jedoch in meinen Augen ein Fehler, wenn ein Indianer sein Geburtsrecht veräußert, indem er anderen das Gefühl verkauft, Indianer zu sein.

Ich habe viel über dieses Problem nachgedacht. Es bedrückt mich. Der unersättliche Hunger der Weißen ist uns bekannt. Sie möchten sich alles einverleiben, damit es Teil ihrer selbst wird. Wenn sie etwas materiell nicht besitzen können, wollen sie es sich wenigstens spirituell aneignen. Genau das geschieht im Moment mit uns Indianern. Ihr wollt uns schlucken, damit ihr sagen könnt, ihr wärt wie wir. Das ist etwas Neues. Früher sollten wir werden wie ihr. Doch nun seid ihr mit euch unzufrieden und möchtet euch verwandeln. Ihr wünscht euch unsere Rituale und Bräuche, um Spiritualität zu erwerben. Ihr wollt weiße Indianer werden.

Sollte das eure Bestimmung sein, wird der Schöpfer über den Zeitpunkt entscheiden. Wir können euch nicht dabei helfen, indem wir euch Dinge überlassen, die uns gehören. Durch eine solche Mißachtung verlören wir nur unsere Identität.

Die Indianer, die unsere heiligsten Dinge zu Markte tragen, und sogar die, die Rituale erfinden, um sie zu verkaufen, töten unser Volk. Sie verraten das, was im Grunde ihr wertvollstes Gut ist.«

Er hielt inne und verfiel in Schweigen, so als müsse er sich sammeln. Es verging beinahe eine Minute, bevor er wieder zu sprechen begann.

»Es ist wichtig zu begreifen, daß Heiliges nicht käuflich ist. Seien es der Himmel der Weißen oder die Zeremonien von Indianern. Was man käuflich erwerben kann, ist nicht heilig. Im Augenblick seines Verkaufs verwandelt sich Heiliges in Alltägliches.

Wir Indianer können uns diesen Verlust nicht leisten, denn

uns bleibt nicht mehr viel. Unser ganzer Besitz liegt in unseren Herzen und unseren Ritualen. Unser Land haben wir verloren. Falsche Indianer, die von Weißen zu Häuptlingen gemacht wurden, haben es verkauft. Unsere heiligen Gegenstände sind verloren: Anthropologen haben sie gesammelt und in Museen gebracht. Jetzt gibt es Indianer, die unsere Rituale zu Geld machen.

Gehen auch sie verloren, bleiben uns nur noch unsere Herzen, doch ohne unsere Rituale können unsere Herzen nicht mehr sprechen. Wir werden wie der weiße Mann, der sich fürchtet, das Wort ›Gott‹ in den Mund zu nehmen, und versucht, sich Rituale von anderen zu kaufen. Unsere Herzen werden ebenso hungrig sein und unsere Lippen ebenso stumm.

Ich will nicht, daß wir so werden. Ich will, daß wir etwas besitzen, das keinen Preis hat. Ohne das sind unsere noch ungeborenen Enkel bereits tot.

Mehr habe ich nicht zu sagen.«

Als er zu Ende gesprochen hatte, drehte er sich wieder nach vorn, ohne auch nur mit einem Blick meine Zustimmung zu erheischen. Er hatte das Ganze mit gedämpfter Stimme vorgetragen, so daß ich gezwungen gewesen war, mich vorzubeugen, als würde ich einem Geheimnis lauschen.

Draußen glitt die inzwischen fast schwarze Landschaft an uns vorbei, Silhouetten und Schweigen. Ein schmaler Lichtstreifen markierte den Horizont. Darüber spannte sich der Himmel wie eine Sternensymphonie.

Grover schwieg. Dan schwieg. Fatback hatte ihr Schlabbern beendet und sich zufrieden zusammengerollt. Ich saß da, von der Landschaft gebannt wie ein Kind, versunken in eine Welt unbekannter Gedanken und Gefühle, ein Seemann, schiffbrüchig auf einem Binnenmeer dahintreibend.

Kapitel 12

Willkommen in unserem Land

Der Morgen kam wie Vogelgesang – sanft und lieblich. Ich konnte mich nicht daran erinnern, eingeschlafen zu sein. Grover mußte inzwischen viele Meilen gefahren sein.

Wolkenschleier mit orangefarbenen Fransen schwebten am östlichen Himmel. Wir parkten auf einer Anhöhe irgendwo inmitten der hügeligen Landschaft, viel weiter westlich als noch gestern abend. Zerklüftete Felsvorsprünge wiesen bereits auf die nahen Berge hin, doch immer noch waren wir in den vom Gesumm der Insekten und vom Rauschen des Windes erfüllten Hochebenen.

Ich richtete mich auf dem Rücksitz auf. Der Alte, Grover und Fatback waren schon eine Weile unterwegs. Ich hatte das Schlagen der Autotüren gehört, es aber vorgezogen, tiefer in meinen Schlaf zu sinken, als noch vor Sonnenaufgang zu erwachen.

Dan hockte auf einem Erdhügel vor dem Wagen und beobachtete den Sonnenaufgang. Sein Rücken war mir zugewandt, und zarte Rauchschwaden schwebten über seinem Kopf. Es erstaunte mich immer wieder, daß er stundenlang in der Hocke sitzen konnte, gleichermaßen wachsam und entspannt.

Der ledrige Geschmack in meinem Mund riß mich aus meinen Träumereien. Ich sehnte mich nach Kaffee und einem Bad.

Grover hatte in der Nähe des Wagens ein kleines Feuer

entzündet und darüber auf einigen Steinen eine Kaffeekanne installiert. Irgendwie war es ihm gelungen, sich sauber und adrett zurechtzumachen. Sein blütenweißes T-Shirt wirkte wie frisch gewaschen und gebügelt. Die Ärmel waren aufgerollt und gaben seine sehnigen Bizepse frei. Der auf seinen rechten Arm tätowierte Adler zappelte, während Grover mit einem Stock in den winzigen Flammen stocherte. Als er sah, daß ich mich aufgerichtet hatte, winkte er mir.

»Kaffee, Nerburn«, verkündete er, als ich die Wagentür öffnete. Das starke Aroma von billigem Kaffee durchdrang rasiermesserscharf die klare Morgenluft. Grover reichte mir einen Becher und lehnte sich – auf der Erde sitzend – zurück.

»Ein schöner Morgen, Nerburn.«

»Ein schöner Morgen«, stimmte ich aufrichtigen Herzens zu.

Die Anhöhe, auf der wir parkten, überblickte endlos weites Grasland. Auf dem Gelände unter uns wimmelte es von Autos, Zelten und Menschen, die in leuchtend bunten Kostümen und Federn auf und ab schritten.

Ich beobachtete die Szene von oben wie ein mittelalterlicher Feldherr von einer Wallböschung. Alles, was sich zu meinen Füßen abspielte, schien zielgerichtet und voller Vitalität. Feuer schickten Rauchwolken gen Himmel. Grellbunte Nylonzelte standen Seite an Seite mit Tipis und Kombiwagen.

Im Zentrum des Festplatzes markierten verwitterte Pfosten einen Kreis. Gelegentlich ertönte ein Quietschen oder Krächzen aus dem Lautsprechersystem, das gerade getestet oder installiert wurde, obwohl ich nirgends eine Energiequelle entdecken konnte. Hier und da ertönte Gelächter, das sofort wieder in kurzen Trommelwirbeln und Gesang unterging.

»*Powwow*«, sagte Grover.

Ich nickte und hielt verstohlen Ausschau nach dem grünen Bus. Er war nirgends zu sehen. Ich tat einen kleinen Seufzer der

Erleichterung und nahm einen großen Schluck von Grovers billigem, martialischem Kaffee.

»Hab' ich bei der Marine gelernt – *Navy Brew*«, sagte er stolz.

»Starkes Gebräu«, erwiderte ich in der Hoffnung, damit keine Wertung abzugeben.

Grover grinste boshaft.

Die festliche Atmosphäre zu unseren Füßen rief ein Gefühl freudiger Erwartung in mir hervor. Es war nicht mein erstes *Powwow,* aber die, die ich erlebt hatte, waren größere, offiziellere Veranstaltungen gewesen. Dieses wirkte privater und persönlicher. Es gab keine Verkaufsstände und keine Zaungäste.

»War das unser Ziel?« fragte ich Grover.

»Weiß nicht, da müssen Sie den Alten fragen.« Ich ging hinüber zu Dan, der einen passiven, zufriedenen Eindruck machte.

»Sind wir am Ziel?« fragte ich wieder.

Statt einer Antwort wies seine knorrige Hand leicht in Richtung des Horizonts.

»Schauen Sie, Nerburn.« Ich betrachtete den lavendelfarbenen Morgenhimmel und die fernen wogenden Hügel.

»Das ist es, was mein Volk liebt. Es ist unsere Mutter, die Erde.«

»Eine wunderschöne Gegend«, pflichtete ich ihm bei.

Er drückte seine Zigarette aus. »Es ist nicht nur eine Gegend. So reden weiße Männer. Sie lebt. Wir stehen auf ihr. Wir sind ein Teil von ihr.«

Ich schwieg. Er begann den Tag in philosophischer Stimmung. Die Hügel schienen ihn zu inspirieren.

»Spüren Sie ihren Atem. Hören Sie auf, sich unentwegt zu fragen, wo wir hinfahren. Vergessen Sie, daß Sie ein weißer Mann sind.«

»Ich gebe mir Mühe. Trotzdem hätte ich gern etwas mehr

Überblick.« Mir war vieles einfach zu unbestimmt, und ich hätte gern eine Richtung ausgemacht, gewußt, was wir überhaupt vorhatten, wie lange es dauern würde und ob mein Truck wieder in Ordnung käme. »Ansonsten fühle ich mich wohl.«

Er sah mir ins Gesicht.

»Sie lügen schon wieder. Hören Sie zu. Ich versuche, Ihnen etwas beizubringen. Sie hören nicht zu. Sie machen sich dauernd Sorgen um ihren Truck, als ob das entscheidend wäre. Entweder Jumbo repariert ihn oder nicht. Wenn nicht, kommen Sie auf irgendeine andere Art wieder nach Hause und kriegen einen neuen Truck. Die werden täglich in Massen fabriziert. Machen Sie sich deswegen keine Sorgen. Denken Sie an heute. Lauschen Sie der Erde. Die Erde ist ewig, doch so wie jetzt bleibt sie nur für einen einzigen Tag – heute.«

»Ich weiß, aber es ist nicht nur der Wagen.«

»Sie hören mir schon wieder nicht zu«, unterbrach er mich. Seine Stimme klang hart und autoritär. Bisher hatte ich nur sein stummes Grollen oder Wutausbrüche erlebt. Dies war etwas ganz anderes.

»Ich bemühe mich ja, all dies hier zu genießen. Heute ist ein herrlicher Tag. Auch die Nacht war herrlich. Aber meine Familie fehlt mir. Ich würde dem Ganzen gern einen Rahmen geben. Ich muß wissen, was los ist.«

»Ja, selbstverständlich«, sagte er sarkastisch. Etwas beschäftigte ihn.

Er nahm einen tiefen Zug von seiner neuen Zigarette. »Nerburn, haben Sie schon einmal beobachtet, wie Wasser über den Boden fließt?«

»Natürlich.«

»Wohin fließt es?«

»In die Vertiefungen, um Hindernisse herum.«

»Wie lange braucht es dazu?«

138

»Das kommt darauf an.«

Er blies den Rauch in die klare Morgenluft.

»Genauso lange werden wir auch brauchen.«

Ich wollte protestieren. Er hob die Hand und bedeutete mir zu schweigen.

»Sie denken zuviel an die Zeit.« Er deutete auf mein Handgelenk. »Das hätte ich nicht vermutet, als wir uns kennenlernten. Sie tragen keine Uhr.«

»Uhren sind so schwer«, entgegnete ich und kam mir albern vor.

»Allerdings. Jede Minute wiegt schwerer als ein ganzer Tag.«

»Trotzdem würde ich gern wissen, wie lange wir unterwegs sein werden. Ich möchte zu Hause Bescheid sagen.«

Der Alte beugte sich nach vorn und erhob sich. Langsam ging er zum Rand des Abhangs. Dann drehte er sich zu mir um. Sein trübes Auge schien mich direkt anzustarren.

»Sie haben es immer noch nicht begriffen, oder?«

»Ich weiß nicht. Erklären Sie es mir«, erwiderte ich.

Sein trübes Auge starrte mich weiter an. Ein beunruhigendes Starren, leer und intensiv zur gleichen Zeit, ähnlich dem Blick eines Blinden. »Die Welt besteht nicht aus Zufällen, Nerburn. Der Zufall existiert nicht.«

Ich schwieg.

»Alles geschieht aus einem bestimmten Grund. Auch Sie sind aus einem Grund hier. Es wird Zeit, daß Sie aufhören, sich wegen dieses verdammten Wagens verrückt zu machen, und damit anfangen, diesen Grund herauszufinden.« Er winkte mich heran.

Ich erhob mich und ging langsam auf ihn zu. Er verharrte regungslos – wie ein Tier. Ich ging zu ihm wie ein Kind, unsicher, was ich tun sollte oder was mich erwartete. Am liebsten hätte ich den Blick abgewendet, wagte es aber nicht. Sein Gesicht war völlig ausdruckslos, dahinter jedoch lauerte ein stummer Zorn. Obwohl ich mindestens einen Kopf größer war als er, fühlte ich mich klein und verzagt.

»Hören Sie zu, Nerburn«, flüsterte er, wobei er sein Gesicht so nahe an meines brachte, daß ich seinen Atem fühlen konnte. »Der Schöpfer hat Ihnen eine Aufgabe gestellt, ebenso wie mir. Das ist kein Spaß. Er hat Sie auserwählt, und Sie müssen Ihre Aufgabe erfüllen.«

Ich spürte, wie mein Widerstand zusammenbrach, während ich in seine kleinen, harten Augen starrte.

»Das würde ich ja gern tun, wenn ich wüßte, wie. Ich weiß es wirklich nicht. Vielleicht bin ich gar nicht der Richtige für diese Aufgabe.«

»Das haben nicht Sie zu entscheiden. Tun Sie es einfach. Ich brauche Ihre Hilfe.«

Dieser Satz brachte die Welt in meinem Kopf ins Wanken. »Hilf mir«, hatte er gesagt. Zu helfen war das, was ich mir am meisten wünschte, zu dem ich mich aber auch am wenigsten befähigt fühlte. Es war aber auch das, was ich als weißer Mann unter Indianern am meisten fürchtete: daß ich bei dem Versuch zu helfen, wie schon so viele vor mir, irreparablen Schaden anrichten würde.

Dennoch – er hatte es gesagt: »Hilf mir.« Plötzlich begriff ich den Zorn hinter seinem Blick. Ich vernahm das Echo Tausender toter Stimmen – von Frauen, Kindern, Alten, die zu langsam gewesen waren, als sich die Hotchkiss-Kanonen auf sie richteten. Ich sah die Legionen betrunkener Indianer, die mich über die Jahre hinweg in den Städten, nach billigem Fusel stinkend und mit blutunterlaufenen Augen, um Geld angebettelt hatten. Vor mir erschienen die geschlagenen Häuptlinge, die, des Kämpfens müde, ihre Hände selbstgefälligen Soldaten entgegenstreckten und um Gnade für ihr Volk baten.

140

»Hilf mir.« Gewiß der Satz, der ihm auf der Welt am schwersten fiel. Ich verlor die Kontrolle über die Bilder in meinem Kopf. Die Schande meines eigenen Blutes durchflutete mich. Eigentlich dürfte er meine Hilfe nicht brauchen. Sein Volk war heil und gesund gewesen. Es hatte mit seinen einzigartigen, unantastbaren Wahrheiten im Einklang mit der Erde gelebt. Mein eigenes Volk, meine Rasse und ihr Vermächtnis hatten ihn mir ausgeliefert.

Ich schaute in seine harten, ausdruckslosen Augen, das eine milchig-umwölkt, das andere dunkel und unergründlich. Sie waren stark, weise und tief, erfüllt von Zorn und Stolz – Augen, die blitzten, aber nichts preisgaben. Das alles streifte mich wie der Wind meine Haut, obwohl sein Ausdruck sich nicht geändert hatte. Ruhig und wachsam, in Erwartung meiner Antwort, stand er vor mir.

Meine Stimme zitterte unsicher. »Ich werde Ihnen helfen«, versprach ich. »Wirklich.« Dann flüsterte ich, ohne nachzudenken: »Vergib mir.« Die Worte fielen aus mir heraus wie Steine – harte, bösartige Kiesel einer Krankheit, die meine Seele vergiftet hatte, lösten sich plötzlich und befreiten mich von einer jahrelangen Qual. Aus diesem Grund war ich hier – nicht um zu helfen, sondern um Vergebung für die Schande meines Blutes zu erlangen.

»Vergib mir«, wiederholte ich, ungeahnte Sünden und Verstöße, meinen Wunsch zu fliehen, Selbstgerechtigkeit und Überlegenheitsgefühle bekennend, die meine Hautfarbe in mir erweckt hatten.

Der Alte blieb unbewegt. Doch etwas in ihm entspannte sich. Er gab Grover, der, gegen den Buick gelehnt, mit seinem Kaffeebecher spielte, ein Zeichen.

»Hören Sie mir weiter zu«, sagte er, plötzlich milder gestimmt. »Hier geschieht Wichtigeres, als Sie vermuten. Wir

Indianer haben schwere Zeiten durchgemacht – und wissen nicht, warum. Ich weiß ja nicht einmal, ob Sie ein guter oder ein schlechter Mensch sind. Immerhin sind Sie hier und strengen sich an. Ich halte Sie für gut. Vielleicht sind Sie da, um uns zu helfen. Aber Sie müssen aufhören, sich wegen unwichtiger Dinge Sorgen zu machen, und versuchen, den Willen des Schöpfers zu erkennen.«

Ich war den Tränen nah. Ein Gefühl der Erleichterung ergriff mich. Der Alte ließ keinen Blick von mir. Er war nicht an meiner Zerknirschung interessiert, allein an meiner Kraft.

Aus den Augenwinkeln sah ich, wie Grover in den Tiefen seines Kofferraums nach etwas suchte. Dann tauchte er mit einem großen, in eine bunte Decke gehüllten Gegenstand wieder auf, den er zu uns herüberbrachte.

»Setzen Sie sich, Nerburn«, befahl Dan. Er deutete auf eine etwa drei Meter entfernte Stelle.

Ich setzte mich in das harte, struppige Gras.

Dan und Grover machten sich daran, das Bündel zu öffnen. Zum Vorschein kam eine Trommel von etwa siebzig Zentimetern Durchmesser. Ihre Bespannung bestand aus Tierhaut, während der Klangkörper aus einem Stück hohlen Baumstamms gefertigt zu sein schien. Die beiden Schlagflächen waren mit gekreuzten Lederbändern befestigt.

Grover breitete die Decke unter der Trommel aus. Als nächstes nahm er zwei kleine Gestelle, die in einem anderen Bündel eingewickelt waren, und stellte sie auf die Decke. Sie hatten Kerben, so daß er sie zu einem Rahmen verhaken konnte. Daraufhin steckte er vier Stöcke in die Löcher, die der Rahmen hatte, so daß er aufrecht stand.

Mit einer gemessenen Bewegung griff er nach der Trommel. Sein Verhalten wirkte feierlich. Er befestigte die Rohleder-schlaufen, die zu beiden Seiten der Trommel herunterhingen, an den Stöcken und trat einen Schritt zurück. Die Trommel hing nun knapp über dem Boden und verursachte ein leises, singendes Geräusch in der Brise.

Dan zog ein Päckchen Prinz-Albert-Tabak aus der Tasche. Daraus nahm er mehrere Prisen Tabak und legte sie auf die Trommel, vor jeden Stock eine und eine Prise in die Mitte.

Grover reichte ihm nun einen Lederbeutel, der auch in die Decke gewickelt gewesen war. Der Alte zog einen langen, dünnen Stab heraus, der an beiden Enden mit gepolsterten Lederflicken umwickelt war, und händigte Grover den Beutel wieder aus. Er nahm ihn ehrerbietig entgegen und zog einen weiteren Stab heraus, der über und über mit Perlen bestickt war.

Die warme Morgenbrise wirbelte den Tabak auf und verstreute ihn wie Samen.

Die Männer ließen sich einander gegenüber zu beiden Seiten der Trommel nieder und fingen an, einen tiefen, regelmäßigen Rhythmus zu schlagen. Zuerst war er fast unhörbar, ging unter im zunehmenden Rauschen des Morgenwindes und dem Lärm des *Powwows* unter uns. Doch langsam steigerte sich seine Intensität und Lautstärke. Schließlich stimmte Dan mit hoher, kehliger Stimme einen klagenden Gesang an. Grover stimmte ein – kräftig und klar wie die sommerliche Luft –, überließ Dan jedoch die Führung.

Ich saß schweigend außerhalb des kleinen Kreises, den sie markiert hatten, und beobachtete das Ritual der beiden Männer. Fatback raschelte durch das Gras herbei und schmiegte sich an mich. Die Morgensonne stieg höher und höher, verjagte die zarten orangefarbenen Wölkchen und verwandelte den Himmel in Lapislazuli.

Fast fünf Minuten lang trommelten und sangen die beiden. Dann verstummten sie ebenso plötzlich, wie sie begonnen hatten. Dan erhob sich und ging den Kamm entlang. Nachdem

143

Grover die Trommel sorgfältig und liebevoll wieder eingewickkelt hatte, brachte er sie zurück in den Wagen. Ich folgte ihm in einigem Abstand.

Als er die Trommel im Kofferraum verstaut hatte, goß er sich eine weitere Tasse Kaffee ein. Er lächelte mir aus den Augenwinkeln zu und winkte mich heran. Es durfte wieder gesprochen werden.

»Trinken Sie noch eine Tasse, Nerburn«, forderte er mich freundlich auf. »Sie können es brauchen.«

Ich füllte meinen Becher mit dem *Navy Brew.* »Darf ich fragen, was für ein Lied das war?« tastete ich mich heran.

Grover strich sich über den Kopf. »Dan hat das Lied vor langer Zeit schon gemacht. Er denkt sich oft Lieder aus. Er nennt sie ›Großvatergesänge‹.«

»Darf ich wissen, wovon es handelt?«

»Ich glaube schon. Er hat es ja für Sie gemacht. Es geht so:

Mein Herz ist voll von Zorn
Er brennt wie Feuer der Prärie
Wie Rauch soll mein Zorn gen Himmel steigen.
Die Erde weint
Wir müssen ihre Tränen trocknen
Feuer kann ihre Tränen nicht trocknen
Das ist ein Lied für meine Väter
Ich singe dies Lied für meine Väter.«

»Was heißt, er hat es für mich gemacht?«

»Ich habe es gemacht, als ich wußte, daß Sie kommen würden«, ertönte Dans Stimme hinter mir. Er war zu uns herübergekommen, während Grover und ich uns unterhielten, und stand nun direkt hinter uns.

»Als Sie wußten, daß ich kommen würde?«

»Ich habe es gemacht, als ich beschlossen habe zu sprechen. Ich ging auf meinen Hügel und sprach zu meinen Vätern. Sie schenkten mir diesen Gesang. Sie schickten ihn mir durch den Wind und sagten, ich sei zu zornig, um zu sprechen. Zorn hilft nur dem Sprechenden, denn Zorn vermag niemals das Herz des Lauschenden zu öffnen. Es gibt gute Weiße, sagten sie mir, die das Richtige tun wollen. Sie sind nicht mehr unsere Feinde. Feindschaft macht blind. Vergiß deinen Zorn, sagten sie. Unsere Erde weint, und wir müssen ihre Tränen trocknen. So sprachen sie zu mir. Ein weißer Mann wird kommen, sagten sie. Dann schenkten sie mir diesen Gesang.«

Den Blick auf den Becher geheftet, schlürfte ich schweigend meinen Kaffee. Doch Dan war noch nicht fertig. Er zog einen kleinen Lederbeutel hervor und steckte seine Finger hinein, als wolle er eine Prise Schnupftabak herausnehmen. Mit geschlossenen Augen sang er halb summend ein weiteres klagendes Lied.

Er nahm etwas aus dem Beutel und streute es in die Glut.

Ich warf Grover einen fragenden Blick zu. »*Sweetgrass*«, erklärte er ruhig. »Es erfreut Gott.«

Der starke Duft der Pflanze erfüllte die Luft. Wortlos stellte ich meine Kaffeetasse ab. Dan fuhr fort, *Sweetgrass* ins Feuer zu streuen. Er schien meine Anwesenheit vergessen zu haben. Doch dann hielt er plötzlich inne und wandte sich mir zu.

»Ich finde, Sie sollten jetzt endlich begreifen, warum Sie hier sind, kleiner Bruder«, begann er. »Es ist an der Zeit, daß Sie erfahren, weshalb ich Ihnen diese Dinge erzähle.«

Die Anrede »kleiner Bruder« entzückte und erschreckte mich gleichermaßen.

»Der Schöpfer verleiht uns Gaben. Er hat mich nicht zu einem *Wichasa Wakan,* einem heiligen Mann, gemacht. Er hat mich als gewöhnlichen Menschen erschaffen. Doch er verlieh mir die

Gabe, klar zu sehen, die Gabe, mit den Augen des weißen Mannes zu sehen.

Mein Vater sagte immer, ich hätte diese Gabe. Er erkannte sie an mir, wenn ich aus dem Internat nach Hause kam und ihm von den Dingen erzählte, die ich gesehen hatte. ›Du verstehst den weißen Mann‹, pflegte er zu sagen. ›Du vermagst es, seine Gedanken für mich zum Leben zu erwecken. Das ist eine gefährliche Gabe. Sie könnte dich in einen weißen Mann verwandeln, wenn du nicht auf der Hut bist. Doch wenn du den rechten Pfad nicht verläßt, wirst du einen Weg finden, diese Gabe zum Nutzen deines Volkes zu gebrauchen.‹

Diese Worte habe ich nie vergessen. An jedem Tag in meinem Leben habe ich an sie gedacht. Es hat schon Zeiten gegeben, in denen ich nahe daran war, zu sprechen. Doch immer hielt mich etwas davor zurück, denn meine Zeit war noch nicht gekommen. Statt dessen las oder schrieb ich. Ich bewahrte mir meinen indianischen und meinen weißen Blick, übte mich in Geduld und sprach nicht.

Nun finde ich, daß die Zeit reif ist, zu Ihrem Volk zu sprechen.«

Er rückte näher an mich heran.

»Ihr Weißen bewegt euch im Kreis. Eine Zeitlang haßt ihr Indianer, dann liebt ihr sie wieder. Im Augenblick liebt ihr uns, und das ist gut.

Viele von meinem Volk glauben, daß auch diese Liebe wieder vergehen wird. Sie sagen, wir würden wegen der Kasinos euren Zorn auf uns ziehen, und weil wir unser Land rein erhalten möchten. Sie sagen, ihr wolltet schon immer das, was wir hatten. Nichts habe sich daran geändert. Sie sagen, ihr werdet euch schließlich doch wieder gegen uns wenden.

Andere wiederum sagen, diesmal sei es anders; es sei für euch die Zeit des Zuhörens gekommen. Sie glauben, ihr wüßtet, daß ihr in die Irre geht und unsere Hilfe braucht, um den richtigen Weg zu finden.

Das ist auch meine Meinung. Darum spreche ich. Während der Jahre, in denen ich meine Notizen machte, haben meine Freunde mich ausgelacht. Sie nannten mich einen verrückten alten Indianer. Doch ich erzählte ihnen von den Worten meines Vaters, und daß sich die Zeiten ändern würden und meine Aufzeichnungen dann von großer Bedeutung wären.

An jedem Tag brachte ich das Geschriebene dem Schöpfer dar. Ich wußte, er würde es annehmen, und als ich Ihr Buch las, wußte ich, daß Sie mir helfen würden, meine Aufzeichnungen zu verwenden.

Hören Sie mir zu. Wir Indianer sprechen nicht oft mit Weißen. Auch früher nicht. Die Weißen haben nie auf das gehört, was wir zu sagen hatten. Sie hörten nur, was sie hören wollten. Manchmal gaben sie vor, zuzuhören, und machten uns Versprechungen. Doch dann brachen sie diese Versprechen, und wir sahen keinen Grund mehr, uns zu äußern. Also schwiegen wir. Heute noch warnen wir unsere Kinder: Nehmt euch in acht, wenn ihr mit den *Wasichu* sprecht. Sie werden eure eigenen Worte gegen euch kehren!

Das ist zwar ein weiser, aber auch ein schlechter Rat. Es ist nicht gut, daß wir schweigen. Doch wir haben gelernt, Ihrem Volk zu mißtrauen. Wir wollten es nicht lernen – ihr habt uns dazu gezwungen.

Als ihr Weißen uns zum erstenmal begegnet seid, wußtet ihr nicht, wen ihr vor euch hattet. Waren wir Teufel oder ein reines und freies Volk? Ihr wart euch nicht einmal im klaren, ob wir überhaupt Menschen waren. Wir hießen euch in unserem Land willkommen. Wir gaben euch Nahrung und rauchten mit euch.

Wir vertrauten auf die Güte in euren Herzen. Wir versuchten, unser Leben mit euch zu teilen. Doch ihr schenktet uns nicht das gleiche Vertrauen. So viel wir euch auch gaben, ihr verlangtet nach mehr. Die Spanier wollten Gold, die Franzosen Felle und die Engländer Land. Ihr wart unablässig auf der Suche. Immer habt ihr an uns vorbei nach etwas anderem Ausschau gehalten.

Wir lasen in euren Augen, daß ihr uns nicht hören konntet, und lernten zu schweigen.

Auch in Ihren Augen, Nerburn, lese ich noch etwas anderes, von dem ich möchte, daß es verschwindet. Es ist nichts Schlechtes. Ein Teil davon ist Ihre Familie. Das ist gut. Ein weiterer Teil ist der Truck. Das ist weniger gut. Sie verschwenden Ihre Gefühle. Ein dritter Teil könnte Gier sein. Ich weiß es nicht, aber ich will, daß diese Dinge aus Ihrem Blick verschwinden. Alle. Sie müssen jetzt verschwinden.

So offen zu sprechen fällt mir nicht leicht. Ich bin kein Häuptling. Niemand hat mir einen Auftrag erteilt. Ich bin nur ein alter Mann mit einem klaren Blick. Manche Indianer werden verärgert sein, andere hingegen werden mich verstehen und respektieren. Sie werden begreifen, daß ich dies für unsere Enkel tue.

Deshalb strecke ich Ihnen die Hand entgegen, Nerburn. Auch Sie müssen unseren Enkeln helfen. Für Angst und Zweifel ist es jetzt zu spät. Sie sind nun einmal hier.«

Er brach ab und wandte sich wieder dem Feuer zu, zog einen anderen Beutel aus der Tasche, nahm etwas heraus und streute es in die Glut. Ein neuer Geruch stieg empor. »*Sagebrush*«, flüsterte Grover. »Die bösen Geister hassen seinen Duft. Er erfüllt sie mit Furcht, so daß sie fliehen. Er legt Ihnen bedeutende Dinge dar, Nerburn. Hören Sie gut zu.«

Dan wiegte sich hin und her, beinahe wie in Trance. »Hören Sie weiter. Ich habe noch mehr zu sagen.

Ich habe Sie zu mir gerufen. Meine Vorfahren haben Ihr Volk nicht gerufen, denn sie wußten nicht, was sie mit dem weißen

Mann anfangen sollten. Einige wollten gegen ihn kämpfen, andere mit ihm leben. Niemand wußte, was zu tun war. Die weißen Männer taten uns Schreckliches an. Sie belogen uns und nahmen uns unser Land. Sie töteten und hörten niemals zu, wenn wir versuchten zu sprechen.

Doch nun seid ihr hier. Wir könnten euch auch gar nicht mehr vertreiben, selbst wenn wir es wollten. Die Ankunft des weißen Mannes und der Verlust unseres Landes hatten einen Grund, doch den kennt nur der Schöpfer. Wir können bloß tun, was wir für das Beste halten.

Ich halte es für das Beste, zu Ihnen zu sprechen.

Deshalb heiße ich Sie willkommen. Einst hat mein Volk Ihr Volk ebenso willkommen geheißen. Doch Ihr Volk hat das Gastrecht verletzt, es hat mit seinen Kreuzen, Krankheiten, Gewehren und Whiskey alles zerstört.

Nun will ich Sie als Person willkommen heißen. Ich habe Sie in mein Haus gebeten, und Sie sind gekommen. Ich reiche Ihnen die Hand zum Willkommensgruß. *Wakan Tanka*, der Große Geist, hört und sieht. Wir werden zusammen wirken.«

Als er geendet hatte, streckte Dan mir seine Hand entgegen. Ich stand auf und reichte ihm meinerseits die Hand. Er ergriff sie und umschloß meine Finger fest und sanft zugleich. Auch wenn es aussah wie ein gewöhnlicher Händedruck, war es viel mehr. Sein ganzes Wesen lag darin. Er besiegelte unseren Pakt, unser Versprechen.

Dieser Händedruck vereinte uns. Meine Hand, an oberflächliche Begrüßungen und beiläufige Vorstellungen gewöhnt, wollte sich entziehen, entfliehen. Aber der Alte ließ nicht los. Er hielt meine Hand, bis unsere Berührung zur Übereinkunft geworden war.

»Willkommen«, sagte er. »Willkommen in unserem Land.«

Kapitel 13

Tatanka

Wir gingen nicht hinunter zum *Powwow*. Dan und Grover hatten sich ausführlich beraten, bevor wir wieder in den Wagen gestiegen waren, und beschlossen, daß unser »kleiner Ausflug« in eine andere Richtung führen müsse.

»Nerburn muß zu Hause anrufen«, erklärte Dan. »Das wird ihn beruhigen.« Er sprach ohne Verdruß – er machte ein Zugeständnis an meine Welt und mein Leben. Jetzt zogen wir an einem Strang.

Grover nickte ernst und lenkte den Wagen auf einen schmalen Pfad, der durch das Steppengras führte. »Abkürzung.« Eine andere Erklärung gab er nicht.

Der Wagen holperte über die grasbewachsenen Hügel. Die Reifenspuren im Gras waren oft fast unsichtbar, doch Grover folgte ihnen selbstbewußt. Einmal fuhren wir durch ein besonders tiefes Loch, und das Auspuffrohr schlug hart auf dem staubigen Boden auf. Er murmelte etwas, das wie »ganz ruhig, *Junker*« klang, und fuhr weiter, ohne den möglichen Schaden in Augenschein zu nehmen. Verwundert ließ ich mich über Stock und Stein kutschieren. Grover machte sich offenbar überhaupt nichts aus den Gefahren des Terrains. Unbekümmert rumpelte er dahin, die vordere Stoßstange durchpflügte die Gräser wie ein Schiff die Wogen des Ozeans.

Wir kamen langsam, aber stetig voran. Schon nach kurzer

150

Zeit waren weder Häuser noch Straßen in Sicht. Die Hügel und Täler der Landschaft wellten sich in unablässiger Folge bis zum Horizont. Grover war bester Stimmung.

Doch das Holpern bereitete Fatback Beschwerden. Sie fing an zu rülpsen, zu schlucken und ihre Schnauze zu lecken. »Sehen Sie zu, daß Sie Fatbacks Kopf aus dem Fenster halten«, riet Grover.

»Das kommt bestimmt von dem Cheeseburger«, ließ Dan sich vernehmen.

»Ich glaube, es sind die Zwiebeln.« Mein privilegierter Platz in der Nähe ihres Mauls berechtigte mich zu dieser Einschätzung. Fatback gab einen langen, klagenden Rülpser von sich und starrte mich aus weidwunden Augen an.

»Halten Sie lieber an, Grover. Fatback hält nicht mehr lange durch.«

Grover lachte nur und ließ den Wagen weiter über Vertiefungen springen. »Das bessert sich nicht. Sie schafft das schon, sie ist ein braver Hund.«

»Sie haben leicht reden«, schrie ich, um das Quietschen der Federung und das Klappern der Karosserie zu übertönen. »Sie sitzen vorn.« Die alte Hündin würgte und hängte den Kopf aus dem Fenster. Ich kurbelte die Scheibe auf meiner Seite herunter, halb in Erwartung eines Vulkanausbruchs bei Fatback und halb, um die süße Wärme des fortgeschrittenen Morgens zu genießen. Das Summen der Insekten mischte sich mit dem Klappern und Rülpsen.

»Sie möchten also Ihre Frau anrufen«, schrie mir Grover über die Schulter zu.

»Ja, das wäre gut. Sie erwartet mich wahrscheinlich bald zurück.«

»Was Sie brauchen, ist eine indianische Squaw. Die stellen keine Fragen.«

»Sie sind nicht gerade ein Frauenrechtler, was?« rügte ich ihn.

Grover nahm beide Hände vom Lenkrad und hielt sie in die Höhe, als würde er den Himmel anrufen.

»Frauenrechte! Ihr weißen Männer wißt überhaupt nicht, was das ist. Eure Frauen wollen Hosen tragen und tun, was die Männer tun. Das nennen sie dann Gleichberechtigung.«

»Da ist schon etwas mehr dran. Außerdem ist das doch wirklich eine Art Gleichberechtigung«, erwiderte ich.

»Alles Quatsch, wenn Sie mich fragen«, schnaubte Grover. Der Wagen schlingerte, wie um seine Bemerkung zu unterstreichen.

»Halt den verdammten Wagen an«, befahl Dan. »Denkst du, ich hab' eine Blase wie 'n Hengst?«

Grover brachte den Wagen zum Stehen. Fatback krabbelte aus dem Fenster und verschwand eilends im Gebüsch. Dan stieß seine Tür auf und wankte unsicher auf ein paar Bäume zu, die ein etwa dreißig Meter entferntes trockenes Bachbett säumten.

Grover lehnte sich zurück. »Das ist jetzt die Pinkelpause, Nerburn. Wenn Sie müssen, sollten Sie sich Fatback und dem Alten anschließen.«

»Meine Blase ist aus Stahl.«

Grover stieg aus. Die Stille der Landschaft umgab uns. Eigentlich war es gar keine Stille, sondern ein einziges Zirpen, Summen und Zwitschern, die Symphonie all der kleinen Laute, die vorher im Lärm des gepeinigten Automobils untergegangen waren. Diese Laute bildeten ein vollständiges Ganzes, ohne scharfe Kanten oder hervorstechende Töne. Wie der süße Geruch in der Luft schuf dieses Geräusch eine überwältigende, berauschende Atmosphäre, die überall und nirgends ihre Quelle zu haben schien.

Die Weite der Landschaft berauschte mich. »Wissen Sie, wo wir sind?« fragte ich Grover.

»Dort ist die Sonne, das heißt Westen.«

»Immerhin etwas.«

»Das reicht. In dieser Richtung liegt eine Straße, wenn ich mich nicht irre.« Er deutete vage auf die fernen Hügel.

»Das kann doch nicht Ihr Ernst sein? Sie gurgeln hier durchs Gelände und erwarten, irgendwann irgendwo auf eine Straße zu stoßen?«

»Na klar, wieso nicht?«

Ich konnte es nicht fassen. »Und die Löcher und Rinnen? Ihr Wagen ist doch kein Traktor. Es braucht bloß ein Reifen zu platzen, und wir sitzen hier mitten im Niemandsland fest . . .«

»Das ist kein Niemandsland, Nerburn. Hier ist Indianerland. Nur weil Sie kein Haus und keine Straße sehen, heißt das nicht, daß wir auf irgendeinem gottverdammten Ozean sind.«

Ich ließ meinen Blick über die Landschaft schweifen. Eigentlich glich sie tatsächlich einem Meer: dem Meer, das diese Ebenen einst bedeckt und sie mit seinen Wellen geformt hatte. Sanfte Erhebungen wechselten sich mit ebenso sanften Vertiefungen ab. Der Gestalt, wenn auch nicht der Beschaffenheit nach war es eine feminine Landschaft – graziöse Bewegungen zu bildhauerischer Schönheit erstarrt. Man brauchte nicht viel Phantasie, um sich einen einsamen Reiter oder eine Bisonherde vorzustellen, die unter dem kobaltblauen Himmel durch diese leuchtende Landschaft zog.

»Wahrscheinlich ist es der weiße Mann in mir, Grover, aber irgendwie verbinde ich Automobile immer mit Straßen. Dies scheint mir eher eine Gegend für Pferde zu sein.«

»Haben Sie nicht gehört, wie ich meinen Wagen *Shunka' Kan* nannte?«

»Ich dachte, Sie sagten irgend etwas von ›Junker‹.«

Grover schnaubte verächtlich. »*Shunka' Kan* heißt ›Pferd‹. Ihr Weißen kauft euch Autos, die ›Colt‹ oder ›Mustang‹ heißen, aber ihr pinkelt euch in die Hosen, wenn ihr sie auch so behandeln sollt. Es geht nichts über einen alten *Shunka' Kan.*«

Der Alte war immer noch nicht zurück. »Wo wir gerade vom Pinkeln sprechen. Meinen Sie, mit Dan ist alles in Ordnung? Er ist schon ziemlich lange weg.«

Grover pflückte einen Grashalm und begann ihn durch die Zähne zu ziehen. »Es geht ihm gut. Manchmal läßt er sich für eine Weile irgendwo nieder.«

»Wie lange ungefähr?«

»Weiß nicht. Haben Sie heute noch etwas vor?«

»Ich gehe ihn suchen.«

Grover zuckte unbeteiligt die Schultern. Ich hielt Ausschau in Richtung der Bäume.

Erst als ich auf eine Anhöhe stieg, sah ich ihn. Seine mir vertraute, wachsame Gestalt hockte reglos am Rande des Bachbetts neben dem Hain. Er wandte sich nicht um, hatte aber mein Kommen offensichtlich bemerkt, denn er machte wie ein Dirigent, der die zu lauten Töne eines Orchesters dämpft, warnende Bewegungen mit seiner Hand nach rückwärts. Ich ging langsam auf ihn zu. Als ich auf einer Höhe mit ihm war, bedeutete er mir, mich zu setzen.

»Schauen Sie, da drüben.«

Die gegenüberliegenden Hügel färbten sich golden in der frühen Nachmittagssonne. Schatten glitten über sie hinweg wie große Vogelschwingen, wenn Wolken die Sonne augenblickweise verdunkelten. Außer dem rhythmischen Auf und Ab der Landschaft, das vereinzelt von einem dunklen Busch oder knorrigen Baum akzentuiert wurde, sah ich nichts.

Ich starrte auf den Horizont.

»Sehen Sie?«

»Was?«

»Schauen Sie genau hin.«

Der Wind bewegte die Gräser wie Meereswellen. Ab und zu jagte eine Steppenhexe* hüpfend durch unser Blickfeld. Sonst war da nichts.

»Beobachten Sie den Busch dort.«

Ich starrte angestrengt in die angegebene Richtung. Ein großer, dunkler Klumpen klebte am Rand eines fernen Hügels. Von unserem Standort aus konnte ich nicht sagen, ob es ein Busch oder ein kleiner Baum war, der sich im unablässigen Wind geneigt hatte. Ich starrte noch ein paar Sekunden länger hin. Der Busch schien sich zu bewegen. Im nächsten Augenblick war er ein Stückchen weitergerückt. Es konnte keine Pflanze sein, die vom Wind bewegt wurde. Die Bewegung war irgendwie zweckgerichtet und vorsätzlich, wie von Muskeln dirigiert.

»*Tatanka*. Der Büffel.«

Ich kniff die Augen zusammen, um deutlicher zu sehen. Langsam bewegte das große Tier seinen Kopf und nahm die vertrauten Umrisse eines Büffels an.

»Verblüffend«, sagte ich. »Ich habe ihn gar nicht gesehen.«

»Sie konnten ihn nicht sehen. *Tatanka* wollte nicht von Ihnen gesehen werden.«

Kommentarlos nahm ich diese mysteriöse Erklärung hin.

»*Tatanka* hat mehr Macht, als Sie glauben, Nerburn.«

Der Büffel verlagerte erneut sein Gewicht und bewegte sich langsam den Hügel entlang.

Mir fiel ein, wie Dan damals bei seinem Haus, ohne einen Laut von sich zu geben, Fatback »gerufen« hatte.

»Ich möchte Sie etwas fragen, Dan. Ich hoffe, es kränkt Sie nicht, aber ich will es dringend wissen.«

»Fragen Sie schon!«

---

* Engl. *tumbleweed,* im starken Wind über die Steppe eilendes, ballförmiges Buschwerk, botanischer Name *Amaranthus graecizans.* (A. d. Ü.)

155

»Glauben Sie wirklich, der Büffel könnte unseren Verstand auf diese rätselhafte Weise umnebeln?«

»Was ist so rätselhaft daran?«

»Sie sagten, er wollte nicht von mir gesehen werden.«

»Das ist nicht rätselhaft. Das ist Wissenschaft. Wenn eine Eidechse nicht entdeckt werden will, was tut sie dann?«

»Ich weiß nicht. Versteckt sich unter einem Stein. Tarnt sich irgendwie, oder?«

»Genau. Und nun: Wie tarnt sich ein Büffel?«

»Er verschleiert seine Umrisse?«

»Er überlistet das Auge. Er weiß, wie wir sehen und daß wir Umrisse erkennen. Er weiß, daß wir Bewegungen wahrnehmen. Alle großen Tiere wissen das.«

»Deshalb bewegen sie sich nicht, wenn sie Gefahr wittern.«

»Oder wenn sie uns studieren wollen. Manchmal beobachten sie uns, wenn wir glauben, sie zu beobachten.«

»Hat er uns beobachtet?«

»Kann ich nicht sagen. Er hat uns bemerkt, das weiß ich.«

»Aber er hatte keine Angst. Woher wußte er, daß er von uns nichts zu befürchten hatte?«

»Ich habe Ihnen doch erklärt, daß er große Macht hat.«

»Aber wenn wir ein Gewehr gehabt hätten . . .«

»Das meine ich nicht, wenn ich sage, er hat Macht. Ich meine, er hat die Macht, Dinge zu erkennen.«

Ich bohrte weiter. »Glauben Sie, er weiß, ob wir ein Gewehr haben oder nicht?«

Dan begann sich ein bißchen zu ärgern. »Das habe ich nicht gesagt. Ich habe gesagt, daß er Dinge erkennt. Er wußte, daß er von uns nichts zu befürchten hatte.«

»Durch seinen Geruchssinn? Oder übersinnliche Kraft?«

»Vielleicht. Ich weiß es nicht. Woher wissen Sie, ob Sie jemanden mögen oder nicht?«

Ich zuckte lächelnd die Achseln. Er hatte mich geschlagen.

»Schauen Sie, Nerburn. Hatten Sie schon einmal einen Hund?«

Ich bejahte.

»Und eine Katze?«

»Wir haben jetzt eine. So ein struppiges orangefarbenes Vieh.«

»Ist sie anders als der Hund?«

»Natürlich ist sie anders als der Hund und auch anders als andere Hunde und Katzen.«

»Und jedes der Tiere hat verschiedene Fähigkeiten.«

»Genau.«

»Warum ist es also so schwer verständlich für Sie, daß *Tatanka* sich von anderen Tieren unterscheidet?«

»Ich habe nie viel mit Büffeln zu tun gehabt.«

»Aber wir. Die Büffel haben uns ernährt und gekleidet. Wir haben unsere Zelte aus ihnen gemacht. Sie gaben uns fast alles, was wir zum Leben brauchten. Wir lebten mit ihnen wie Brüder und Schwestern. Wir wissen mehr über sie als ihr über Hunde und Katzen. Ich sage Ihnen, sie haben besondere Kräfte.«

In der Ferne graste unbeirrt der Büffel. Seine Gleichgültigkeit uns gegenüber war spürbar.

»Ich wollte nicht respektlos sein«, begann ich.

Dan winkte ab. »Ich weiß. Sie bemühen sich, etwas zu erfahren. Weiße lernen gern, indem sie Fragen stellen. Kommen Sie, wir gehen zurück zum Wagen.«

Wir kletterten die Böschung hinauf. Der Alte bewegte sich langsam und unsicher. Vorsichtig setzte er seine Schritte, denn seine Füße waren seine Augen. Ich hätte gern seinen Arm genommen, aber es wäre mir weniger ehrerbietig als herablassend erschienen. Dennoch war ich nahe daran, ihm meine Hilfe anzubieten. Aber mir fehlten die rechten Worte.

157

Plötzlich fiel mir etwas ein. Wenn er kaum den Boden zu seinen Füßen erkennen konnte, wie hatte er dann den Büffel auf dem beinahe eine halbe Meile entfernten Kamm entdeckt?

»Wie haben Sie den Büffel sehen können?« entfuhr es mir.

Er wandte mir den Kopf zu und nickte ein paarmal, als gefiele ihm die Frage. »Ich habe ihn nicht gesehen. Er hat sich mir gezeigt.«

Grover hatte sich wie der Cowboy in einer Zigarettenwerbung auf der Kühlerhaube ausgestreckt, die Beine übereinandergelegt, die Hände hinter dem Kopf verschränkt und den Hut ins Gesicht gezogen. Sein silbernes Hutband blitzte in der Sonne.

»Na, haben Sie ihn gerettet, Nerburn?« fragte er unter dem Hut hervor.

»Ja, aber es war knapp. Wäre ich nicht gekommen, hätte er sich in einen Büffel verwandelt.«

»Da bin ich aber froh. Er hätte ja nie mehr in den Wagen gepaßt.« Grover setzte sich auf.

Dan schnaubte büffelartig und ging auf die Beifahrertür zu. Fatback kaute wie verrückt an einer Klette in ihrem Hinterlauf. Dan beugte sich mit einer langsamen, arthritischen Bewegung vor. »Tsuk, tsuk«, machte er, um ihre Aufmerksamkeit auf sich zu lenken. Sie unterbrach ihr Nagen und schaute ihn an. Dann rollte sie sich ohne weitere Anweisung auf den Rücken und streckte ihm ihre Hinterpfote entgegen. Mit geübter Hand spreizte er die gepolsterte Pfote und zog die Klette heraus. Fatback sprang auf, leckte ihm die Hand und machte sich eifrig daran, die Wunde mit der Zunge zu bearbeiten. Dan bürstete ihr den Schmutz aus dem Genick und öffnete die Wagentür.

Die ganz Szene hatte nur einen Moment gedauert, war aber

voller Zuneigung und Verständnis gewesen. Vielleicht hatte Grover gar nicht so unrecht gehabt, als er mir den Rat gab, Fatback zu beobachten und dann mein Buch zu schreiben.

Kapitel 14

Mit beiden Augen sehen

*E*s war beinahe unfaßbar für mich, wie Grover den ganzen Tag die unwegsamen Hügel durchquerte. Gelegentlich erspähte er einen alten Pfad, dem er dann ein Stück folgte. Ein paarmal hatten wir eine Schotterstraße gekreuzt, doch statt in sie einzubiegen, hatte Grover sie überquert wie eine Furt und war wieder in die Graslandschaft eingetaucht. Ich hatte keine Ahnung, was er tat und warum er es tat. Seine einzige Antwort blieb: »Abkürzung.«

Dan versicherte mir, daß wir uns auf einem Weg befanden. »Woher sollte er sonst wissen, wohin er fahren muß?« Sollte das nun eine Erklärung oder ein Witz sein? Ich hatte das bestimmte Gefühl, daß unsere Reise ein Ziel hatte, dennoch erschien mir alles so planlos, so dem Zufall überlassen. Grover bot mir ein warmes Mortadella-Sandwich an, das er unter dem Vordersitz aufbewahrt hatte, doch ich lehnte ab. Er zuckte mit den Schultern und aß zwei. Dan besserte seines mit Hilfe von Ketchup- und Mayonnaisepäckchen auf, die er im Handschuhfach entdeckt hatte, und verspeiste es dann mit zufriedenen, rhythmischen Kaubewegungen. Fatback warf sehnsüchtige Blicke vom Rücksitz auf die beiden. »Schlecht für den Magen«, tröstete ich sie.

Als die Schatten länger wurden, erreichten wir eine Schotterstraße, die sich durch die Hügellandschaft schlängelte. Zu meiner Überraschung bog Grover in sie ein und fuhr in Richtung Süden.

»Annie«, sagte er. Dieses Kürzel hatte keine Bedeutung für mich, löste jedoch heftiges und zustimmendes Nicken bei Dan aus.

»Gut«, befand er. »Hab' die alte Squaw schon ewig nicht gesehen.«

Meine Laune besserte sich erheblich, da wir nun auf einer erkennbaren Straße waren. Ich hatte schon zu viele katastrophale Pannen erlebt – geplatzte Reifen oder irgendwelche Warnlämpchen, die unvermittelt aufleuchteten. Unbewußt erleichterte mich diese befahrene Straße, wo Lösungen bei der Hand waren und sich kleine Schwierigkeiten weniger leicht in Alpträume verwandeln konnten.

Die staubige Schotterstraße war zwar nicht gerade eine Autobahn, doch wies sie wenigstens auf eine Absicht und ein Ziel hin, Eigenschaften, die der unwegsamen Wildnis, die wir den ganzen Tag durchquert hatten, völlig gefehlt hatten.

Dan drehte sich zu mir um und grinste verschmitzt. »Na? Sind Sie jetzt glücklich?«

»Ich war vorher schon glücklich.«

»Ja, aber Straßen sind Ihnen lieber. Das habe ich gleich beim erstenmal bemerkt, als wir den Hügel hinter meinem Haus raufgefahren sind. Sie lassen sich von der Straße führen.«

»Wie ich schon zu Grover sagte – Straßen und Automobile gehören irgendwie zusammen.«

»Nicht auf indianischem Boden«, lachte er.

»Außerdem führen sie im allgemeinen zu Telefonen, und ich würde immer noch gern telefonieren. Hat diese Annie eins?«

Grover lachte schallend. »Was glauben Sie, wo Sie sind, Nerburn? In Amerika? Hier draußen werden keine Leitungen verlegt. Nicht mal Stromleitungen.« In seiner Stimme schwang Bitterkeit mit.

161

»Und das ist auch gut so, soweit es mich angeht«, fügte Dan hinzu. »Das Leben ist schöner. Die Menschen sind zufriedener. So war es in meiner Kindheit. Wir haben uns alle gegenseitig geholfen, weil es nötig war. Niemand besaß etwas. Alles wurde geteilt. Wenn Leute einander besuchten, wollten sie sich auch wirklich sehen. Es war eine Ehre.«

Grover lehnte sich zurück und seufzte. »Ja, in unserer Jugend hatte Achtung und Ehre noch Bedeutung. In unserer Erziehung spielte die Ehre eine große Rolle. Ich weiß nicht, was daraus geworden ist.«

Ein Wagen kam uns entgegen. Grover und der Fahrer winkten sich zu. Dan schaltete sich nun auch in unser Gespräch ein. »Daran sollten Sie auch denken, Nerburn.«

»Woran?« entfuhr es mir. In Gedanken war ich gerade bei Telefonen und Straßen gewesen.

»Ehre und Freiheit.«

Das klang wie ein militärisches Motto. »Was meinen Sie?« fragte ich, nur mäßig interessiert.

»Jetzt kommt etwas sehr Wichtiges«, betonte Dan. »Ich möchte, daß Sie es festhalten.«

Mir fiel ein, daß seine Aufzeichnungen in dem Schuhkarton zahlreiche Bemerkungen über Ehre und Freiheit enthalten hatten. Ich kramte den Kassettenrecorder hervor.

»Okay. Sind Sie bereit?«

»Ja, bereit.« Das stimmte eigentlich nicht. Ich hätte lieber einfach dagesessen und nachgedacht. Doch Dan war eindeutig in der Stimmung für einen seiner »kleinen Vorträge«. Ich fummelte am Lautstärkeregler herum und legte eine neue Kassette ein.

»Ich habe lange über dieses Thema nachgedacht. Über die Weißen und warum sie uns nicht verstehen. Ich glaube, ich weiß, warum.«

»Bitte, erklären Sie es mir.«

»Ich denke, es liegt daran, daß das wichtigste für die Weißen ihre Freiheit ist. Indianern ist ihre Ehre das Wichtigste.

Aus diesem Grund schenken die Weißen den Schwarzen mehr Aufmerksamkeit als uns Indianern. Die Schwarzen streben ebenfalls nach Freiheit – wie die Weißen. Und weil die Weißen den Schwarzen ihre Freiheit genommen haben, fühlen sie sich ihnen gegenüber schuldig. Verstehen Sie?«

Ich nickte geistesabwesend.

»Aber wir waren immer frei. Wir sind es sogar heute noch. Wir waren stets freier als der weiße Mann, auch in seiner Anfangszeit hier. Als die Weißen an unsere Küsten kamen, trugen sie Kleider aus Ketten. Unsere Leute trugen gar nichts. Dennoch wollten sie uns die Freiheit bringen.

In der Welt der Weißen ist alle Macht ganz oben. Gelangt ein Mensch an die Spitze, hat er die Macht, anderen die Freiheit zu nehmen. Als Ihre Leute hierher kamen, waren sie auf der Flucht vor jenen, die die Macht hatten. Aber sie selbst dachten nicht anders, und bald standen neue Herrscher an der Spitze des neuen Landes. Weiße werden zu diesem Denken erzogen.

In den Kirchen steht jemand an der Spitze. Ebenso in den Schulen. In der Regierung. Im Handel. Immer steht einer an der Spitze, und dieser eine bestimmt, ob ein anderer gut oder schlecht ist. Er gehört ihm.

Kein Wunder, daß die Amerikaner ständig in Sorge um ihre Freiheit sind. Ihr besitzt so verdammt wenig davon. Wenn ihr das bißchen, das ihr habt, nicht beschützt, nimmt ein anderer es euch weg! Ihr müßt es jede Sekunde bewachen, wie ein Hund seinen Knochen.

Als ihr zu uns kamt, wußtet ihr nichts von uns. Ihr habt nach demjenigen an der Spitze gesucht. Ihr wolltet die Zäune sehen, die uns umgaben, wolltet wissen, wie weit unser Land und die

163

Macht unserer Regierung reichte. Eure Welt bestand aus Käfigen, und ihr habt geglaubt, die unsrige sei genauso. Auch wenn ihr eure Käfige haßt, glaubt ihr an sie. Sie bestimmen eure Welt, und ihr braucht sie, um unsere zu bestimmen.

Unsere Alten haben von Anfang an erkannt, daß der weiße Mann in einer Welt der Käfige lebte. Sie warnten davor, daß auch wir in Käfige gesteckt würden, wenn wir nicht auf der Hut wären.

So wurden wir aufmerksam. Alles an euch wirkte wie Käfige. Eure Kleider umgaben euch wie Käfige. Ihr zogt Zäune um eure Höfe, so daß sie wie Käfige waren. Nichts als Käfige. Ihr habt das Land in Käfige verwandelt. Kleine quadratische Käfige.

Nachdem ihr die ganzen Käfige gebaut hattet, wurde eine Regierung gebildet, um die Käfige zu schützen. Auch die Regierung bestand aus Käfigen – lauter Gesetze, die besagten, was euch verboten war. Nur in eurem eigenen Käfig besaßt ihr Freiheiten. Dann begannt ihr euch zu wundern, warum ihr nicht glücklich wart und euch unfrei fühltet. Nachdem ihr all die Käfige errichtet hattet, fragtet ihr euch tatsächlich, warum ihr nicht frei wart.

Ein solches Denken war uns Indianern immer fremd. Jeder war frei. Wir erließen keine Gesetze oder zäunten Land ein. Wir glaubten an unsere Ehre. Der weiße Mann erschien uns wie ein Blinder, der spazierengehen wollte. Er merkte erst dann, daß er sich verlaufen hatte, wenn er sich am Gitter eines Käfigs stieß. Unser Wegweiser war in uns, nicht außerhalb. Er hieß Ehre. Für uns war es wichtiger zu wissen, was richtig war, als zu erkennen, was falsch war.

Wenn wir die Tiere beobachteten, sahen wir, was richtig war. Wir beobachteten, wie die Hirsche die mächtigeren Tiere überlisteten und wie die Bären ihre Jungen kräftigten, indem sie sie unbarmherzig hetzten.

Wir sahen, wie die Büffel so lange regungslos verharrten und beobachteten, bis sie begriffen. So erkannten wir, daß jedes Tier auf seine Art klug war, und versuchten, diese Klugheit zu erlernen. Wir beobachteten, wie sie lebten und ihre Jungen aufzogen. Dann taten wir es ihnen nach. Wir suchten nicht nach den Fehlern. Statt dessen strebten wir nach dem Rechten.

Diese Suche wies uns den Weg, nicht Gesetze und Zäune. Wir wollten ein ehrenhaftes Leben für uns und unsere Familien. Andere sollten von uns sagen: »Er ist ein guter Mann. Er hat den Mut eines Bären. Oder die Reinlichkeit eines Fuchses.« Wir besaßen die Freiheit und mußten nicht darum kämpfen. Wir strebten nach Ehre, und Ehre war unsere Pflicht. Ein Mann auf der Suche nach Freiheit war auf der Flucht vor der Pflicht, also schwach.

Ergibt das einen Sinn für Sie? Die Gedanken, die Ihr Volk brachte, drehten sich nur um die Freiheit. Doch wir waren schon immer frei. Deshalb hatten die Weißen uns nichts zu geben. Sie konnten nur von uns nehmen und es uns in Form von Käfigen zurückerstatten.

Das geschah, als ihr uns unser Land nahmt, um es in Parzellen einzuteilen. Ihr nahmt unser ganzes indianisches Land, machtet Planquadrate daraus und gabt uns dann die Freiheit, Bauern und Viehzüchter zu werden. Doch wir wollten weder als Bauern noch als Viehzüchter leben. Wir waren Bauern gewesen, als es nötig war. Doch niemand konnte uns zwingen, Bauern zu werden.

Als wir keine Anstalten machten, das Land zu bebauen, wurdet ihr zornig, denn ihr hattet nicht die Gabe, uns zu verstehen. ›Wir haben euch Land gegeben und die Freiheit, es zu bebauen, aber ihr macht überhaupt nichts!‹ hieß es. Dabei hattet ihr uns doch nur einen eigenen Käfig gegeben.

Wenn man Tiere aus den Wäldern oder der Prärie einfängt

und ihnen ein Haus mit einem Zaun darum gibt, schenkt man ihnen damit die Freiheit? Nein! Man nimmt ihnen nur ihre Ehre, denn wenn sie sich fügen, sind sie nicht mehr frei.

So habt ihr uns behandelt. ›Zieht in diesen Käfig oder sterbt‹, habt ihr gesagt. Ihr raubtet uns die Ehre und gabt uns dafür eure Art der Freiheit, die, wie ihr sogar selbst wißt, gar keine ist, denn sie ist nur die Freiheit, im eigenen Käfig leben zu dürfen.

Wissen Sie, was ich glaube? Die Weißen waren eifersüchtig auf uns. Wäre eure Religion nicht gewesen, hättet ihr von der ersten Minute eurer Ankunft an genauso gelebt wie wir. Ihr wußtet, daß wir recht hatten. Ihr fingt an, unsere Kleidung zu tragen, unsere Speisen zu essen und auf unsere Art zu jagen. Als ihr gegen die Engländer kämpfen mußtet, kämpftet ihr wie wir.

Ihr seid hierhergekommen, weil ihr leben wolltet wie wir. Doch kaum wart ihr hier, wurdet ihr von Furcht ergriffen und wolltet die gleichen Käfige errichten, denen ihr gerade entflohen wart. Hättet ihr auf uns gehört, statt zu versuchen, uns zu bekehren und zu töten, welch ein wunderbares Land wäre dies geworden!«

Grover grunzte zustimmend. »Das ist verdammt wahr, Dan.«

Dan saß aufrecht, den Blick nach vorn gerichtet. Er war zufrieden mit sich; er hielt das Kinn hoch, die Arme über der Brust verschränkt. Seine ganze Haltung vermittelte Stolz und Gelassenheit.

»Danke, Dan«, sagte ich.

»Ich kann noch weitersprechen, wenn Sie möchten«, bot er an. Er glich einem Konzertpianisten, der sich seiner Meisterschaft bewußt ist und einem Publikum, dessen Sachverstand er schätzt, eine Zugabe gewährt.

»Es wäre eine Ehre für mich«, stimmte ich zu.

»Worüber soll ich sprechen?«

Dieses unverhoffte Angebot überrumpelte mich. Ich hätte

ihm gern eine bedeutende Frage gestellt, aber mir fiel keine ein.

»Über etwas, das Ihnen am Herzen liegt.«

»Darüber werde ich sprechen, wenn die Zeit reif ist, Nerburn.«

Es herrschte Schweigen.

»Ich werde über die Worte sprechen. Über eure Sprache. Das ist ein Thema, daß mich bedrückt, und ich sollte es mir von der Seele reden.

Sprechen Sie noch eine andere Sprache, Nerburn?«

»Nicht besonders gut. Ich kann mich auf deutsch und italienisch gerade so verständigen.«

»Also wissen Sie, wie schwer das ist.«

»Für mich ist es schwer.«

»Es ist schwer für jeden. Können Sie Ihre Wünsche in diesen Sprachen äußern?«

»Nein, wenn ich Glück habe, kann ich mich irgendwie ausdrücken, aber wahrscheinlich falsch.«

»Könnten Sie Verträge in diesen Sprachen lesen?«

»Nein.« Ich ahnte, worauf er hinaus wollte.

»Würde es Ihnen gefallen, wenn jemand, dem Sie nicht vertrauen, Ihnen diese Verträge erklärt?«

Ich verneinte.

»So kamen unsere Verträge zustande. Es waren Papiere in einer Sprache, die wir nicht verstanden, vorgelesen von Leuten, denen wir nicht vertrauten. Unterschrieben von Indianern, die man entweder dazu gezwungen oder bestochen hatte. Und wenn tatsächlich einmal etwas darin stand, das zu unserem Vorteil war, wurde es von den Anwälten der Regierung geändert oder vors Gericht gebracht, wo dann die Richter die fraglichen Punkte im Sinn der Regierung korrigierten.

Aber das ist Ihnen ja bekannt.«

»Ja, im großen und ganzen. Ich glaube, die Ungerechtigkeiten in den Verträgen sind mittlerweile den meisten Amerikanern bekannt.«

»›Bekannt‹ sind sie vielleicht, aber nicht korrigiert. Doch über die Verträge wollte ich gar nicht sprechen. Sie gleichen einem gewaltigen Bären, der uns angreift. Für jeden sichtbar. Es sind die Schlangen, über die ich sprechen möchte.

Ich werde Ihnen ein paar Dinge zum Nachdenken geben.«

Er atmete tief ein und begann.

»Ich wuchs mit der Sprache meines Volkes auf. Erst in der Schule mußte ich Englisch lernen. Man ließ uns antreten und sprach englisch mit uns. Wir mußten es lernen.

Ich kann mich noch gut daran erinnern, wie seltsam es in meinen Ohren klang, als ich es zum erstenmal hörte. Es hatte so viele Wörter. Die Lehrerin konnte ohne Schwierigkeiten eine Stunde am Stück reden. Über alles mögliche. Sie mußte dabei nicht einmal die Hände bewegen. Sie redete einfach. An manchen Tagen saß ich nur da und schaute zu, wie all die Wörter ihrem Mund entströmten. Ein Junge sagte zu mir, an einem Tag kämen bestimmt so viele Wörter aus ihr, wie Sterne am Himmel waren. Das habe ich nie vergessen.

Nachdem ich Englisch gelernt hatte, begriff ich den Trick. Man konnte auf hundert verschiedene Weise das gleiche sagen. Für Indianer kommt es darauf an, etwas auf die beste Art auszudrücken. Im Englischen mußte man lernen, wie man Dinge auf hundert verschiedene Arten ausdrückt. So etwas hatte ich noch nie gehört. Auch heute noch staune ich über die vielen Wörter, die Weiße benutzen. Manchmal wiederholen sie die gleiche Sache wieder und wieder nur mit anderen Worten. Sie sind wie Jäger, die durch den Wald hetzen und hoffen, zufällig auf eine Beute zu stoßen, anstatt ruhig dazusitzen und zu warten.

Eigentlich macht mir das Gerede nichts aus. Doch ich verabscheue es, wenn es uns oder andere verletzt. Ich erzähle Ihnen von ein paar Worten, die uns verletzen. Mal sehen, ob Sie je darüber nachgedacht haben.

Das erste betrifft unsere Schlachten. Wenn die Weißen gewannen, war es stets ein ›Sieg‹. Doch wenn wir gewannen, nannte man es ein ›Massaker‹. Wo war der Unterschied? Tote bedeckten die Erde, und Kinder hatten ihre Eltern verloren, ob es nun Indianer oder Weiße waren. Doch die Weißen setzten ihre Sprache ein, um ihr Morden gut und unseres schlecht erscheinen zu lassen. Sie ›siegten‹, wir ›massakrierten‹. Ich weiß nicht einmal genau, was ein Massaker ist, aber es klingt nach Frauen und Kindern, denen die Kehle durchgeschnitten wurde. Wenn das so ist, haben die Weißen häufiger massakriert als wir. Dennoch habe ich kaum jemals davon gehört, daß die Weißen jemanden massakriert hätten. Es mißfällt mir, wenn dieses Wort nur für uns verwendet wird. Dadurch wirkt unser Töten häßlicher als eures, und unser Volk erscheint schlechter als das eure.

Das gleiche gilt für das Wort ›Aufstand‹. So nannte man jeden Versuch unseres Volkes, seine Rechte zu erkämpfen, wenn es seine Unterdrückung nicht mehr ertragen konnte. Eigentlich müßtet ihr euren Unabhängigkeitskrieg auch als Aufstand bezeichnen. Warum tut ihr das nicht? Ihr habt euch gegen eine Regierung erhoben, die euch die Freiheit raubte. Aber ihr nennt es eine ›Revolution‹, so als wäre die Erde dadurch besser geworden.

Wenn wir das gleiche taten, war es ein Aufstand, als ob es friedlich und ordentlich zugegangen wäre, bis wir ›aufstanden‹. Vielleicht sollten wir den Spieß umkehren und von ›Unterdrückungen‹ sprechen, weil wir ja ständig unterdrückt wurden. Mir würde es besser gefallen, wenn in den Geschichtsbüchern stünde ›Dann wurden die Indianer erneut unterdrückt‹ als

›Schließlich folgte wieder ein Indianeraufstand‹. Das käme der Wahrheit näher.

Sehen Sie, so geht die englische Sprache mit uns um. Heute, wo ihr keine Gewehre mehr benutzt, ist sie die Waffe, die ihr gegen uns richtet.

Oder denken Sie an den ›Kriegspfad‹. Wenn die Weißen gegen uns zu Felde zogen, stellten sie eine Armee auf. Wenn wir unsere Familien verteidigten, waren wir auf dem Kriegspfad. Gar nicht zu reden von Wörtern wie ›blutrünstig‹ und ›wild‹.

Das sind alte Wunden, die Ihnen wahrscheinlich gar nicht mehr bedeutsam erscheinen, aber sie sind es noch.

Mein kleiner Urenkel erzählte mir eines Tages, daß sie in der Schule das Thema *Frontier* durchgenommen hätten. Ich fragte ihn, was das sei. Er erklärte mir, es sei die Grenze der Zivilisation gewesen. Am liebsten hätte ich ihm verboten, weiter auf diese Schule zu gehen.

Das müssen Sie sich einmal vorstellen! Sie haben ihm beigebracht, daß die Zivilisation auf das Terrain des weißen Mannes beschränkt war. Das bedeutet, alles jenseits davon war unzivilisiert. Wir befanden uns jenseits dieser Grenze. Auch wir hatten Regierungen und Gesetze. Unser Volk hatte ein besseres Benehmen als die, die in unsere Gebiete eindrangen. Wir fanden uns nicht weniger zivilisiert als den weißen Mann. Trotzdem kommt mein Urenkel aus der Schule und spricht von *Frontier* und ›Zivilisation‹, als hätten wir gar nicht existiert.

Schon der Begriff *Frontier* besagt, daß wir nicht zählen. Ich habe das Wort nachgeschlagen. Es bezeichnet die Grenze zwischen dem Bekannten und dem Unbekannten. Das bedeutet, wir gehören ins Reich des Unbekannten. Ihr lehrt eure und unsere Kinder eine Geschichte, die uns Indianer einem weiten, gefährlichen, leeren Raum jenseits der Grenze von Kultur und Gesetz zuordnet. Als wären Wildkatzen, giftige Schlangen und

Indianer ein und dasselbe – irgend etwas Unheimliches und Gefährliches.

Das ist ein Teil des großen Zusammenhangs, der den Weißen nicht einmal bewußt ist. Ihr sprecht von *Frontier,* von Wildnis und davon, wie leer das Land war, obwohl es für uns stets voller Leben war. Ihr prahlt mit eurer Kultur, als ob wir keine hätten, nur weil wir keine großen Stühle und Holzkommoden auf Karren durch die Wüste schleppten.

Eurer Geschichtsschreibung zufolge nahm Amerika seinen Anfang mit ein paar Schiffen, die in Massachusetts und Virginia vor Anker gingen. Die Leute gingen an Land und mußten sich einen Weg durch riesige, leere Weiten bahnen, in denen viele Gefahren lauerten. Als sie diese Ebenen hier erreicht hatten, schickten sie Planwagen-Karawanen über Berge und durch Wüsten, die sich ihren Weg wie kleine Flüsse in den Boden gruben. Waren sie einmal angekommen, folgten andere ihren Spuren, und aus den kleinen Flüssen wurden große Menschenströme, die sich nach Kalifornien, Oregon und Washington ergossen. Es war, als sei das Land leer gewesen, und ihr hättet es gefüllt. Deshalb erzählt eure Geschichte davon, wie ihr es gefüllt habt und was währenddessen geschah.

Natürlich sagen Sie jetzt, daß Sie nicht so denken, aber Sie tun es doch. Alle Geschichtsbücher für Kinder, die ich mir angeschaut habe, beginnen im Osten und gehen nach Westen – alle, denn so verlief eure Geschichte.

Überlegen Sie mal, was damit unseren Kindern angetan wird. Sie sind gezwungen, die Vergangenheit aus der Perspektive der Weißen zu sehen. Sie sehen Amerika, als wären sie auf Schiffen und Planwagen hier angekommen. Aber so war es nicht. Aus unserer Sicht lebten wir in einem großen Land, in dem es überall Menschen gab. Dann landeten ein paar Leute an der Ostküste, und andere kamen aus dem Süden herauf. Sie begannen uns zu bedrängen. Wieder andere kamen die Flüsse von Norden herunter. Sie alle bekämpften sich untereinander, und alle wollten etwas von uns – Felle, Land, Gold. Entweder sie nahmen sich einfach, was sie wollten, oder zwangen uns, es ihnen zu verkaufen. Alle hatten Gewehre und töteten uns, wenn wir nicht glaubten, daß Gott ein Mann namens Jesus war, der in einer Wüste jenseits des Ozeans gelebt hatte. Sie ließen uns keine Ruhe.

Wenig später bildeten sie eine Regierung irgendwo weit im Osten und verkündeten, alles Land gehöre ihnen. Nicht nur dort, wo sie lebten, sondern überall da, wo sie gewesen waren. Und sogar Gebiete, von denen sie nur gehört hatten. Wenn einer von ihnen irgendwohin gelangte und dort eine Fahne aufstellte, behaupteten sie, gehöre das ganze Gebiet zwischen ihrem Ausgangspunkt und der Fahne ihnen. Auf diese Weise drängten sie uns so weit zurück, daß wir fast aufeinandersaßen. Wir, die zuvor nebeneinander gelebt und uns in Ruhe gelassen hatten, mußten jetzt um die Jagdgründe kämpfen.

Wir waren gezwungen, mit den Weißen zu verhandeln oder Krieg gegen sie zu führen. Es gab nicht mehr genug Nahrung. Alles begann auseinanderzufallen. Wir verloren die Gebiete mit den Gräbern unserer Ahnen. Wir wurden zusammengedrängt, wie Fische, die im Meer geschwommen waren und jetzt in kleine Teiche gesetzt wurden.

Amerikanische Geschichte ist für uns der Prozeß, wie aus einem großen Ozean kleine Teiche wurden – ob wir die nun behalten durften oder nicht. Sie hat nichts mit den dreizehn Kolonien und ein paar Planwagen zu tun, die westwärts zogen. Aus allen Richtungen nahm man uns unser Land. Wir blicken auf die gleichen Fakten wir ihr, sehen aber etwas völlig anderes. Eure Geschichte ist auf Worte wie *Frontier* und *Zivilisation* aufgebaut, doch diese Worte sind nur der Ausdruck eurer

Vorstellungen. Die großen Ideen dahinter sind die Waffen, die unsere Vergangenheit zerstören.

Hier haben wir meiner Meinung nach die größten Fehler im Umgang mit euch begangen. Wir haben die großen Ideen hinter euren Worten nicht erkannt und nicht bemerkt, daß ihr allem einen Namen geben mußtet, damit es existierte, und daß es der Name war, der einem Gegenstand sein Wesen gab. Ihr nanntet uns Wilde, damit wurden wir zu Wilden. Ihr nanntet unser Land Wildnis, damit wurde es zu einem wilden, gefährlichen Ort. Mit euren Worten machtet ihr uns zu dem, was wir eurer Vorstellung nach waren. Das tut ihr immer noch und seid euch dessen nicht einmal bewußt.

Ich hoffe, ihr werdet lernen, sorgfältiger mit euren Worten umzugehen. Unsere Kinder beherrschen die alte Sprache nicht mehr gut, und es ist euer Englisch, das ihnen die Welt erklärt. Doch im Augenblick erweckt eure Sprache falsche Vorstellungen. Wie sie unseren Kindern die Welt beschreibt, ist falsch.

Als Junge gab mir ein alter Mann den Rat, Worte wie schöne Steine zu betrachten. Ich solle jedes aufheben und es von allen Seiten anschauen, bevor ich es gebrauchte. Auf diese Weise würde ich ihm Respekt erweisen.

Ich finde, das war ein guter Rat. Ihr habt so viele Worte, daß ihr dem einzelnen nicht die gebührende Achtung erweist. Es gibt ja genug; deshalb werft ihr leichtfertig mit Worten um euch.

Ihr müßtet vorsichtiger sein, denn Worte sind wirklich wie Steine. Auch wenn sie schön sind, können sie verletzen, wenn sie gedankenlos herausgeschleudert werden.

Ich habe gesprochen.«

Während seiner ganzen Ausführungen hatte ich geschwiegen. Er hatte wie in einer Art Trance gesprochen, dem Anschein nach seine Worte nicht formuliert, sondern sie eingefangen und war auf ihnen gesegelt, wie ein Falke auf dem Wind dahingleitet. Er hatte die ganze Zeit seine Augen geschlossen gehalten.

Mir fiel ein, was ich über die Rhetorik des Seneca-Häuptlings Red Jacket* gelesen hatte.

In seiner Jugend hatte er sich das Sprechen zu seinem Volk angeeignet, damit er ihm eines Tages als großer Redner eine Stimme verleihen konnte.

Auch Dan hatte das getan; er hatte es für sich getan, ohne den Gedanken an ein künftiges Publikum oder eine Anerkennung. Er sprach für seine Ahnen, verlieh den Gefühlen seines Volkes Ausdruck; ich war zu seinem Sprachrohr auserwählt. Ein Schauer überlief mich, als ich mir der Ehre und der Verantwortung bewußt wurde, die mir zuteil wurden. Das war kein Spiel mehr und auch keine literarische Übung. Es war etwas Authentisches, Dauerhaftes; wir würden all denen, die zum Schweigen gebracht worden waren oder nicht sprechen konnten, Gehör verschaffen.

Grover nickte, während er den Wagen die staubige Straße entlangsteuerte. »Gut gesprochen, *Tunkashila*«, sagte er, die Anrede größter Hochachtung für einen Alten verwendend. »Ich hoffe, Sie lernen etwas von ihm, Nerburn«, fügte er zu mir gewandt hinzu. Fatback schnaufte und rutschte auf ihrem Sitz herum.

Ich hatte die plötzliche Vision, auf einem Binnenmeer zu treiben, mich auf einer Art Odyssee durch die Great Plains zu befinden – der alte Seher, der Navigator und der Schreiber mit einem surrealen Hundechor im Hintergrund.

---

* Red Jacket (1756–1820) gilt als begabter Redner aus dem Stamm der Seneca. Sein indianischer Name lautete Sagoyewatha – »der spricht, um die andern wach zu halten«. Den Namen Red Jacket gab ihm im Unabhängigkeitskrieg ein Offizier, der ihm, von der Kühnheit des Indianers begeistert, eine rote Jacke schenkte. (A. d. Ü.)

»Sie haben Glück, diese Dinge zu hören«, fuhr Grover fort. »Der alte Mann hat lange Zeit geschwiegen.«

»Das Glück, diese Dinge zu hören.« Die gleiche Empfindung hatte Wenonah ausgedrückt, als sie mich auf der Veranda herunterputzte. Auch wenn sie es nicht in Worte faßten – sie verehrten diesen alten Mann und seine Weisheit und erwarteten das gleiche von mir.

»Ich werde Ihren Worten Gehör verschaffen, Dan.« Der förmliche Ton meiner Worte überraschte mich selbst, erschien mir aber angemessen und natürlich. Dan nickte nur. Ich wagte mich weiter vor. »Wie kam es, daß Sie gerade über dieses Thema gesprochen haben?«

»Ich werde es Ihnen erklären«, sagte er bedächtig. »Als Junge sah mir einmal ein alter Mann, der ein *Wakan* war, in die Augen und sagte, ich hätte eine besondere Art zu sehen. Ich hätte ein indianisches und ein weißes Auge. Er erklärte meinem Vater, daß ich lernen müsse, mit den beiden Augen zu sehen. ›Du mußt deine Gabe nutzen‹, sagte er zu mir.

Mein Vater war ein kluger Mann und wußte, daß ich auf den Alten hören mußte. Also sollte ich lernen zu beobachten, und auch wenn andere mich auslachten, sollte ich weiter beobachten. Auf diese Weise würde ich lernen, mit beiden Augen zu sehen.

Als ich in die weiße Schule kam, war ich sehr unglücklich. Jede Nacht weinte ich unter meiner Decke. Ein Junge durfte nicht weinen, und ich schämte mich. Zu Hause in den Sommerferien erzählte ich meiner Großmutter, daß ich dauernd weinte, nicht wußte, warum, und nicht so tapfer war wie die anderen Jungs. Das sei anders, erklärte sie mir, es gäbe besondere Menschen, die die Schmerzen ihres ganzen Volkes fühlten, damit die übrigen tapfer sein konnten. ›Vielleicht gehörst du zu diesen Besonderen. Du bist ein kluger Junge. Lerne zu sprechen! Das wird dir helfen‹, sagte sie.

Also bemühte ich mich, sprechen zu lernen. Die meisten Kinder hatten Angst zu sprechen, denn die Lehrer schlugen sie, wenn sie einen Fehler machten. Aus diesem Grund hielten sie es für besser zu schweigen. Doch ich dachte an die Worte meiner Großmutter.

Ich sagte der Lehrerin, ich wolle lernen zu sprechen. Sie gab mir ein Buch über Präsident Lincoln und eines über Rom – voller Reden. Sie riet mir, jede Woche eine davon auswendig zu lernen und ihr vorzutragen.

Als ich sah, wie viele Wörter sie enthielten, wäre ich am liebsten davongelaufen. Dennoch bemühte ich mich, diese Reden auswendig zu lernen. Da ich die meisten Wörter nicht kannte, lernte ich nur ihren Klang. Die Lehrerin sagte, das sei in Ordnung. Der Klang der Worte sei wie Musik und für alle da.

So lernte ich diese Reden auswendig. Ich kann sie heute noch.

Ich hielt sie für die besten Reden der Welt. Damals wußte ich noch nicht, daß auch Indianer Reden hielten, bis einer von den Alten hörte, wie ich eine meiner Reden deklamierte. Er erzählte mir, daß es auch große indianische Redner wie Black Elk und Sitting Bull gegeben hätte. Er trug mir einige Reden in meiner eigenen Sprache vor. ›Die Kunst zu sprechen ist eine Gabe‹, sagte er.

Auf einmal wurde mir klar, was es bedeutete, mit beiden Augen zu sehen. Ich hörte die gleichen Nuancen in den indianischen Reden wie in denen der Weißen. Ich hörte die Schritte von Männern und die Stimmen von Vögeln und Tieren. Ich vernahm die Gesänge der Erde in den Worten und in der Stille zwischen den Worten. Ich begriff, daß mich nicht nur Bücher das Sprechen lehren konnten, sondern auch die Stimmen der Tiere.

Seit damals habe ich keine Furcht zu sprechen. Ich habe Worte

176

gelernt. Mit meinem weißen und meinem indianischen Auge habe ich beobachtet. Ich habe in meiner Sprache und auf englisch gesprochen und meine Gabe in Ehren gehalten.«

Plötzlich unterbrach er sich. »Welche Gabe besitzen Sie, Nerburn?«

Auf diese Frage war ich nicht vorbereitet. »Ich weiß nicht genau«, stotterte ich.

»Ich werde es Ihnen sagen. Sie sind ehrlich. Sie leben keine Lüge. Sie müssen nicht im Mittelpunkt eines Hauses sitzen. Sie können anderen zuhören.«

Diese seltsame Analyse meiner Persönlichkeit verblüffte mich.

»Aber Sie sind ein Feigling.«

Das Wort traf mich hart. »Sie fürchten sich vor dem Zorn anderer. Wenonah hat mir das erzählt. Sie hat gesagt, mit zornigen Worten könnte man Sie zu allem bringen.«

Ein nervöser Lacher entfuhr mir. Diese Treffsicherheit war beängstigend.

»Sehen Sie alles so klar?« fragte ich.

»Mein Volk hat aus einem bestimmten Grund überlebt. Sie sollten eines wissen: Viele werden über das, was Sie schreiben, zornig sein – zornig auf Sie und zornig auf mich. Mir ist das egal. Ich bin kein Feigling.«

Ich protestierte schwach. »Das ist ein sehr hartes Wort.«

»Lassen Sie mich ausreden. Sie dürfen keine Angst haben. Auch Sie empfinden einen fruchtbaren Zorn. Dieser Zorn erwächst aus dem Scharfblick. Es ist der gleiche Zorn, den auch ich in mir habe. Vor diesem Zorn haben mich die Alten gewarnt. Sie müssen lernen, diesen Zorn zu beherrschen, nur so kann er Ihnen von Nutzen sein. Es gibt auch einen ungesunden Zorn, den Zorn von Menschen, die ihren Willen durchsetzen möchten. Dieser Zorn ist selbstsüchtig und kindisch. Vor diesem Zorn dürfen Sie nicht zurückweichen – wenn Sie das tun, sind Sie ein Feigling. Verstehen Sie?«

»Ich glaube schon.«

»Gut«, sagte er abschließend. »Sie werden Ihre Gabe nutzbar machen, wenn Sie keine Angst mehr vor dem albernen Zorn anderer Leute haben.«

Grover wollte diesen Argumenten Nachdruck verleihen. Er war der stets wachsame Hirte, immer darauf bedacht, daß ich mir über die Dimension meiner Aufgabe im klaren war. »Er meint, Sie sollen schreiben, was Sie sehen und was Sie hören. Sie sind der Hüter des Feuers.«

Dan nickte Zustimmung. »Hüter des Feuers dürfen keine Feiglinge sein. Sie tragen das Licht.«

Kapitel 15

Eine glänzende Suppe

*B*ald tauchten die ersten Anzeichen menschlicher Besiedlung auf. Ein winziger Punkt in der Ferne erwies sich als ein Briefkasten am Rand eines ausgefahrenen Feldwegs, der sich durch die Hügel schlängelte. Für etwa eine Meile trieben zwei Weiße mit Cowboyhüten mehrere Dutzend Kühe die Straße entlang. Der vordere saß auf einem Traktor, während der andere ein großes braunes Pferd ritt. Sie winkten und lächelten, als Grover langsam an ihnen vorüberfuhr.

»Jetzt kommt ein guter Ort für Sie«, kündigte Grover an.

»Wie meinen Sie das?«

»Ein Ort für Weiße. *Homestead**. Sie werden sich wie zu Hause fühlen. Wir halten an und essen was. Dann können Sie auch telefonieren.«

Ich wunderte mich über die Beschreibung der Stadt, aber als sie in der Ferne sichtbar wurde, begriff ich. Es war kein Reservatsort mit Wohnwagen, verwahrlosten Mietskasernen, Schrottautos in den Vorgärten und vereinzelten Läden mit staubigen, ungepflasterten Parkplätzen. Statt dessen lag sie vor uns wie Tausende anderer ländlicher Enklaven, die über die

---

* »Heimstätte«, 160 Acres große, vom Staat den Siedlern verkaufte Grundparzelle; vgl. die Erläuterungen zum Dawes Act von 1887 auf S. 180 (A. d. Ü.)

Ebenen und Prärien im Zentrum der Vereinigten Staaten verstreut liegen – eine kleine Ansammlung von Gebäuden, die sich stolz gegen die horizontale Landschaft abhoben, gekrönt von den beiden aufrechten Wahrzeichen profanen und geistigen Lebens – dem Wasser- und dem Kirchturm.

Wiewohl mitten in einem Reservat gelegen, handelte es sich um eine weiße Stadt; ein Ergebnis des Dawes Act von 1887, der die Reservate in Parzellen von 160 Acres zerstückelt und diese einzelnen Indianern zugeteilt hatte, in der Bemühung, sie an Landwirtschaft und Privateigentum zu gewöhnen. Wenige Indianer betrieben jedoch Ackerbau, und noch wenigeren waren die Feinheiten privaten Eigentums nahezubringen. Bald hatten weiße Siedler durch legale Machenschaften, Schwindel und Kaufverträge von unterschiedlicher Legitimität die Grundstükke in fast allen Reservaten des Landes an sich gebracht. Dazu war alles Land, das nach der Verteilung der bewußten 160 Acres an die berechtigten Indianer noch übrig war, für weiße Siedler freigegeben worden. Obwohl diese Ländereien praktisch innerhalb der Reservatsgrenzen lagen, wurden sie auf die gleiche Art wie alle weißen Gegenden in den Plains und der Prärie erschlossen und besiedelt. Reisende, die weder Karten noch Straßenschilder lasen, konnten diese Städte durchqueren, ohne zu bemerken, daß sie sich in einem Reservat befanden – außer vielleicht an der ungewöhnlich großen Zahl von Indianern, die hier Geschäfte betrieb.

Selbst auf die Entfernung erstaunte es mich, wie vollkommen diese kleine Stadt sich von der Welt unterschied, in der ich die vergangenen Wochen verbracht hatte. Es herrschte eine wie selbstverständliche Ordnung. Die Straße war geteert. Von der Nähe der Stadt kündete die allmähliche Zunahme ordentlicher menschlicher Behausungen. Gewerbe- und Wohngebiete waren deutlich erkennbar und voneinander abgegrenzt, die Beschilderung professionell und einheitlich, wenn auch aufdringlich. Planung und Ausführung beruhten auf mathematischer Basis.

Grover blinkte, als wir das schwarz-weiße Schild passierten, das zum »Zentrum« wies. Das laute metronomische Klicken und das auffällige grüne Blinken vom Armaturenbrett schien die Welt, in die wir uns jetzt begaben, auf treffende Weise anzukündigen. Das Geräusch des Blinkers riß Fatback aus ihrer Lethargie, und sie setzte sich neben mir auf.

Wir bogen in die Hauptstraße ein. Der Teil mit den Geschäften war nur kurz, mit ein paar Seitenstraßen, die Sackgassen waren. Am anderen Ende der Stadt lag ein kleines Wohngebiet mit rechtwinklig angelegten, von schattenspendenden Bäumen gesäumten Straßen.

Ich betrachtete die Fassade der kleinen Geschäfte. Ein Supermarkt, ein Futtermittel-Silo, eine leeres, zweigeschossiges Backsteingebäude, das vielleicht einmal ein Hotel gewesen war. Es war ein ländliches Städtchen, einst stolz auf seine Unabhängigkeit, doch nun nur noch von alten Männern mit Pickup-Trucks bevölkert, die im einzigen Café des Ortes Erinnerungen austauschten.

Es herrschten eine Ruhe und Ordnung, die sehr tröstlich wirkten. Dennoch stand das Ganze am Rande des Verfalls, jedoch auf eine ganz andere Art als in den indianischen Orten, wo Armut jede Verschönerung verhindert hatte. Hier gab es zumindest die Erinnerung an bessere Zeiten. Roadster und Männer in eckigen Anzügen, die ihre geschniegelten und gebügelten Familien am Ostermorgen die Stufen zur Kirche hinaufführten.

Im Augenblick ruhte jedoch alles, außer einem Sägewerk und einem Supermarkt an der Kreuzung des Highway. In den letzten fünfzig Jahren war hier anscheinend nicht gebaut worden.

»Wie gefällt's Ihnen, Nerburn?« wollte Grover wissen.

»Wirkt wie ein ewiger Sonntagnachmittag.«

»Aber es gibt Telefone.«

Langsam fuhr Grover die breite, menschenleere Hauptstraße hinunter und hielt diagonal vor einem heruntergekommenen Eckgebäude. Trotz der drei oder vier Wagen, die davor parkten, dachte ich zuerst, es stünde leer. Doch dann wurde die metallene Sturmtür von innen aufgestoßen, und ein alter Mann kam heraus. Er blinzelte wie einer, der aus der Dunkelheit ins Licht tritt, und ging die Straße hinunter.

»Nett hier, Grover«, sagte ich.

»Immerhin gibt es ein Telefon.«

Das Gebäude, vor dem wir standen, hatte keine besonderen Kennzeichen. Die ehemaligen Schaufenster waren mit geweißten Brettern zugenagelt, die nur zwei kleine Öffnungen in Badezimmerfenstergröße zur Hauptstraße hin freiließen. Ein gelbes Plastikschild mit schwarzen Lettern hing über der Tür. »Café. Eigene Backwaren«. Ich fragte mich, ob jemand sich Gedanken zu dem Schild gemacht hatte oder ob es einfach eine Standardausführung von einer Firma für Restaurantausstattung war, die Hunderte von Meilen entfernt lag.

Ich sah mir die merkmalslosen Druckbuchstaben noch einmal an. Das Fehlen jeglichen persönlichen Anstrichs verstärkte den Anschein von Verfall. Ansonsten wäre bestimmt jemandem ein Name wie »Bei Emma« oder »Bei Muttern« eingefallen. Offenbar war nicht genug Energie oder Enthusiasmus für einen persönlicheren Namen vorhanden gewesen. Selbst das Schild über Jumbos Werkstatt mit seinen verschmierten Buchstaben und seiner unverständlichen Botschaft vermittelte größere persönliche Anteilnahme und Initiative.

Grover stieg aus und ging auf die Tür zu. Jetzt, wo wir unterwegs waren, hatte er die führende Rolle übernommen. Dan ging langsam hinter ihm her und reckte den Hals in einer

182

müßigen Neugier, die sich stark von seiner sonstigen Wachsamkeit in den Hügeln unterschied. Offenbar fühlte er sich als Tourist, der das Unbekannte mit vorbehaltlosem Staunen aufnahm, während er in den Hügeln stummer Beobachter war, der alles um sich herum registrierte, bis er aus dem Gesehenen und Gehörten einen Sinn herauslesen konnte.

Ich tröstete Fatback, die enttäuscht in ihren Sitz zurückgesunken war, indem ich ihr eine Menge Essensreste versprach, wenn sie geduldig wartete, bis wir unser Menschenfutter verzehrt hatten. Sie gab einen weinerlichen Ton von sich und schloß die Augen.

Der alte Cowboy hatte nicht ohne Grund geblinzelt. Im Inneren des Cafés herrschte schummriges Licht wie in einer billigen Bar. Direkt hinter der Tür waren drei einbeinige Tische zu einem langen zusammengeschoben. An ihm saßen sechs alte weiße Männer mit Schildmützen und rauchten. An der Wand hing eine Fotokopie mit dem Spruch: »Kühe kommen und Kühe gehen/aber die Ochsen bleiben bestehen.«

Die Bedienung war Ende Zwanzig, weiß und desinteressiert. Sie saß auf einem Barhocker neben der Küchentür und hörte Country- und Westernmusik aus der Dröhnbox. Gedankenverloren spielte sie mit einer ihrer wasserstoffblonden Strähnen, während sie den Rauch ihrer Zigarette durch die Nase blies.

Grover winkte uns auf die andere Seite des Restaurants hinüber, und wir setzten uns auf die gelben Vinylstühle, die um einen braunen, quadratischen Tisch gruppiert waren.

Die Frau legte ihre Zigarette ab und schlenderte zu uns herüber. Sie hatte den Hinterhofblick, der von zu vielen Bieren, zu vielen Kindern und Männern kommt – eine Frau, die vor Jahren die Gelegenheit verpaßt hatte, zu einem gewissen Fremden ins Auto zu steigen, und ihr Leben nun mit dem Zynismus der Gleichgültigen hinnahm, der keine Spur von Selbstmitleid enthält. Eine Hand in die Hüfte gestemmt, stand sie vor uns, ihren Kaugummi im Takt mit der Musik kauend. »Kaffee?« fragte sie.

»Schwarz«, bestellte Grover.

Dan nickte.

»Für mich auch Kaffee, aber mit Milch«, ergänzte ich.

»Sahne?« berichtigte sie.

»Nein, ich hätte lieber Milch.« Sie zuckte gleichgültig die Achseln und kritzelte etwas auf ihren Block, drehte sich um und ging zu einer Wärmeplatte, auf der zwei Glaskannen standen. Sie griff nach der einen, schnappte sich drei weiße Tassen aus einer Reihe, die zum Abtropfen auf einem Geschirrhandtuch standen.

Sie knallte die Tassen auf unseren Tisch und goß eine unterschiedliche Menge Kaffee in jede, wobei sie den Tisch beklekkerte.

»Milch?« erinnerte ich sie.

Wortlos kehrte sie mir den Rücken zu.

»Sie sollten mehr Charme einsetzen, Nerburn«, riet Dan.

»Wenn sie mit einem Nudelholz herauskommt, hau' ich ab«, sagte Grover.

»Warum versuchen Sie es nicht mal mit den heißen Sprüchen, mit denen Sie bei Wenonah aufwarten?« schlug ich hämisch vor.

»Lieber nicht, die hier ist eher der Bratpfannentyp. Die haut mir über die Rübe.«

»Das wäre nicht das erste Mal«, sagte Dan. Die beiden Männer kicherten und schlürften ihren Kaffee.

»Verdammt, ist der schlecht!« würgte ich. Ein öliger Film schwamm auf der braunen Brühe.

»Wahrscheinlich trinken Sie sonst nur dieses Capustrino-Yuppiezeug?« vermutete Grover.

»War mein Lieblingskaffee, bevor ich Ihren gekostet habe.«

Der Gedanke an Grovers Kaffee erinnerte mich daran, wie weit wir an diesem Tag schon gefahren waren. Ich hatte keine Vorstellung, wie viele Meilen es waren, aber durch die Geländefahrt und das Fehlen einer nachvollziehbaren Strecke kam ich mir vor wie in einem anderen Land.

Die Kellnerin stellte einen halbvollen Plastikbecher mit Milch neben mich auf den Tisch. »Möchten Sie jetzt bestellen?«

Dan und Grover nahmen Kuchen, ich eine Suppe. Da fiel mir Fatback ein.

»Hätten Sie vielleicht einen Knochen in der Küche?«

»Knochen?« wiederholte sie, als hätte sie noch nie eine so idiotische Frage gehört.

»Ja, einen Suppenknochen zum Beispiel. Wir haben einen hungrigen Hund im Wagen.«

»Die Suppe ist aus der Dose.«

»Sie haben kein Glück, Nerburn«, lachte Grover.

Die Tür hinter uns quietschte, und ein langer Streifen Sonnenlicht fiel in den Raum. Schrilles Gelächter durchbrach die düstere Stille des Cafés, gefolgt von stampfenden Schritten und dem Schlagen der Sturmtür. Noch mehr Lärm und ein indianisches Paar stand in der Tür. Der Mann war Anfang Dreißig und hatte eine schwarzglänzende Mähne, die seine Schultern bedeckte. Er torkelte und stolperte. Die Frau, dünn wie ein Schilfrohr, trug zum Platzen enge Jeans. Beide waren betrunken.

Grover und Dan nahmen keine Notiz von ihnen. Ihre Gedanken konzentrierten sich auf den Kuchen; außerdem waren solche Szenen ihnen nicht neu.

Das Paar führte seine Unterhaltung lautstark fort; daß sie sich in einem dunklen, ruhigen Café befanden, war den beiden offenbar egal. Der Mann zog einen Stuhl heran und setzte sich neben Dan.

»He, Bruder«, lallte er.

Dan nickte. Die Bedienung stand, die Hände in die Hüften gestemmt, im Eingang. Die sechs Männer beugten sich nach vorn und begannen zu tuscheln.

Die Frau ließ sich auf einen Stuhl fallen und grölte: »Bestell mir einen verdammten Kaffee!« Der Mann stand mittlerweile am Zigarettenautomaten und las laut vor: »Für Minderjährige nicht gestattet . . .«

»Ich will einen Kaffee!«

Gereizt schlug er mit der Hand auf den Automaten. »Kannst du, verdammt noch mal, nicht warten? Ich ziehe mir gerade die Scheiß-Zigaretten.«

Er wühlte in seinen Taschen.

»He«, wandte er sich an mich, wobei er Dan und Grover übersah. »Haben Sie mal Kleingeld?«

Ich schaute rasch zu Dan und Grover hinüber. Aus irgendeinem Grund war das ihre Entscheidung. Grover schüttelte leicht den Kopf.

»Nee, tut uns leid, Mann.«

»Oh.« Der Mann torkelte an seinen Tisch zurück, als hätte er den Grund für seine Anwesenheit vergessen.

Die Bedienung hatte beschlossen einzugreifen. Resolut drückte sie ihre Zigarette aus und marschierte zu dem Tisch, an dem sich das Paar auf seinen Stühlen lümmelte.

Sie machte nicht viele Worte. »Haben Sie Geld?«

»Ja, haben wir.«

»Dann lassen Sie mal sehen.«

»Er hat gesagt, wir haben welches«, mischte sich jetzt die Frau ein. »Bringen Sie den verdammten Kaffee.«

Die Bedienung warf ihr einen ärgerlichen Blick zu. »Hören Sie mal, Schätzchen. Wenn Sie Geld haben, kriegen Sie Kaffee. Aber daran glaube ich erst, wenn ich es gesehen habe.«

»Ach, zum Teufel mit ihr«, murmelte der Mann. Er schwang

seinen Arm so ungeschickt über den Tisch, daß er dadurch die Plastikflasche mit Ketchup zu Boden schleuderte. »Komm, wir hauen ab.«

Die beiden standen auf und torkelten zur Tür. Der Lichtstreifen erschien, gefolgt von einem Knallen. Das lautstarke Gespräch verlor sich draußen auf der Straße.

Ich starrte düster in meine Tasse und schämte mich, wußte aber nicht genau, für wen. So als wäre ich Zeuge eines rassischen Defekts geworden, den ich gern ausgeblendet hätte. Obgleich es nicht die logische Folgerung war, fühlte ich mich, als wären Dan und Grover mit dem gleichen Makel behaftet, der das betrunkene Paar zu sabbernden Kreaturen degradiert hatte, und ich war Zeuge ihres gemeinsamen Makels geworden.

Die Weißen am anderen Tisch empfanden offenbar ähnlich. Sie hatten ihre geballte Aufmerksamkeit uns zugewandt, und wir schnappten hier und da einen Gesprächsfetzen über Säufer und Indianer auf. Einmal hörte ich ganz deutlich das Wort »Prärie-Nigger«. Ich schaute Dan fragend an. Er schien nicht betroffen.

»Der Alkohol hat uns sehr geschadet«, sagte er schließlich. »Wahrscheinlich war er die teuflischste aller Gaben des weißen Mannes. Er hat unser Volk verrückt gemacht.«

»Zumindest hat er die beiden verrückt gemacht.« Ich bemühte mich, den Makel auf das Paar zu begrenzen.

»So reagieren wir alle.«

»Was glauben Sie, woran das liegt?« fragte ich.

»Ich weiß nicht. Vielleicht eine Prüfung des Schöpfers.«

»Haben Sie je getrunken?«

»Vor vielen Jahren. Dann brachte mich ein Rohrtransporter in den heiligen Kreis zurück. Jetzt trinke ich nicht mehr.«

»Bei der Marine habe ich ordentlich gesoffen«, sagte Grover. »Ich muß immer noch zu den AA.«

Die alten Weißen am anderen Tisch schienen sich ein wenig beruhigt zu haben. Die Unterbrechung ihres Alltags hatte sich zu einer Geschichte verfestigt, die sie ihren Kumpels erzählen konnten, und sie hatten ihr Interesse an den beiden alten Indianern und dem Weißen verloren.

»Bringen solche Besoffenen Sie in Verlegenheit?« fragte ich.

»Ich schäme mich ihretwegen«, gestand Dan.

»Mir macht es nur in Gegenwart von Weißen etwas aus«, fügte Grover hinzu. »Ich hasse es, unsere Brüder so schwach zu sehen.«

»Wir sind schwach«, entgegnete Dan. »Unsere Schwäche ist der Alkohol. Ebenso wie die Schwäche der Weißen ihr Besitz ist.« Er wandte sich an mich. »Doch auch diese Schwächen sind Gaben. Genau wie die Stärken. Schwächen machen uns stark, weil sie uns zwingen, uns zu überwinden.«

Die Kellnerin kam mit dem Kuchen und der Suppe. Sie verteilte alles mit Schwung auf dem Tisch wie ein Geber die Karten.

Grover probierte wählerisch seinen Kuchen, grunzte zufrieden und begann, ihn mit der Gabel zu zerteilen. Auf meiner Suppe schillerten unheimliche, petroleumartige Schlieren in Blau, Grün und Rot, je nachdem, aus welchem Winkel man sie betrachtete.

Dan nahm den Faden wieder auf. »Das Problem ist nicht der Alkohol. Alkohol ist eine Herausforderung an unsere Kraft. Das Problem liegt darin, daß wir ihm gestattet haben, uns zu seinen Opfern zu machen.«

»Heutzutage ist jeder in Amerika ein Opfer«, warf ich ein. »Das ist unser neuer Nationalsport.«

»Das ist doch Scheiße«, sagte Dan mit ungewöhnlicher Vehemenz. »So machen es die Weißen. Wenn etwas im Leben schiefgeht, sind alle anderen schuld daran – die Eltern, die

Arbeit oder sonst etwas. Ihr sagt, ihr fühlt euch ausgebrannt und gebt Unsummen für Psychiater aus, die euch erzählen, daß ihr für euer Leben nicht verantwortlich seid und warum.

Wir haben das nicht nötig. Es ist nicht unsere Art. Wir brauchen keine Sozialarbeiter oder Leute von der Regierung, die uns sagen, was mit uns nicht stimmt. Wir bitten den Großen Geist um Kraft.«

»Aber der Große Geist braucht auch manchmal Hilfe«, bemerkte Grover.

»Nicht von einem Haufen verdammter Sozialarbeiter und Berater. Zum Teufel, wenn sie uns nicht hätten, wäre die ganze Bande arbeitslos. Die ganze Reservatswirtschaft basiert auf unserer Schwäche.«

Er warf einen Blick auf die Weißen am anderen Tisch. Seine Lautstärke und Vehemenz hatte ihr Interesse wieder geweckt. Sie taten so, als seien sie ausschließlich mit ihren Kuchen und ihrem Kaffee beschäftigt, aber die Schilde ihrer Kappen hatten sich in unsere Richtung bewegt, als Dan die Stimme erhob.

»Es ärgert mich, wenn ich sehe, wie die Weißen uns zu Opfern gemacht haben. Hunderte von meinem Volk stellen sich jeden Tag an, um Opfer zu sein, und geben der Gesellschaft und den Weißen die Schuld an all ihren Problemen.«

»So ganz falsch ist das doch auch nicht, oder?«

»Natürlich nicht. Aber auch nicht richtig. Ein Opfer zu sein bedeutet, schwach zu sein. Ich will nicht schwach sein. Ich will stark sein – wie meine Väter. Mein Vater ging im Winter jeden Morgen an den Fluß und schlug ein Loch ins Eis, um Wasser zu holen. Auch bei 40 Grad unter Null. Er tat einfach das, was er zu tun hatte. Das machte ihn stark.

Heute bringt man unserem Volk bei, daß wir die Opfer der Gesellschaft sind, weil die Weißen zu der Zeit schon fließendes Wasser hatten, während wir immer noch bei minus 40 Grad an den Fluß gingen, um Wasser zu holen. Dabei haben wir uns nie als Opfer gefühlt.

Doch dann kamen die Sozialarbeiter und erklärten uns, wenn wir nicht alles hätten, was die Weißen hatten, wären wir Opfer. Heute glauben das viele Indianer.«

Grover hatte seinen Kuchen mit fünf Bissen verschlungen und schielte nun begehrlich auf Dans unberührtes Stück.

»Sie können meine Suppe haben.«

»Er will meinen Kuchen.«

Grover zog den Kuchen zu sich herüber. »Du kannst nicht gleichzeitig reden und essen. Und du wirst bestimmt nicht aufhören zu reden.« Dan blieb ungerührt.

»Der Weg des weißen Mannes ist nicht der unsrige. Wir müssen nicht das gleiche wollen wie ihr. Wir haben einen eigenen Weg – den, den uns unsere Vorfahren gewiesen haben. Diesem Weg brauchen wir einfach nur zu folgen. Eurem Weg zu folgen würde bedeuten, anzuerkennen, daß ihr stärker seid. Aber ich glaube, ihr seid schwächer.

Wenn wir von euch lernen könnten, wie wir dem Pfad der Ahnen besser folgen könnten, sollten wir das tun. Wir sollten die Dinge von euch übernehmen, die unserem Volk ein besseres Leben sichern. Doch wenn wir erkennen, daß wir nicht alles besitzen, was ihr besitzt, sollten wir uns deshalb nicht als Opfer fühlen. Damit geben wir eurem Weg zu viel Macht über uns. Unsere beiden Völker sollten so leben, wie sie es für richtig halten, und sich gegenseitig so gut wie möglich helfen.«

»Das ist ein edler Gedanke . . .«, begann ich. Doch Dan schnitt mir das Wort ab, bevor ich mehr sagen konnte.

»Es ist mehr als ein Gedanke. So sollten wir uns verhalten. Am Anfang, als ihr zu uns kamt, glaubten wir Indianer daran. Wir wollten mit euch teilen, Ideen und Wissen austauschen – die Gaben unseres Volkes gegen die Gaben eures Volkes.

Wir hörten euch auch zu. Doch ihr habt niemals zugehört. Ihr habt uns nur beraubt.« Die Männer am anderen Tisch hatten ihr geheucheltes Desinteresse aufgegeben. Dans Stimme war so laut geworden, daß sie im ganzen Lokal zu hören war.

»He, Alter, nun mal ruhig«, flüsterte Grover. »Du bist genauso laut wie die Besoffenen.«

»Zur Hölle mit denen. Ich bin alt. Sollen sie denken, ich sei verrückt.«

»Damit hätten sie vielleicht sogar recht.«

Dan ging zum Angriff über. »Hätten wir nicht auf sie gehört, hätten wir jetzt keine Säufer. Wir hätten keinen Alkohol und nicht halb so viele Probleme wie heute, denn vor dem weißen Mann hatten wir die auch nicht. Sie haben uns zu einer Bande verdammter *Blanket*-Indianer gemacht, die vor ihren Handelsniederlassungen herumlungerten und auf Almosen warteten. Damit hat alles angefangen. Jetzt lungern wir vor Sozialämtern herum und warten auf Lebensmittelmarken.«

Die Bedienung hatte sich umgewandt und lehnte mit einem verwirrten Grinsen an der Wand. Die Männer am anderen Tisch hatten ihre Kaffeetassen abgestellt und starrten Dan mit unverhohlener Neugier an. Zwei Sensationen an einem Tag überstiegen all ihre Erwartungen. Das würde ihnen Gesprächsstoff für den ganzen Winter liefern.

Dan ließ sich nicht beirren. Sein Verstand raste, und seine Zunge war kaum langsamer. »Wissen Sie, warum wir auf die ersten Missionare gehört haben? Weil sie stark waren. Sie haben mit uns auf der Erde geschlafen. Sie machten sich keine Betten über dem Boden und versuchten nicht, die Welt auszuschließen. Es erscheint Ihnen vielleicht unglaublich, aber sie verstanden unsere Lebensweise, und sie gefiel ihnen. Sie begriffen, daß wir der Erde nah waren. Die Besten von ihnen streiften ihre Religion der unseren wie einen Handschuh über.

Erst als die anderen kamen, begannen die wirklichen Schwierigkeiten. Die, die berauscht waren von ihrer eigenen Version der Wahrheit und unsere nicht erkennen konnten. Die, die sich Häuser mit Fußböden bauten und hohe Betten mit Matratzen, um so weit wie möglich von der Erde entfernt zu ruhen. Diese Leute haben uns nie verstanden.

Inzwischen – hundert Jahre später – habt ihr uns auch dazu gebracht, unsere Fußböden über der Erde zu bauen und unsere Betten auf den Fußböden aufzustellen, die Natur auszuschließen und unsere Nahrung in Zellophan verpackt zu kaufen. Und wenn wir all das nicht haben, dann nennt ihr uns Opfer. Ihr fahrt raus in die Wälder und macht ›Camping‹, schlaft auf dem Boden und behauptet, so zu leben wie früher die Indianer. Wie immer versucht ihr, unsere Kultur zu beschlagnahmen. Ihr findet, wir müßten uns schlecht fühlen, weil wir bestimmte Dinge nicht haben, während ihr andererseits auf das, was wir haben, Anspruch für euch selbst erhebt.«

»Iß jetzt deinen verdammten Kuchen, oder ich esse ihn.« In Grovers Augen glitzerte es belustigt, aber seine Stimme verriet angespannte Nervosität. Es gefiel ihm nicht, daß diese Dinge in Gegenwart von Weißen ausgesprochen wurden. Dan schien das nicht zu stören. Er ging einfach darüber hinweg.

»Denken Sie mal an diesen Thoreau. Ich habe einige seiner Bücher gelesen. Er lebte irgendwo draußen in einer Hütte und schaute auf einen Teich. Dadurch wurde er zu einem eurer Helden. Würde ich in eine Hütte ziehen und auf einen Teich schauen, würden mir innerhalb kürzester Zeit so viele Sozialarbeiter die Tür einrennen, daß ich kein Auge mehr zudrücken könnte.

›Keine Eigeninitiative, keine Selbstachtung‹, würden sie in ihre Notizbücher kritzeln. Sie würden Berichte schreiben, Zuschüsse beantragen, ein Regierungsprogramm mit einem Haufen Papierkram in die Wege leiten, alles, um mir zu helfen.

192

Mit der Landverteilung war es das gleiche. Man wollte uns nur helfen. Also teilte man unsere Reservate in Parzellen auf und erklärte uns zu Bauern. Wenn wir keine Landwirtschaft betrieben, hieß es, wir seien faul. Ich habe noch nie davon gehört, daß Thoreau Bauer war. Eigentlich bestand seine Beschäftigung darin zu sagen, wie herrlich es sei, nichts zu tun. Zu Abend aß er bei seinem Freund. Er wollte auch keine Landwirtschaft betreiben und ist dennoch ein Held. Aber wir gelten deshalb als faul. Schickt uns mehr Sozialarbeiter!«

Die Bedienung hatte genug von uns – drei randalierende Indianer an einem Tag reichten ihr. Sie riß die Rechnung von ihrem Bestellungsblock und kam an unseren Tisch. »Noch etwas?«

»Ja, noch eine Tasse Kaffee«, sagte Dan.

Grovers Augen weiteten sich vor Schreck. »Wir sollten lieber abhauen.«

»Ich brauche noch einen Kaffee, um den Kuchen runterzuspülen.« Es war unmöglich zu entscheiden, ob er es ernst meinte oder sich über Grover lustig machte. Die Bedienung zog ein Gesicht, sah aber niemanden dabei an und holte die Kaffeekanne.

Dan wandte sich nun direkt an mich. »Schauen Sie, Nerburn, ich möchte, daß Sie eins begreifen. Weiße wissen nicht, was sie wollen. Einerseits wünschen sie sich große Häuser und alle möglichen Güter. Auf der anderen Seite wünschen sie sich Erdverbundenheit. Also bauen sie sich Blockhütten, gehen auf die Jagd oder zum Camping. Das bringt sie, wie sie sagen, der Erde näher. Aber das geht nur, weil sie die anderen Dinge auch haben. Wir Indianer leben auch in Hütten und gehen auf die Jagd, aber in unserem Fall gilt das als bedürftig, weil wir anschließend nicht in große Häuser oder auf wichtige Posten zurückkehren. Doch wir brauchen keine zwei Leben wie die

Weißen. Der einzige Grund für die Verehrung, die man Thoreau entgegenbringt, liegt darin, daß er zwei Leben lebte. Anderenfalls wäre er bloß ein Penner gewesen, und man hätte ihm Sozialarbeiter ins Haus geschickt.«

Dans Argumentation hatte byzantinische Ausmaße erreicht. Ich wußte nicht mehr, ob seine Rede einen Sinn ergab oder nicht. Ich nickte nur und starrte auf den irisierenden Glanz in meiner Suppe. Grover hatte den Kopf eingezogen, und die alten Männer am anderen Tisch erörterten untereinander die Weisheit dessen, was der verrückte Indianer gesagt hatte. Die Bedienung stand mit der Kaffeekanne in der Hand da, während Tammy Wynette aus dem Lautsprecher schmetterte, was das Zeug hielt.

Plötzlich senkte Dan seine Stimme, als wolle er uns ein Geheimnis mitteilen. »Etwas dürfen Sie nie vergessen.« Ich sah, wie die Männer die Hälse reckten, um ihn trotz der klagenden Laute von Tammy Wynette verstehen zu können. »Für Weiße gibt es nur zwei Arten von Indianern. Versoffene Penner und edle Wilde. Früher waren wir die Rothäute, aber das ist vorbei. Heute sind wir entweder Säufer oder edel. Mir sind fast die Weißen lieber, die uns alle für Säufer halten. Die sehen uns wenigstens als Menschen. Sie sagen das, was sie sehen, und nicht nur das, was sie sehen wollen. Wenn sie dann einem von uns begegnen, der kein Säufer ist, müssen sie sich damit auseinandersetzen.

Diejenigen, die in jedem von uns einen weisen Mann sehen, haben überhaupt kein Interesse an echten Indianern. Sie sind nur an ihrer eigenen Vorstellung von uns interessiert. Damit nehmen sie uns unsere Realität als Menschen und machen uns zu Phantasiegestalten, die die Bedürfnisse der Weißen erfüllen.

Wollen Sie wissen, was es bedeutet, ein Indianer zu sein? Führen Sie ein erdverbundenes Leben. Verzichten Sie auf ein paar Dinge. Helfen Sie einander. Sprechen Sie zum Schöpfer.

Seien Sie gelassener. Lauschen Sie der Erde, anstatt pausenlos auf ihr zu bauen.

Geben Sie anderen nicht die Schuld an Ihren Schwierigkeiten, und versuchen Sie nicht, aus anderen Menschen etwas zu machen, das sie nicht sind.«

Er lehnte sich zurück, als hätte er alles gesagt. »So, jetzt bin ich fertig.«

»Das wurde auch Zeit«, grollte Grover.

Mein Nicken bedeutete nur halbherzige Zustimmung. Die innere Logik beziehungsweise ihr Fehlen in Dans Predigt hatte mich verwirrt. Die Schildmützen am anderen Tisch gaben sich äußerste Mühe, den Anschein zu erwecken, sie seien in ihr eigenes Gespräch vertieft, damit wir ihre Neugier nicht bemerkten.

»Hat's geschmeckt?« Nach dieser rhetorischen Frage räumte die Bedienung mit einem Schwung meine Suppe ab.

»Glänzend«, antwortete ich. Zum erstenmal lächelte sie ein bißchen, als sie die Scheine nahm, die ich auf den Tisch gelegt hatte. Sie ging zur Kasse. Kurz darauf erschien sie mit einer großen braunen Tüte.

Ich sah sie fragend an. »Für den Hund.« Sie zwinkerte und kehrte anschließend, ohne uns eines weiteren Blickes zu würdigen, auf ihren Hocker zurück.

Kapitel 16

Der Fremde

*I*ch bat Grover, am Supermarkt anzuhalten, damit ich telefonieren konnte; das Telefon im Café war nur etwa einen halben Meter von den Männern mit den Baseballkappen entfernt an der Wand gewesen. Sie hatten ohnehin genug Gesprächsstoff erhalten und brauchten nicht auch noch mitzuhören, wie ich meiner Frau erklärte, daß ich noch nicht nach Hause kommen konnte, weil der Truck von einem Riesen auseinandergebaut wurde, während ich mit zwei Indianern und einem arthritischen Hund in einem alten Buick durch die Gegend fuhr.

Als ich zum Wagen zurückkehrte, waren Dan und Grover in eine angeregte Unterhaltung vertieft. Dan lachte sein altes, gutmütiges Lachen.

»Du hast mehr geredet als ein Weißer«, neckte ihn Grover.

»Jetzt haben die alten Trottel wenigstens was zu reden.«

»Ja, einen anderen alten Trottel, über den sie reden können.« Dan kicherte zustimmend.

»Alles in Ordnung?« fragte Grover, als ich die Wagentür hinter mir zuschlug.

»Scheint so«, antwortete ich. Es war ein betrübliches Gespräch gewesen, voll unausgesprochener Sehnsüchte und Erwartungen. Mein Sohn war ans Telefon gekommen und hatte alles mögliche über seine kleinen Freunde, seine neuen Spielsachen und die Geburtstagsfeiern, zu denen er eingeladen war, herausgesprudelt. Meine Frau hatte sich bemüht, verständnisvoll zu klingen, doch in ihrer Stimme hatte eine gewisse Distanz mitgeschwungen. Zuviel lastete allein auf ihren Schultern. Sie brauchte mich zu Hause.

»Sie müssen loslassen, Nerburn«, kam es von Grover.

Seine lockere Haltung ärgerte mich. Ich wollte mich in meinen privaten Kummer zurückziehen. Dan schwieg.

Wir fuhren zurück auf den Highway. Aus mir unverständlichen Gründen fuhr Grover wieder in Richtung Osten. Unsere Route erschien mir völlig willkürlich und ziellos. Mir war es egal. Ich hatte Sorgen, und was Grover tat, interessierte mich nicht. Der Buick verfiel in seinen Acht-Zylinder-Takt, und wir drei verfielen in Schweigen. Fatback nagte grimmig entschlossen an einem der Knochen, die wir von der Bedienung bekommen hatten.

Wir fuhren fast eine Stunde, ohne daß einer von uns ein Wort sagte. Ich überließ mich wieder den schwellenden Hügeln und weiten Blicken. Die Stimme meines Kindes klang mir im Ohr.

Der »kleine Ausflug« hatte eine gewisse Routine entwickelt. Grover bestimmte die Richtung; Dan bestimmte, wo und wie lange wir anhielten. Ich saß mit der Hündin auf dem Rücksitz, machte mir Notizen, beobachtete und starrte hinaus auf die Plains.

Allmählich ließ der Kummer um meine Familie nach, und die subtile Kraft der Umgebung nahm mich erneut gefangen. Das Auf und Ab der Hügel und die Lockungen des fernen Horizonts hatten eine einschläfernde Wirkung auf mich. Ich kuschelte mich in meine Ecke und ließ mich von der Weite der Landschaft hypnotisieren.

Auf diese Weise verging der Nachmittag ohne besondere Höhepunkte oder Augenblicke von individueller Bedeutung. Vielleicht war ich eingedöst oder einfach tief in Gedanken

197

versunken. Als Dan plötzlich rief: »Fahr hier rein!«, schrak ich hoch wie aus einem tiefen Schlummer.

Grover bremste so scharf, daß ich meinen Magen spürte. Wir waren einen langen, allmählich abfallenden Hügel hinuntergefahren, und der Wagen war schwer zu bremsen. Nun befanden wir uns auf einer kurvenreichen Straße, die in ein Flußtal führte. In weiter Ferne konnte ich die sich endlos und flach erstreckende Landschaft auf der anderen Seite des Flusses erkennen.

Die Ursache für Dans plötzlichen Ausruf war eine braune, von blauen, gelben, grünen und weißen Diamanten geometrisch gerahmte, handbemalte Tafel mit der Aufschrift »Sitting-Bull-Gedenkstätte«.

»Fahr hier rein«, wiederholte Dan.

Grover gehorchte, und der alte Buick wippte und federte, als er im rechten Winkel in die kurvige Straße einbog, die durch die Hügel führte.

»Ich will, daß Sie das sehen«, sagte Dan bestimmt. Er setzte sich in Habachtstellung auf. »Sitting Bull* war groß, Nerburn. Er gab nur auf, weil sein Volk Hunger litt. Neben Crazy Horse** war er der Größte.«

---

* Sitting Bull (1834–1890), Medizinmann und Häuptling der Hunkpapa-Sioux. Schon mit zehn erlegte er seinen ersten Büffel, mit vierzehn tötete er einen Gegner in einer Schlacht gegen die Crow. Als er 1857 Medizinmann wurde, nannte er sich *Tatanka Yotanka* – »Sitzender Büffelbulle«. Von 1869 bis 1876 befand sich Sitting Bull ununterbrochen auf dem Kriegspfad. Nach dem Sieg über General Custer am Little Big Horn (1876) flüchtete er nach Kanada, wo er bis 1881 blieb. Während der Zeit des Geistertanzes wurde er, wie Dan im Folgenden beschribt, von der Reservatspolizei getötet. (A. d. Ü.)

** Crazy Horse (18..?–1877), einer der größten Häuptlinge der Oglala-Sioux. Seinen Namen hat er von einem scheuenden Pferd, das bei seiner Geburt durch das Lager gelaufen sein soll. Er kämpfte gemeinsam mit Sitting Bull am Little Big Horn. 1877 wurde er von General Mackenzie und seinen 4000 Mann starken Truppen gefangengenommen und zu Tode gefoltert. (A. d. Ü.)

Ich wußte nicht viel über Sitting Bull. Innerhalb meiner weißen Schulbildung war er einer der zahlreichen Häuptlinge mit edlem Gesicht und exotischem Namen gewesen, der als Prüfungsfrage im Rahmen eines historischen Rundumschlags über die Zeit der *Frontier* aufgetaucht war. Mir fiel ein, daß er irgendwie an Buffalo Bills Wildwest-Shows beteiligt gewesen war, was für den einstigen Führer eines freien Volkes eine demütigende Erfahrung gewesen sein muß.

»Er war ein großer Anführer«, sagte ich unsicher.

»Die Verträge waren ein Haufen Unsinn«, befand Dan, als wäre das eine logische Antwort auf meine Bemerkung.

»Sie hatten den Zweck, uns Land zu geben. Aber wie kann man jemandem etwas geben, das ihm sowieso schon gehört? Die einzige Wirkung der Verträge bestand darin, daß sie die Indianer an die Gesetze des weißen Mannes banden. Sitting Bull hatte das durchschaut. Er weigerte sich, ein Schriftstück zu unterzeichnen, das ihm Land versprach, das ihm schon gehörte. Er wußte, die Unterzeichnung würde ihn zwingen, etwas aufzugeben. Also unterschrieb er nicht.«

In der Ferne ging eine einsame Gestalt die Straße entlang.

»Sieht nach einem Indianer aus«, verkündete Grover.

»Wir sollten ihn mitnehmen«, sagte Dan.

Als wir näher kamen, war der Mann deutlicher zu erkennen. Er war jung und kantig; etwa dreißig Jahre alt, mit den scharfen, wie gemeißelten Zügen eines Athleten. Er trug Jeans und ein T-Shirt, über die rechte Schulter hatte er eine schwarze Leder- oder Synthetikjacke geschwungen. Mit dem energischen Schritt eines Menschen, der gewohnheitsmäßig lange Strecken zu Fuß zurücklegt, ging er die Straße entlang. Grover verlangsamte, als wir auf seiner Höhe waren. Dan deutete auf den Rücksitz. Der Mann bückte sich und schaute in den Wagen, dann öffnete er die Wagentür mit einer schwungvollen, geübten Bewegung.

Er stieg ein und nickte Dan zu, sagte aber kein Wort. Sein gestärktes weißes T-Shirt lag eng an seinem sehnigen Oberkörper an. Ein geprägter Ledergürtel mit einer ovalen Türkis- und Silberschnalle hielt seine Jeans.

Er schaute zu mir herüber und griff in die Tasche der Jacke, die er über der Schulter getragen hatte. Er nahm ein Päckchen *Lucky Strikes* heraus und bot mir wortlos eine an.

Panik ergriff mich für einen Augenblick. Ich wollte nicht rauchen, war aber unsicher, ob er mit dieser Geste vielleicht Dankbarkeit oder Achtung demonstrieren wollte.

Ich lehnte ab.

Er hielt das Päckchen den beiden auf dem Vordersitz hin. Dan nahm zwei Zigaretten heraus und gab eine davon Grover. Der nickte und steckte sich die Zigarette in den Mundwinkel. Immer noch sprach niemand ein Wort.

Das Schweigen störte mich. Gerade noch hatte sich Dan für das Thema Sitting Bull erwärmt und alle Anzeichen für bevorstehende längere Ausführungen gezeigt. Mit der Ankunft des Fremden war jedoch jedes Gespräch verstummt. Sie fuhren in einträchtigem indianischem Schweigen dahin – selbstvergessen, wortlos, schlicht. Ich fühlte mich als völliger Außenseiter.

Aus den Augenwinkeln beobachtete ich den neuen Mitfahrer. Er hatte eine ähnliche Ausstrahlung wie die Landschaft. Seine Haut war dunkel und glänzend wie poliertes Mahagoni, die großen, kräftigen Hände hingen wie Äxte an seinen sehnigen Unterarmen. Er war mager, und jeder Muskel war sichtbar, als hätten Sonne und dauernde schwere Arbeit jedes Gramm überflüssigen Fetts aus seinem Körper gepreßt. Trotz seines vierschrötigen Äußeren war etwas Graziöses, ja, beinahe Weibliches an seiner Haltung. Er verfügte über den Habitus und die Beweglichkeit einer großen Katze.

Mit einem Kamm, den er aus der Vordertasche zog, fuhr er

sich sorgfältig durch seine Fünfziger-Jahre-Frisur. Dann formte er mit einer gekonnten Bewegung seiner kräftigen Hände das Haar über der Stirn zu einer voluminösen, vorstehenden Welle.

Seine Haut war gespannt, aber von Linien durchzogen. Vom Lächeln oder Blinzeln hatten sich Fältchen um seine Augen gebildet. Jetzt allerdings blieb sein Gesicht unbewegt. Er kraulte Fatbacks Nacken, ohne sie zuvor an seiner Hand schnuppern zu lassen. Anscheinend hatte er sein Leben lang mit Tieren zu tun gehabt und fürchtete keine unerwarteten Reaktionen.

Grover genoß die Serpentinen offensichtlich. Sein riesiger Buick schien wie geschaffen für diese sanften, wogenden Kurven der Straßen in Amerikas Hinterland.

»Sind Sie auch unterwegs zur Gedenkstätte?« fragte ich in der Hoffnung, ein bißchen Konversation könnte meinen eventuellen Fauxpas – die Zurückweisung der Zigarette – wieder wettmachen. Dan erstarrte.

»Ich steig' hier oben aus«, sagte der Mann lakonisch. Dan rührte sich nicht.

Ich zog mich in meine Ecke zurück. Offenbar fühlte sich Dan aus irgendeinem Grund unwohl. Die wortkarge Antwort des Mannes bewies, daß er entweder aus eigenem Entschluß oder von Natur aus kein gesprächiger Mensch war. Grover konzentrierte sich darauf, den Wagen die kurvenreiche Straße hinunterzulenken. Von ihm hatte ich keine Unterstützung zu erwarten.

Ich preßte mich in die Ecke der Rückbank und starrte aus dem Fenster. Wie eine schwarze Spinne hing mein harmloser Satz im Wagen. Was hatte ich gesagt oder getan? Wie konnte eine Äußerung von so geringem Inhalt so bedeutungsschwer sein?

»Hier ist es gut.« Grover hielt an, und der Mann stieg mit der gleichen Gewandtheit aus, mit der er eingestiegen war. Es gab kein »Danke schön« und kein »Auf Wiedersehen« oder irgendeinen anderen Austausch von Höflichkeiten. Eine Stimmung der

Feindseligkeit, Gefahr oder Bedrohung war jedoch auch nicht entstanden.

»Die Krankheit des weißen Mannes«, schnauzte Dan mich an, als der Buick wieder in Bewegung war.

»Wir nennen es Höflichkeit«, gab ich gereizt zurück. »Ich habe ihn nur gefragt, wohin er unterwegs ist.«

»Nein, haben Sie nicht. Sie haben ihn gefragt, ob er zur Gedenkstätte unterwegs ist. Manche Dinge sitzen tief, Nerburn.«

»Zum Beispiel?« fragte ich verdutzt.

Dan war von düsterem Zorn erfüllt. »Wissen Sie, was mit Sitting Bull geschah?«

»Nein«, gab ich zu. Für mich bestand jedoch kein erkennbarer Zusammenhang zwischen der Frage und meinem Fehlverhalten.

»Die verdammte Reservatspolizei hat ihn umgebracht eine Bande von *Blanket*-Indianern, die Angst um ihre Lebensmittelrationen hatte.«

»Damals nannte man sie ›Kaffee-Kühler‹«, ergänzte Grover, der die Zigarette in seinem Mundwinkel immer noch nicht angezündet hatte. »Würde auch zu Ihnen passen, Nerburn.«

Aber Dan war nicht belustigt. »Sitting Bull wollte die Verträge nicht unterzeichnen. Er wußte, daß sie uns alle zu *Blanket*-Indianern machen würden. Wenn die verdammten *Blanket*-Indianer nicht gewesen wären . . .« Er schnaubte zornig. »Hätten sie auf Sitting Bull gehört und zu ihm gehalten, hätten wir die Black Hills* nicht verloren.«

---

* 1874 erforschte General Custer im Armeeauftrag die Black Hills, obwohl den Indianern zuvor versprochen worden war, diese Gebiete zu respektieren. Custers Geologen machten bedeutende Goldfunde. Die Regierung versuchte nun vergeblich, den Indianern die Black Hills, die sakrale Bedeutung für sie haben, abzukaufen. Dennoch brachen immer mehr Goldsucher in diese Gebiete ein. Diese Invasion führte letztlich zur Schlacht am Little Big Horn. (A. d. Ü.)

Ich wollte einwerfen, daß die Black Hills dann wahrscheinlich auf eine andere Art eingenommen worden wären, wollte Dan aber nicht widersprechen. Er war zu verärgert.

»Er war ein echter Häuptling, Nerburn. Er haßte die Weißen nicht, aber er liebte sein Volk und sah voraus, daß wir selbst zu *Wasichu* werden würden, wenn wir uns mit ihnen zusammentäten.

Wissen Sie, was er über die Indianer gesagt hat, die in den weißen Gebieten lebten?«

»Nein.«

»Ich kenne diese Rede. Sie gehört zu denen, die ich in meiner Jugend auswendig gelernt habe. Ich habe sie sogar auf englisch gelernt. Sie lautete folgendermaßen: ›Ich wünsche nicht, in einem Pferch eingeschlossen zu leben. Alle in den weißen Territorien lebenden Indianer, die mir begegnet sind, erschienen mir wertlos. Sie sind weder rote Krieger noch weiße Bauern – sie sind weder Wolf noch Hund.‹«

Er wandte sich zu mir um. »Verstehen Sie, was ich meine, Nerburn?«

»Nein«, antwortete ich, immer noch eingeschnappt, weil man mich für einen einfachen Akt der Höflichkeit gemaßregelt hatte.

»Das ist geschehen, weil wir auf den weißen Mann gehört haben. Jetzt sind wir weder Wölfe noch Hunde. Sitting Bull hatte recht.«

»Aber was hat das mit dem Mann zu tun, den wir mitgenommen haben«, forschte ich.

»Viele, die in Fort Yates wohnen, sind Nachkommen jener Polizisten, die Sitting Bull festnehmen wollten. Sitting Bulls Lager war in dieser Gegend. Der Agent schickte ihm die indianische Polizei auf den Hals. Sitting Bull und seine Leute waren nur gekommen, um den Geistertanz zu sehen. Der Agent hingegen verbot ihm die Teilnahme. Er befürchtete wohl, Sitting Bull würde Schwierigkeiten machen. Sitting Bull sollte nicht mehr gelten als ein verdammter Bauer, also schickte man ihm die indianische Polizei. Die Polizisten schossen ihm in den Kopf. Eine Bande von Feiglingen. Anschließend erschossen Sitting Bulls Leute die indianischen Polizisten – eine ganze Menge von ihnen. Man spricht einfach nicht davon, wenn man nicht weiß, wen man vor sich hat.«

»Nach hundert Jahren?« rief ich.

»Mit dem Bürgerkrieg ist es doch auch so für die Weißen im Süden. In einigen Städten, in denen etwas Bestimmtes passiert ist, spricht man gewisse Dinge besser nicht aus.«

Ich konnte nur den Kopf schütteln. »Sie nehmen einen Mann im Wagen mit und sprechen dann nicht mit ihm, weil er mit einem Polizisten verwandt sein könnte, der seit hundert Jahren tot ist?«

»Genau«, sagte Dan scharf. »Es interessiert mich nicht, ob Sie das verstehen oder nicht. Für Indianer spielt die Familie eine große Rolle. Ebenso die Sippe. Das hört nicht auf, nur weil jemand gestorben ist. Es schadet nichts, Achtung vor der Vergangenheit zu haben. Die Dinge sind nicht tot, nur weil sie weit zurück liegen.

Abgesehen davon sind wir nicht wie die Weißen, die jede verdammte Sekunde mit Geschwätz ausfüllen müssen.«

»In Ordnung, schon kapiert.« Ich wollte ihn nicht in weitere Erklärungen verwickeln und wandte mich an Grover. »Sagen Sie mal ehrlich, Grover. Finden Sie nicht auch, daß Dan überreagiert?«

Grover sah mich durch den Rückspiegel an. »Der Alte weiß von vielen Dingen. Ich nicht. Ich bin nur einmal in Fort Yates gewesen und habe ein Taco gegessen. Da gibt's einen von diesen Taco-John-Imbissen. Aber den Mund zu halten, kann nie schaden.«

Vor meinem inneren Auge entstand für einen Augenblick das Bild von Leuten, die schweigend bei Taco John's Schlange standen, dabei ihre Nachbarn argwöhnisch betrachteten und über vergangenes Unrecht nachgrübelten. Ich war versucht zu fragen, ob es dort vielleicht zwei Theken gab – eine für die Verwandten von Sitting Bull und eine für die der Polizisten –, fürchtete aber, dieser Scherz würde die Grenzen des guten Geschmacks überschreiten.

»Sie können das nicht verstehen, Nerburn.« Dan war immer noch in Fahrt. »Deshalb möchte ich Ihnen einiges erklären. Alle tun so, als seien sie mächtig stolz auf Sitting Bull. ›Er war der große Häuptling. Er hat Custer besiegt.‹ Jeder Indianer wird Ihnen das erzählen. Aber das ist die Geschichte für den weißen Mann. Unter dieser Oberfläche verbergen sich andere Erinnerungen. Besonders bei den Alten. Und wenn die Jungen es vergessen haben, täte es ihnen gut, sich zu erinnern. Das ist wichtiger als die Turnschuhmarke, die einer trägt.«

Ich enthielt mich eines Kommentars, aber Dan konnte die Sache nicht auf sich beruhen lassen.

»Wie starb denn Ihr Großvater?« wollte er wissen.

»Ich weiß es nicht genau. Er starb einfach. Sein Leben war hart, und er trank sehr viel.«

»Was wäre, wenn ihm jemand durch den Kopf geschossen hätte, weil er zur Kirche gehen wollte, und der Mörder hätte dafür auch noch einen Orden bekommen?«

»Es wäre ein Unrecht.«

»Wären Sie zornig?«

»Ja, über das Geschehene. Aber vermutlich nicht auf die Enkel des Mörders.«

»Indianer vergessen nicht so leicht.«

»Vergeben auch nicht«, murmelte ich.

Aber Dan hatte es gehört. »Das hat nichts mit Vergebung zu

tun, sondern mit unserer Ehre. Ich habe schon einmal versucht, Ihnen das zu erklären. Vergebung befreit, eröffnet die Möglichkeit, nur an sich selbst zu denken. Ehre hingegen macht stark. Sie bindet uns an die Vergangenheit. Sitting Bull lebt in den Herzen seines Volkes. Auf diese Weise ehren wir ihn. Diejenigen, die ihn für einen *Wasichu*-Orden nackt aus dem Bett gezerrt und durch den Kopf geschossen haben, ehren wir nicht.

Nach der Schießerei waren seine Leute gezwungen, nach Pine Ridge zu fliehen. Hier oben leben die Nachkommen der Polizisten, die ihn erschossen. *Blanket*-Indianer. Jetzt werden sie sentimental und schwärmen davon, wie groß Sitting Bull war, aber damals haben sie ihn für ein paar Lebensmittelrationen in den Kopf geschossen.«

Dans Erbitterung und die Art, wie in seiner Vorstellungswelt Vergangenheit und Gegenwart nahtlos zu einer durchgehenden Erfahrung verwoben waren, erstaunten mich. Er hatte recht; es war das gleiche mit dem Bürgerkrieg im Süden oder der Vichy-Regierung und der Resistance. Es gab Ströme, die zu tief unter der Oberfläche flossen, und Knochen, die man lieber nicht ausgraben sollte. Auch wenn seine Vorsicht vielleicht paranoid war, war sie zumindest aus seiner Perspektive nicht unsinnig.

Ich wandte mich nach rückwärts, um den Fremden noch einmal zu sehen. Er war nur noch eine winzige Gestalt und geriet außer Sichtweite, als wir abbogen. Er schritt immer noch mit seinem rhythmischen, schwingenden Gang die Straße entlang – genau in die Richtung, in die wir fuhren.

Kapitel 17

Von Herrschern und Anführern

Sitting Bulls Mahnmal war ein Obelisk auf einer Plattform, die das Missouri-Tal überblickte. Es hob sich in stolzer Einsamkeit gegen den wolkenlosen blauen Himmel ab. Der sonderbare klassische Stil, in dem es konzipiert war, tat jedoch seiner edlen Eigenständigkeit keinen Abbruch. Sie schien einem Mann angemessen, der sich allein den Angriffen einer Übermacht entgegengeworfen hatte.

Davor stand eine häßliche, schlecht gemachte Büste, die wie das Werk eines Oberschülers aussah. Ich vermutete, daß es sich um die Liebesgabe eines indianischen Autodidakten handelte, der auf seine bescheidene Weise an Sitting Bull erinnern wollte.

Da unerwünschte Bemerkungen von meiner Seite im Moment nicht besonders hoch im Kurs standen, hielt ich mich zurück. Ich versuchte den Rat zu beherzigen, den einer meiner Freunde seiner zehnjährigen, allzu gesprächigen Tochter gegeben hatte: »Du mußt nicht alles sofort sagen, was dir in den Kopf kommt.«

Grover und ich standen stumm vor dem Mahnmal, während Dan sich absonderte.

»Die ist von dem, der jetzt auch die Statue von Crazy Horse macht.« Grover deutete auf die Büste.

»Aus dem Berg?« fragte ich ungläubig.

»Genau, der Mann.«

Grover bezog sich auf einen polnischen Einwanderer namens

Ziolkowski, der dem indianischen Volk zu einem Andenken an ihren großen Führer verhelfen wollte, indem er ihn nach dem Vorbild der vier amerikanischen Präsidenten von Mount Rushmore aus einem Berg herausmeißelte. Als Autodidakt von eisernem Willen hatte er stolz begonnen, eine Statue von Crazy Horse auf seinem Pferd, die in die Richtung der heiligen Gebiete blickte, aus einem Berg der nördlichen Black Hills herauszuschlagen. Inzwischen war er gestorben, doch seine Söhne setzten das Werk fort. Eine noble Idee und ein gigantisches Projekt. Dennoch ließ mich der Gedanke an eine Skulptur von der Qualität der Büste und der Größe eines Berges erschauern.

Doch mir blieb nicht viel Zeit zur Kontemplation. Dan gesellte sich wieder zu uns.

»Wissen Sie, warum man diese Gedenkstätte errichtet hat?«

Ich verneinte.

»Nach Sitting Bulls Tod hatten die *Blanket*-Indianer so die Hosen voll, daß sie es nicht einmal wagten, eine anständige Beerdigung für ihn zu fordern. Die Soldaten legten ihn in eine Kiste aus Kiefernholz und warfen ihn in ein Loch. Nur in eine Decke eingewickelt. Ich habe sogar gehört, daß sie irgendein chemisches Zeug auf ihn streuten, um den Verwesungsprozeß zu beschleunigen. Ein Mann, der von seinem Volk geehrt werden sollte, und sie warfen Chemikalien in sein Grab, damit er schneller verfaulte!

Die getöteten Polizisten erhielten ein feierliches Begräbnis mit militärischen Ehren, bei dem alle *Blanket*-Indianer weinten und trauerten. Man begrub sie auf dem katholischen Friedhof. Dann wurde Sitting Bulls Leuten alles gestohlen, was sie hatten. Das waren die Ereignisse in Fort Yates.

Sitting Bulls Leute wollten ihn nicht dort liegen lassen. Sie wollten ihn an seinen Geburtsort bringen. Ich erinnere mich noch, wie ich als Junge davon gehört habe. Vor ein paar Jahren wurde dann beschlossen, einen Staudamm zu bauen und die ganze Gegend um Fort Yates zu fluten. Sitting Bulls Verwandte wollten die Überflutung seines Grabes nicht zulassen. Sie raubten seine Knochen und brachten sie fort – begruben ihn in seiner Erde und befreiten seinen Geist.«

Dan faßte in seine Tasche und nahm die Zigarette heraus, die der Fremde ihm geschenkt hatte. Er rollte sie zwischen den Fingern, bis der Tabak herausfiel, und plazierte kleine Tabakhäufchen an allen vier Seiten des Obelisks. Grover tat das gleiche. Dann hielten sie etwas davon gen Himmel, und der Wind trug den Tabak davon. Zum Schluß ließen sie ein paar Krümel zu Boden fallen.

Schweigend gingen wir zum Wagen zurück. Fatback lag im langen Schatten bei den Hinterreifen, den Kopf auf die Pfoten gelegt. Wir stiegen ein und fuhren wieder die kurvige Straße hinunter. Der Fremde war nirgends zu sehen.

Dan dachte angestrengt nach. Er murmelte vor sich hin. Dann sprach er.

»Eines müssen Sie wissen, Nerburn. Ich glaube, Sie haben das bis jetzt nicht verstanden. Sitting Bull war ein Anführer, ein wahrer Häuptling. Sein Volk folgte ihm, weil er Größe besaß. Er hat niemals eine Wahl gewonnen oder wurde von irgendeinem Regierungsmitglied ernannt. Das macht einen Mann nicht zum Anführer.«

»Was wiederum bedeutet, daß die Polizisten eigentlich gar keine echte Autorität hatten?«

»Richtig. Sie waren Polizisten, weil die Regierung sie dazu gemacht hatte. Sie hat ihnen Uniformen und einen Job gegeben. Das hatte nichts mit unserer Tradition zu tun, nach der eine Ehre verdient sein mußte.«

»Unglücklicherweise funktioniert unser System so«, sagte ich ohne Überzeugung.

»Es funktioniert ja auch nicht besonders gut«, sagte er. »Jedenfalls nicht bei Indianern. Wir hatten ein funktionierendes System, bevor die Weißen mit ihren Wahlen und Gesetzen kamen. Jetzt klappt nichts mehr. Man hätte uns in Ruhe lassen sollen.«

»Warum klappt es denn nicht?« Ich war neugierig auf Dans Vorstellungen von Herrschaft.

»Ach, das ist zu kompliziert zu erklären. Sie müßten mehr über die alten Zeiten wissen.«

»Versuchen Sie es doch. Es interessiert mich.«

Er seufzte resigniert und hob die Hände wie jemand, der das Gewicht zweier Gegenstände gegeneinander abwägt.

»Es gibt Anführer und Herrscher. Wir Indianer sind an Anführer gewöhnt. Wenn sie uns nicht gut führen, verlassen wir sie. Führen sie uns gut, bleiben wir bei ihnen.

Die Weißen haben das nie verstanden. Euer System macht Menschen per Gesetz zu Herrschern, auch wenn sie keine Anführer sind. Wir mußten eure Regeln übernehmen, weil ihr uns Verfassungen und Regierungen aufgezwungen habt. Aber das liegt uns nicht, und wir halten es auch nicht für richtig.

Wie kann ein Kalender bestimmen, wie lange eine Person unser Anführer bleiben wird? Das ist unsinnig. Ein Anführer bleibt ein Anführer, solange seine Leute ihm folgen und kein Besserer kommt.

In der Vergangenheit machten wir einen Krieger zu unserem Anführer, wenn wir einen Krieger brauchten. War der Krieg vorbei, und wir brauchten einen Heiler, wurde er unser Anführer. Manchmal brauchten wir auch einen großen Redner oder einen großen Denker.

Der Krieger wußte, wann seine Zeit vorbei war, und gab sich nicht über diese Zeit hinaus als Anführer aus. Er war stolz darauf, seinem Volk zu dienen, und wußte, wann es Zeit war, abzutreten. Trat er nicht von selbst beiseite, ließ das Volk ihn einfach stehen. Niemand konnte sich zum Anführer machen, ohne sein Volk auf die Weise zu führen, die es von ihm verlangte.

Aus diesem Grund war Sitting Bull Häuptling. Sein Volk brauchte ihn und folgte ihm. Er war tapfer. Er war klug. Er konnte kämpfen, wenn er mußte. Er durchschaute die Weißen. Sein Volk erkannte, daß der weiße Mann ihn nicht überlisten konnte, also folgte es ihm.

Deshalb war er der Regierung auch so verhaßt. Nicht nur, weil er Custer in die Falle gelockt hatte – das hätte jeder tun können –, sondern weil er ein geborener Anführer war und die Menschen auf ihn hörten. Und weil er sich nicht von der Regierung beeinflussen ließ. Doch den Anliegen seines Volkes gehorchte er.«

Ich nickte beifällig.

»Die Menschen konnten einen Häuptling auch ablehnen und einem anderen Weg folgen. Das geschah bei Gall*. Er kämpfte mit Sitting Bull und Crazy Horse gegen Custer. Dann beschloß er, mit den Weißen zu kooperieren, damit nicht alle Indianer getötet würden. Er ging seinen eigenen Weg. Meiner Meinung nach hatte er Unrecht, aber das war seine Entscheidung. Wenn genügend Leute beschlossen hätten, Sitting Bull nicht zu folgen, wäre er nicht mehr ihr Anführer gewesen. Doch sie folgten ihm, und so blieb er ihr Anführer.«

»Das klingt utopisch«, warf ich ein.

Dan schaute mich entgeistert an. »Perfekt«, erläuterte ich.

---

* Gall (1840–1894), Häuptling der Hunkpapa-Sioux, einer der genialsten indianischen Strategen, kämpfte auch am Little Big Horn mit Sitting Bull und begleitete diesen auf seinem Rückzug nach Kanada. Später ergab er sich jedoch und wurde Bauer. Er verunglimpfte Sitting Bull als Betrüger. 1889 wurde Gall zum Richter im Reservat Standing Rock ernannt. (A. d. Ü.)

»Nicht perfekt, aber es funktionierte. Es war eben der indianische Weg. Ein Mann wurde nicht durch Stimmen zum Häuptling, sondern weil Menschen ihm folgten. So war es auch mit den Lehrern.«

Das war wahrscheinlich auf mich gemünzt. Ich bildete mir ein, er dachte an meine Lehrtätigkeit in Red Lake, wo ich indianische Kinder unterrichtet hatte, obwohl ich zu beschränkt war, um zu begreifen, daß ein hundert Jahre zurückliegendes Ereignis immer noch den Umgang mit Fremden bestimmen sollte. »Auch Lehrer waren keine gewählten oder examinierten Personen. Sie waren Lehrer, weil sie etwas wußten und geachtet wurden. Reichte ihr Wissen nicht aus, waren sie keine Lehrer. Oder wenn ihr Wissen keinen Nutzen hatte, suchte niemand sie auf. Jetzt zwingt ihr uns, unsere Kinder zu von euch ernannten Lehrern zu schicken, auch wenn wir nicht einmal wissen, was deren Fähigkeiten sind. Wir sind nicht einmal sicher, ob es sich um gute Menschen handelt, die die Herzen unserer Kinder zum Wachsen bringen. Wir wissen nur, daß sie Lehrer sind, weil ihnen jemand ein Stück Papier ausgestellt hat, auf dem steht, daß sie gelernt haben, wie man lehrt. Können Sie mir folgen?«

»Ja.« Fast hätte ich hinzugefügt: »Besser, als Sie vermuten.«

»Wir möchten wissen, was für ein Mensch ein Lehrer ist und was er im Herzen hat. Uns mit einem Papier abzuspeisen, auf dem steht, daß einer Lehrer ist, ist wie eine verpackte Schachtel zu bekommen. Auch in einer schönen Verpackung bleibt eine leere Schachtel doch nur eine leere Schachtel.

Wir mögen es nicht, wenn sich jemand vor uns aufbaut und uns erklärt, was wir zu tun und zu lassen haben. Seien es Lehrer, seien es Regierungen. Wir bestimmen, wer unsere Anführer sind. Niemand kann sich selbst zum Anführer ernennen. Nicht einmal Gesetze könnten ihn dazu machen.

Die Polizisten, die Sitting Bull erschossen hatten, hatten

Angst. Sie waren wie kleine Kinder, die fürchteten, bestraft zu werden, wenn sie nicht taten, was ihnen die falschen Anführer befahlen. Sie glaubten, sie würden kein Essen mehr bekommen. Also gehorchten sie den falschen – den vom Gesetz ernannten – Anführern, obgleich sie das Unrecht erkannten.

Es wird oft erzählt, daß die Polizisten weinten, als sie Sitting Bull erschossen hatten. Sie hätten ihn eben nicht erschießen sollen, wenn sie es für Unrecht hielten. Sie hätten auf ihre wahren Anführer hören sollen, nicht auf die eingesetzten. Sie kannten den Unterschied zwischen Anführern und Herrschern nicht.«

Wie üblich hatte Dan seinen Weg durch die Berge und Täler seiner eigenen Logik gefunden und war an einem Ziel angelangt.

»Ich kann verstehen, daß die Leute Sitting Bull folgten«, sagte ich. »Aber er war ein Häuptling. Waren die Indianer nicht verpflichtet, einem Häuptling zu gehorchen?«

»Die Häuptlinge mußten sich die Achtung des Volkes verdienen. Zumindest war es so bei uns. Jemand konnte als Nachfolger seines Vaters Häuptling werden, entpuppte er sich jedoch als Feigling oder schlechter Mensch, entfernten sich seine Leute einfach von ihm. Dann war er nur noch sein eigener Häuptling. Um Häuptling zu sein, mußte ein Mann gleichzeitig auch ein Anführer sein. Das wurde auch häufig ein Problem hinsichtlich der Verträge. Meist wollten unsere echten Anführer nicht unterzeichnen. Aber die Regierung brauchte den Wisch, also suchte sie sich einen Indianer, der ihn unterschrieb, und erzählte ihm, er sei ein Anführer. Möglicherweise gehörte er sogar zu unserem Stamm, aber Häuptling war er nur, wenn wir ihn anerkannten. Er konnte ebensowenig die Papiere unterzeichnen, wie irgend jemand aus Ihrer Straße Ihr Haus verkaufen kann. Diese Männer waren falsche Häuptlinge. Sie waren von den Weißen und ihren Gesetzen ernannt, weil sie einen Indianer brauchten, der für alle sprach.

Doch kein wahrer indianischer Führer würde für alle sprechen, bevor er nicht alle gehört hat. Er würde den Ältestenrat oder den Rat der Häuptlinge einberufen. Das hing vom jeweiligen Stamm ab.

Alle wurden gehört. Jeder konnte das Wort ergreifen. Wenn jemandem die gefällte Entscheidung nicht gefiel, konnte er gehen. Traf der Häuptling eine Entscheidung, mit der viele nicht einverstanden waren, konnte ein neuer Häuptling berufen werden. Sie mußten nur ihre Tipis in der Nähe seines Zeltes aufbauen, schon war er der neue Anführer.

Ich wünschte, wir hätten diesen Brauch noch, nach dem die Weisesten zusammenkamen und sich berieten. Wenn innerhalb des Stammes eine Person mehr wußte als die anderen, wurde sie gewürdigt.

Doch nun zwingt ihr uns, anders zu handeln. Wir müssen einen Anführer wählen, der uns in allem vertritt. Er muß in jeder Hinsicht weise sein, denn er ist für alles verantwortlich. Selbst wenn er in einer bestimmten Angelegenheit nicht für uns sprechen soll, muß er es tun, weil es so in der Verfassung steht, die ihr uns aufgezwungen habt.

So sollte es nicht sein. Gute Anführer warten, bis man sie ruft, und geben ihre Macht ab, wenn sie nicht mehr gebraucht werden. Selbstsüchtige Männer denken zuerst an sich und klammern sich an die Macht, bis jemand sie fortjagt. Ein System, in dem selbstsüchtige Männer und Dummköpfe miteinander um die Macht ringen, während die Guten zuschauen, taugt nichts.

Ihr habt uns dieses System aufgezwungen. Deshalb haben wir jetzt eine Regierung, die ihrem Namen keine Ehre macht. Unsere Anführer haben keine Macht, und unsere Herrscher sind keine Anführer.

Darin lag Sitting Bulls Größe. Er herrschte nicht, er führte.«

Kapitel 18

Trunken von Jesus

Dan schien am Ende angelangt zu sein. Grover grunzte zustimmend und wühlte im Handschuhfach herum. »Haben Sie Streichhölzer?« fragte er.

»Nein, ich habe keine.«

»Ich muß mal eine rauchen.«

Dan kramte in seinen Taschen. »Fehlanzeige«, verkündete er.

»Donnerwetter!« fluchte Grover. »Der Indianer hat mir Lust auf eine Zigarette gemacht. Ich muß nach Mobridge reinfahren und Feuer und Zigaretten holen.«

Ich merkte, daß Dan von dieser Idee nicht sonderlich angetan war. Allmählich ging mir auf, daß er selten weiße Ortschaften besuchte und sich dort unwohl fühlte.

Die Sonne stand als flammend orangeroter Ball in unserem Rücken, während wir ins Missouri-Becken hinunterfuhren. Die Hügel verfärbten sich von Braun zu Gold, und die abendlichen Schatten streckten ihre langen Finger nach den Hügelketten aus. Auf der anderen Seite des Flusses schmiegte sich Mobridge wie ein Außenposten menschlicher Besiedlung ans Ufer. Dahinter schimmerte in der Ferne das fruchtbare Schwemmland in der Spätnachmittagssonne.

Die Unterschiede zwischen den beiden Uferlandschaften waren erstaunlich, sowohl in atmosphärischer als auch in geologischer Hinsicht. Das Gebiet auf der östlichen Seite war von einem

Gletscher aufgeworfen worden. Zentimeter für Zentimeter hatte es sich zu einem Land der Härte geformt. Wenn ein Mensch es bearbeitete, pflügte, mit ihm rang und ihm sein ganzes Leben opferte, gab es nach – Zentimeter um Zentimeter. Es war ein Land für Bauern und Arbeiter – kein Land für Träumer.

Westlich des Stroms warfen sich die goldenen Kämme der Missouri Breaks zu den poetisch-schwellenden Wogen eines riesigen, ausgetrockneten Meeres auf. Am Fluß hatte der Gletscher haltgemacht, und die Eigenheiten der Landschaft wirkten eher wie hingespült als eingegraben. Ihr Profil war voller Überraschungen und Tücken, Verstecke und welliger Weiten, die den Blick immer mehr in die Ferne lockten, dem Verlauf der Sonne folgend. Es war eher ein Land der Freiheit als der Mühsal, der Hoffnung als der Ausdauer. Mit einem Wort – der Westen.

Auch Dan und Grover waren empfänglich für dieses Gefühl. »Die andere Seite sieht auch tatsächlich anders aus«, bemerkte Grover, als wir uns der Fertigteilbrücke über den Missouri näherten. Ich erzählte den beiden von dem Gletscher und wie die Eismassen am Missouri zum Stehen gekommen waren.

»Das ist ja interessant.« Grover meinte es offensichtlich ernst. »Anscheinend sind Sie doch zu was zu gebrauchen.«

Ich lächelte schwach. Von Anfang an war alles, was ich dachte oder wußte, abgewertet worden. Wer ich war, woher ich kam und wie ich die Welt sah, war von keinerlei Interesse. Ich hatte das Gefühl, ein Niemand zu sein. Neben meinen Bemühungen, Dan zum Sprechen und zum Lachen zu bringen, hatte ich versucht, mich möglichst unauffällig zu verhalten. Grovers beiläufiges Lob erfüllte mich mit einem kleinen Stolz.

Mir kam der Gedanke, daß die meisten Indianer dieses Gefühl der Unbedeutendheit und Wertlosigkeit in der Gesellschaft von Weißen permanent verspürten. Sich angenehm oder eben unsichtbar zu machen war das Beste, das man sich erhoffen konnte. Die eigenen Fähigkeiten spielten dabei kaum eine Rolle, da sie irrelevant waren. In unserem augenblicklichen kulturellen Klima zählten Indianer nur als potentielle Produzenten naturverbundener, ökologischer Weisheiten. Ich konnte verstehen, daß Dan lieber als Trunkenbold gelten wollte denn als weiser Mann. Als Trunkenbold gesehen zu werden bedeutete zumindest, überhaupt gesehen zu werden, während das Image des weisen Indianers ihn zu einer Projektion bleichgesichtiger Phantasien reduzierte.

Dan runzelte die Stirn, als wir uns Mobridge näherten. Er schüttelte den Kopf mit kleinen ärgerlichen Bewegungen. Wie aus der Erde gestampft, säumten jetzt Reklametafeln, die verschiedene Dienstleistungen anpriesen, die Straßen. Ihre aufdringliche Präsenz wirkte wie ein Affront gegen die windgepeitschte Landschaft.

Ein Schild kündigte das *Mobridge Indian Bible College* an. »Schauen Sie mal da.« Dan deutete mit dem Finger darauf.

»Was ist das?« fragte ich.

»Dort machen sie aus Indianern Missionare. Das ist genauso schlimm wie die alten Internate.«

»Sie haben wohl nicht viel fürs Christentum übrig?«

»Das stimmt eigentlich nicht«, erwiderte er. »Jesus gefällt mir. Schon als ich als kleiner Junge von ihm hörte, mochte ich ihn. Er war *Wakan*. Eigentlich hätte er als Indianer geboren werden sollen.«

Diese Ansicht hatte ich schon von anderen gehört.

»Er besaß nichts. Er schlief im Freien und auf der Erde. Er zog herum. Er teilte alles, was er hatte, mit anderen. Er nannte sogar den Großen Geist seinen Vater. Er war genau wie ein Indianer.«

Ich liebte ihn. Ich liebe ihn noch und spreche zu ihm, wie ich es von den Priestern und Schwestern gelernt habe. Sie waren gütige Menschen.

Doch was die Kirchen meinem Volk angetan haben, kann ich nicht gutheißen. Es bedrückt mich, Indianer vor Kreuzen stehen zu sehen. Sie sind so gute Menschen, und ihr Glaube ist stark. Warum halten sie nichts mehr von unserem alten Glauben? Warum hat man ihn uns genommen? Die Alten sollten nicht Jesus um Hilfe anflehen müssen.«

Er drehte sich ein wenig herum, um meine Reaktion zu sehen. Ich zeigte keine.

»Wahrscheinlich ist es gut, daß Jesus kein Indianer war. Die US-Regierung hätte ihn verfolgt und getötet wie Crazy Horse und Sitting Bull. Ein toter Indianer mehr.«

Dan starrte hinaus auf die weite, träge dahinfließende Fläche des Missouri. Ich konnte sein Spiegelbild in der Scheibe beobachten. Seine sonst gelassenen Züge waren schmerzerfüllt.

»Wissen Sie, warum Sitting Bull hier oben in den Hügeln lagerte?«

»Nein.«

»Er wollte herausfinden, ob der Messias käme. Haben Sie schon einmal vom ›Geistertanz‹ gehört?«

»Ja.«

»Sitting Bull wollte etwas über den Geistertanz erfahren. Aus diesem Grund hatte er Fort Yates verlassen und war hierher gezogen. Er wolle ›das Gebet kennenlernen‹, sagte er, und erfahren, ob es seinem Volk von Nutzen sein könnte.

Der Geistertanz hatte mit Jesus zu tun, ganz gleich, was die Weißen in ihren Büchern darüber schreiben. Im Westen lebte ein Mann, ein Paiute namens Wovoka, der behauptete, gestorben und dem *Wanekia* begegnet zu sein.«

»Dem *Wanekia*?«

»Dem Messias«, erläuterte Dan. »Ich weiß es nicht. Ich habe

verschiedene Versionen gehört. Auch daß dieser Wovoka behauptete, er selbst sei der *Wanekia,* oder daß er nur ein Bote sei, der den Messias ankündige. Das ist eigentlich auch unwichtig. Wichtig ist, daß alle glaubten, der Messias würde zurückkehren, so wie es die Missionare gelehrt hatten. Diesmal würde er jedoch zu uns Indianern kommen, weil die Weißen ihn beim erstenmal getötet hätten.

Die weißen Bücher schreiben, Wovoka sei verrückt gewesen, genau wie alle Indianer, die ihm gefolgt seien. Aber ich sage Ihnen: Die Indianer waren gar nicht im Bann des Mannes Wovoka. Sein Name war ihnen gleichgültig. Sie suchten nach einem Mann, den sie an seinen Wunden in den Händen und an der Seite erkennen konnten. Die Indianer suchten Jesus. Vielleicht hatte er einen neuen Namen, aber er war dennoch Jesus. Die Indianer waren aufgeregt, denn sie liebten Jesus und wollten ihn anders und besser aufnehmen, als die Weißen es getan hatten.«

Seine Stimme. klang weich und wie aus weiter Ferne.

»Sie würden ihn nicht ans Kreuz schlagen, sondern ihm ein Fest, viele Feste bereiten. Sie würden ihn ehren. Deshalb tanzten sie. Wovoka hatte ihnen verkündet, sie müßten tanzen, dann würden sie erlöst.

Sitting Bull wollte diesen Messias selbst sehen und herausfinden, ob sein Tanz *Wakan* war.

Die Menschen waren erregt. Sie hatten nie geglaubt, daß der Große Geist sie dem Hungertod oder den Waffen der Weißen preisgeben würde. Sie wünschten sich, Jesus würde ihnen zu Hilfe kommen. Sie glaubten an die Lehre der Weißen.«

Dan war inzwischen fast völlig in die Welt seiner eigenen Gedanken eingetaucht. Er starrte blicklos aus dem Fenster.

»Doch die Regierung war erzürnt. Zuerst hatte man uns getötet, weil wir nicht an Jesus glaubten. Nun tötete man uns, weil wir es taten. Viele Männer und Frauen kamen um. Sie waren so voller Hoffnung, und ihr Glaube an das, was die Weißen gelehrt hatten, war stärker als der Glaube der Weißen selbst.«

Wäre es seinem Wesen nicht so fremd gewesen, hätte Dan jetzt wohl geweint.

»Aber die Regierung war voller Zorn. Die Indianer hatten wieder Hoffnung geschöpft, und Hoffnung erweckt zu neuem Leben. Bis dahin waren unsere Herzen wie tot gewesen. Als die Regierung erkannte, daß wir zu neuem Leben erwachten, mußte sie uns töten. Wir durften keine Hoffnungen haben. Hoffnungen würden uns zum Träumen verleiten. Das durfte nicht sein.

Sie nannten es Wahn oder Hysterie. So stand es in den Zeitungen. Doch wissen Sie, was nie erwähnt wurde? Daß viele Weiße Angst hatten, wir könnten recht haben. Auch sie glaubten an Jesus und fürchteten, er würde zurückkehren, jedoch nicht zu ihnen, sondern um unseretwillen.

Im Grunde waren die Weißen sich der Tatsache bewußt, daß sie nach Reichtum gierten und kein gottgefälliges Leben führten. Also dachten sie sich Ausreden aus. Aber unser Leben hielt ihnen das Leben vor Augen, das Jesus sie gelehrt hatte. Wir entlarvten ihre Ausreden.

Sie hatten uns getötet und aus unseren Gebieten vertrieben, um reich zu werden. Ihre Herzen sagten ihnen, daß ihr Tun schlecht war. Sie fürchteten, wir könnten im Recht sein. Sie fürchteten, Jesus würde uns zu Hilfe kommen.«

Mir war, als beobachtete ich die Wirbel und Strömungen eines nächtlichen Meeres. Dunkler Zorn stieg in ihm auf, verging, erhob sich wieder, um von einer großen Woge der Trauer überspült zu werden.

»Das war unser Verbrechen. Unser Glaube war zu stark – so stark, daß der weiße Mann sich zu fürchten begann. Dabei tanzten wir nur. Wir hofften, der Geistertanz würde uns die

220

Büffel zurückbringen. Wir würden unseren Ahnen begegnen und wieder auf die althergebrachte Weise leben können.

Unser Volk tanzte immer weiter. Es gab kein Halten mehr. Die Menschen bildeten einen Kreis und tanzten, bis sie sich nicht mehr aufrecht halten konnten. Manche hatten Visionen – *Wakan* –, der Geist war nah.

Die Weißen verzweifelten. Verkehrte Welt. Die Indianer waren schon geschlagen und schöpften dennoch wieder Mut. Man hatte uns auseinandergerissen und in getrennten Reservaten untergebracht, doch nun vereinten wir uns wieder im Tanz. Einige der jungen Männer wurden kühn. Sie sagten, der Messias würde uns helfen, unsere Gebiete zurückzuerobern, und machten sich kampfbereit.

Wir waren trunken. Trunken vom Glauben an Jesus.«

Er hielt inne und holte tief Luft – ein Mann, bemüht, seiner Gedanken Herr zu werden.

»Wir machten Jesus zu einem der Unsrigen. Wir nahmen ihn in unsere Herzen auf. Was war daran so falsch? Das einzige, das ihr uns je gegeben habt, war Jesus, und als wir ihn annahmen, war es euch nicht recht.«

Er verfiel in Schweigen. Diesmal war es kein gelassenes, friedliches Schweigen, sondern eine dumpfe Wortlosigkeit, die zäh und finster dahinströmte wie der angeschwollene Missouri vor dem Fenster. Der ganze Wagen war wie verdüstert. Sogar Fatback blickte schuldbewußt drein. Grover starrte verkrampft auf die Straße vor uns.

»Nicht einmal die Hoffnung konntet ihr uns lassen. Es gibt keine Armeen, die uns befreien, keine Regierungen, die uns unterstützen könnten. Unser Ruf bleibt ungehört. Unser Hunger bleibt ungestillt. Alles, was uns bleibt, ist Hoffnung. Doch wenn ihr diese Hoffnung seht, tötet ihr auch sie.«

Zu unserer Linken tauchte das Bibel-College auf. Es bestand

aus langen Ziegelgebäuden, in denen wahrscheinlich die Schlaf-
säle waren, umgeben von turmhohen Eichen und Pappeln.
Insgesamt wirkte es wie eine ehemalige Garnison. Ich fragte
mich, was die Studenten in diesen Räumlichkeiten vom Geistertanz hielten.

Dans Worte verblaßten wie die letzten Schimmer des Tages.
»Wir glaubten zu stark. Wir verehrten Jesus und machten ihn
zu unserem Anführer. Das gefiel euch nicht. Als wir uns versam-
melten, um seine Ankunft zu erwarten, habt ihr uns getötet. Alle
Frauen. Alle Kinder. So viel Hoffnung – tot. Alles tot.«

Die grellen Leuchtreklamen von Spirituosenläden und Restaurants begrüßten uns, als wir in die Hauptdurchgangs-
straße von Mobridge einbogen. Die Ortschaft lag in der Dämmerung. Dan war mürrisch und still.

Grover machte an einem Supermarkt halt und verschwand
im grellweißen Licht. Sein Gang war steif, er wirkte klein und
fehl am Platz – ein alter Indianer in Cowboyhemd und Stiefeln,
hinkend, auf dem Weg zum abgepackten Überfluß der amerikanischen Wohlstandsgesellschaft.

»Ich lasse Fatback mal raus«, sagte ich zu Dan. Er winkte mir
geistesabwesend zu. Sein Kinn ruhte schwer in seiner rechten
Hand. Der Blick war ruhig und nach innen gerichtet.

Fatback raste zum Ende des Parkplatzes. Ein paar Schritte
weiter pinkelte sie an den Reifen eines kleinen Lasters. Zwei
ältere Frauen auf dem Weg über den Parkplatz verlangsamten
ihre Schritte und sahen mich mißbilligend an.

»Der Hund meiner Mutter«, erklärte ich. Sie lächelten und
gingen weiter. Fatback heftete ihre Nase an den Boden und
verschwand mit unbekanntem Ziel. Aus den Augenwinkeln sah
ich Dan blicklos in die violette Dämmerung starren.

Ich ging in die Richtung, in die Fatback verschwunden war. Ein dumpfer Flußgeruch drang mir faulig und schwer in die Nase.

Eine Welle von Heimweh durchflutete mich, verursacht durch die Überquerung des Missouri in Richtung Heimat. Dans Heiterkeit und sein Zorn waren einer starken geistigen Erschöpfung gewichen. Mit seinem langen, strähnigen Haar sah er jetzt wie ein uralter Mann aus, stur und doch gebrochen, ohne Zuversicht, bar aller Hoffnung. Er war müde. Wir alle waren müde nach diesem langen Tag.

Fatback erschien wieder, eine fettige weiße Fast-foodtüte hinter sich herzerrend. »Gib's auf, Fatback«, sagte ich. Mit ihrer Beute im Maul kroch sie daraufhin unter einen Busch am Rande des Parkplatzes. Durch die Scheiben des Supermarkts konnte ich erkennen, wie Grover einen Einkaufswagen zur Kasse schob.

Ich hatte das Gefühl, nicht mehr lange durchhalten zu können.

Kapitel 19

Bedrängt

Die Berge hoben sich wie Scherenschnitte gegen den langsam dunkler werdenden Himmel ab, als wir zurück über die Brücke fuhren nach Westen, der kommenden Nacht entgegen. Innerhalb weniger Minuten gehörte Mobridge der Vergangenheit an. Der Vollmond überflutete die Hügel mit seinem silbernen Licht, während die Täler im violetten Schatten lagen – eine Landschaft, wie von Riesen gemalt.

»Wir haben noch eine ziemlich weite Strecke vor uns«, kündigte Grover an. Dan rauchte schweigend.

»Wie weit?« fragte ich.

»Ein oder zwei Stunden.«

»Auf Straßen?«

Grover lachte. »Bis auf das letzte Stück.«

Strommasten säumten wie stumme Kruzifixe die Straße. Die einzige Bewegung im Wagen wurde vom Tachometer verursacht, der seine steten Kreise entlang der gespenstisch wirkenden Leuchtziffern zog.

Dans Stimmung hatte sich nicht gebessert. Sein Geist war noch nicht wieder aus den finsteren Abgründen aufgetaucht, in die er gestürzt war, während er über Sitting Bull und den Geistertanz sprach. Ich empfand das Bedürfnis, mit ihm in Kontakt zu treten. Doch irgend etwas ließ mich zurückschrecken. Worte schienen mir zu sehr der Weg des weißen Mannes

224

zu sein; eine Berührung wäre vielleicht zu vertraulich gewesen, ein Scherz unangebracht, und eine oberflächliche Konversation kam schon gar nicht in Betracht.

Am Straßenrand glühten flüchtig die Augen einer Katze auf.

Ich beschloß, einen unumwundenen, aber behutsamen Versuch zu machen – den einzigen Weg, den ich kannte.

»Dan?«

Er wandte sich kaum merklich in meine Richtung.

»Darf ich etwas sagen?«

»Warum nicht?« antwortete er tonlos.

»Ich weiß nicht, wie ich es sagen soll, es kommt mir dumm vor.« Ich rang nach Worten. »Ich verabscheue das, was Ihrem Volk angetan wurde, aus tiefster Seele. Wir haben ein Verbrechen begangen, daß nicht wiedergutzumachen ist.«

»Das stimmt.«

»Ich weiß. Aber ich habe es nicht begangen. Selbst wenn meine eigenen Großeltern daran beteiligt waren – wenn Blut an ihren Händen kleben sollte –, kann ich es nicht wiedergutmachen.«

»Ich weiß.«

»Was ist die Lösung?«

»Es gibt keine«, erwiderte er schlicht.

»Aber was sollen wir dann tun?«

Rauch schwebte um seinen Kopf wie ein Heiligenschein. Ich hörte, wie er an seiner Zigarette sog, während wir durch die Dunkelheit fuhren.

»Ich wünschte, ich wüßte es. Wissen Sie, was mit meinem Volk geschehen ist? Man hat es entzweit. Sitting Bull war im Streit mit Gall darüber, ob wir dem weißen Mann nachgeben sollten oder nicht. Junge Leute treten der *American Indians Movement* bei und wollen wieder Krieger sein. Wichtigtuerische Stammeshäuptlinge führen sich wie weiße Bosse auf. Niemand weiß, was zu tun ist.

Einige von unseren Leute versuchen, Weiße zu werden. Andere hassen alles, was mit den Weißen zusammenhängt. Wieder andere bemühen sich, beides zu sein. Einige nehmen sogar die alten Bräuche wieder auf, so als ob nichts geschehen wäre.

Alle strengen sich an, doch eine Lösung gibt es nicht. Jede Generation kämpft ihren eigenen Kampf. Vielleicht müssen wir alles einfach dem Großen Geist überlassen.«

»Aber genau das ist geschehen«, wandte ich ein. »Schauen Sie, wohin es geführt hat.«

»Unsere Zeiteinteilung gilt nicht für den Großen Geist. Der Brunnen ist bereits vergiftet. Wut und Verzweiflung haben das getan. Wer weiß, vielleicht müssen wir warten, bis die Wasser wieder rein sind.«

Ich wollte ihn unterbrechen, doch er hieß mich schweigen.

»Zum Teufel, Nerburn. Ich weiß es doch auch nicht«, schimpfte er. »Ich bin alt. Ich weiß nur das, was ich sehe. Die Jungen müssen entscheiden, ob und wie sie kämpfen wollen.«

Dabei konnte ich es nicht bewenden lassen. »Aber deshalb schreiben wir doch das Buch«, beharrte ich. »Ich dachte, Sie wollten Ihr Wissen weitergeben.«

»Im Augenblick bin ich erschöpft. Mein Geist ist müde geworden. Die Jungen sollten unsere Sprache lernen und die Alten ehren. Sich bemühen, als Indianer zu leben. Das ist alles. Ich habe gesprochen.«

Er konzentrierte sich wieder auf seine Zigarette. Mit dem Rauch drang ein verhängnisvolles Röcheln aus seiner Brust.

Ein Schatten huschte vor uns über die Straße.

»Was war das?« fragte ich Grover.

»Ein Kaninchen oder ein Fuchs. Hab' nicht drauf geachtet.«

Dan sprach wieder. »*Wasichu* sollten dem Kaninchen lauschen. Es versteht, sich ruhig zu verhalten, und ist bescheiden. *Wasichu* kennen keine Bescheidenheit.«

226

Ich fühlte mich immer unbehaglicher. Dans düstere Stimmung beherrschte den Wagen. Die silbrige Landschaft draußen wirkte irgendwie übernatürlich. Ich war willig, mir alles anzuhören, wenn wir nur nicht schweigend dahinfuhren.

»Sprechen Sie mit mir, Dan«, bat ich.

Er stöhnte. Sein Geist wurde von Dämonen gehetzt.

»Sie geben aber auch nie Ruhe. Wissen Sie überhaupt, wie Sie mich bedrängen?« Der distanzierte Ton in seiner Stimme verunsicherte mich, so daß ich nicht wußte, ob er tatsächlich zu mir sprach oder zu einem Abstraktum. Seine Worte klangen abwesend, hohl und emotionslos.

»Vor der Ankunft des weißen Mannes waren unsere Herzen und Körper frei. Wir gingen, wohin wir wollten. Wir dachten, was wir wollten. Das Land stand zu unserer freien Verfügung. Doch in dem Augenblick, als ihr diese Erde betratet, habt ihr begonnen, uns zu bedrängen. Seit damals hat das Drängen nie ein Ende gefunden.«

Ich verhielt mich abwartend, denn ich wollte, daß er weitersprach. »Ich weiß«, sagte ich. »Ich möchte davon hören.«

Er seufzte. »Wir wurden vorsichtig und argwöhnisch. Wir hatten nie die Macht, euch Widerstand zu leisten. Unsere weisen Männer haben das gleich erkannt, und die Jungen fanden es bald heraus. Wir konnten uns eurer Kraft nicht entgegenstellen und mußten einen anderen Weg finden, um zu überleben.«

Er verfiel in Lakota und dann wieder ins Englische.

»Wir entdeckten den Weg der Klugheit. Klugheit, getarnt durch Schweigen. Wir beobachteten und belauschten euch, bis wir wußten, was ihr wirklich vorhattet. Danach zogen wir uns noch mehr zurück. Erst wenn wir eine erfolgversprechende Möglichkeit sahen, zurückzuschlagen, taten wir es. Wenn nicht, zogen wir uns immer weiter zurück.«

Er starrte in die Nacht hinaus. »Die Schwierigkeit bestand

darin, daß es nicht genügend Platz für einen unbegrenzten Rückzug gab. Wohin wir auch zogen, wir wurden gejagt. Wir hörten und witterten euch kommen. Noch bevor ihr überhaupt etwas von unserer Gegenwart ahntet, war uns euer Kommen längst bekannt. Die Tiere kündigten euch an. Wir sahen es in ihren Augen und hörten es an ihren Stimmen. Wir erkannten es an ihrer schwindenden Zahl und ihrem veränderten Verhalten.«

Wieder verfiel er in Schweigen. Er nahm eine neue Zigarette aus dem Päckchen auf dem Armaturenbrett und klopfte damit auf seinen Handrücken.

»Wir haben es immer verstanden, Zeichen zu deuten. Auch heute noch. Ihr kommt vielleicht nicht mehr mit Gewehren und Krankheiten, aber ihr kommt. Statt Alkohol und Tabak bringt ihr jetzt Geld. Ihr wollt kein Land mehr von uns. Ihr wollt das, was auf der Erde und unter der Erde wächst. Ihr wollt unsere Mineralien, unsere Wälder. Und ihr wollt nukleare Abfälle vergraben.

Ha!« brach es plötzlich aus ihm heraus, als wären seine Worte nur die Spitze seiner Gedanken.

»Wir haben gelernt, listig zu sein. Wir wissen jetzt, daß das einzige, vor dem ihr euch fürchtet, Rechtsanwälte sind, weil sie eure Gesetze verdrehen können. Einst, vor langer Zeit, haben wir an die Macht eurer Gesetze geglaubt, bis wir erkannten, daß ihr selbst nicht daran glaubtet. Die Gesetze dienten nur dazu, um euch zu verschaffen, was ihr wolltet, oder andere davon abzuhalten, sich anzueignen, was ihr besaßt. Eure Gesetze galten niemals für Menschen wie uns.

Wir unterzeichneten Vertrag um Vertrag und erhielten Versprechen um Versprechen. Was hat uns das eingebracht? Nichts. Es hat uns nur eingelullt, so daß wir euch blind vertrauten. Während wir schliefen, gelang es euch, die Gesetze so hinzubiegen, daß sie euch alles zusprachen, was ihr wolltet.

Jetzt schenken wir euren Gesetzen kein Vertrauen mehr, bedienen uns aber eurer Rechtsanwälte. Für Geld beugen sie euer Recht in unserem Sinn, ebenso wie sie es für euch gebeugt haben. Wir haben Geld. Das machen wir uns jetzt zunutze.«

Sein momentaner Optimismus wich sogleich wieder einer grüblerischen Düsterkeit. Er führte ein Streitgespräch mit sich selbst.

»Aber wenn wir uns auf irgendeinem Gebiet als zu geschickt erweisen, findet ihr stets einen Weg, um uns aufzuhalten. Jedesmal. Ihr hört niemals auf, uns zu bedrängen.«

Seine Stimme war wieder lauter geworden, und er wandte sich mir zu, als könne schon allein mein Verständnis etwas bewirken.

»Ich wünschte, die Weißen würden einfach einmal aufhören, uns zu bedrängen, und alles überdenken. Ihr wißt ja überhaupt nicht, warum ihr das tut. Ihr macht es einfach.

Ihr drängt nach Reichtum. Ihr drängt nach mehr Besitz. Kolumbus stellte sich gegen die ganze Welt, nur um zu sehen, was passieren würde.

Früher glaubte ich, ihr wärt habgierig. Das denke ich heute nicht mehr. Das Drängen ist einfach Teil eures Wesens und Handelns, ebenso wie es Teil unseres Wesens und Handelns ist, der Erde zu lauschen. Ihr Volk tut mir leid. Es ist wahrscheinlich nicht sehr glücklich. Aber wir können euch nicht trauen, weil ihr uns immer bedrängen werdet.

Mein Volk hat sich gut gehalten. Ihr habt uns alles genommen, doch wir haben überlebt. Fünfhundert Jahre lang habt ihr uns bedrängt, und wir haben überlebt. Wir werden auch weitere fünfhundert Jahre überleben.

Wir werden tun, was zu tun ist, auch wenn es uns schmerzt. Ihr habt uns vorsichtig und mißtrauisch gemacht, obwohl wir nie so sein wollten. Vielleicht werden sich die Dinge eines

Tages ändern, auch wenn ich das nicht glaube. Nein, wirklich nicht.«

Mein Unbehagen war beinahe unerträglich geworden. Er hatte die Verallgemeinerung vorgenommen, vor der ich mich am meisten gefürchtet hatte – ich stand für alle Weißen, er für alle Indianer. Das ging zu weit, aber das wußte er selbst. Erschöpfung, Zorn und Schmerz trübten seinen Blick. Seine Gedanken hatten eine gefährliche Richtung eingeschlagen – gefährlich für uns beide.

Grover, der stets Wachsame, spürte die Spannung. Er fuhr an den Rand der Straße und schaltete den Motor aus. Dunkelheit umfing uns. Dan sang etwas auf Lakota. Er stieg aus und entfernte sich ein paar Schritte von der Straße. Er sang lauter.

»Was singt er?« fragte ich Grover.

»Er tut das manchmal, wenn er die Nähe der Alten spürt. Es ist ein Gesang, den er als Junge gelernt hat. Er stammt von Red Cloud* und geht etwa so: ›Die Schatten liegen lang und dunkel vor mir. Bald werde ich mich niederlegen und nicht mehr aufstehen.‹ Jetzt spricht er von der Sonne und davon, daß er ihr immer treu bleiben wird.«

Mit unsicherem Gang entfernte sich Dan. Ich bemühte mich, nicht besorgt zu klingen.

»Wo geht er hin? Habe ich etwas falsch gemacht?«

Meine Stimme klang hoch und weinerlich.

»Kein Grund zur Sorge. Er ist alt und der anderen Seite nah. Manchmal wirft er eben einen Blick hinüber. Das ist ganz normal.« Grover griff in die Einkaufstüte auf dem Beifahrersitz und nahm einen kleinen Kuchen heraus. »Möchten Sie ein Stück?«

---

* Red Cloud (1822–1909), berühmter Häuptling der Oglala-Teton-Sioux. Mit 2000 Kriegern verhinderte er 1862 den Bau einer Straße von Fort Laramie zu den Goldfeldern in Montana. Er gilt als großer Redner. (A. d. Ü.)

Dan hatte eine Böschung erklommen und stand jetzt mit ausgebreiteten Armen da. Im Mondlicht glich er einem Geist.

»Nein«, wehrte ich ab. Es klang fast wie ein Schrei.

Grover zuckte die Achseln und riß die Verpackung auf. »Apfelkuchen.« Bei dem Geräusch richtete Fatback sich auf und saß da wie eine Sphinx.

»Hier, alter Hund«. Grover brach ein Stück vom Rand ab und hielt es ihr hin. Gierig riß Fatback es ihm aus der Hand und verschlang es laut schmatzend.

»Sehen Sie die großen Löcher dort? Die Alten erzählen, sie stammen vom Tanz der Büffel.«

Dan ging weiter in die Landschaft hinein.

Fatback bettelte um mehr Kuchen. Grover warf ihr über die Schulter einen Brocken hin. Die alte Hündin schnappte danach, aber er fiel zu Boden und rollte unter den Sitz. Fatback stürzte kopfüber hinterher, wobei sie mich mit der Pfote kratzte.

»Wissen Sie, Nerburn«, sagte Grover unvermittelt, »der Alte hat Sie sehr gern.«

»Aha.«

»Er zeigt und erklärt Ihnen so manches.«

Darauf gab es keine vernünftige Antwort. »Ich weiß«, sagte ich daher.

Er strich sich über den Bürstenschnitt. »Meinen Sie, Sie können das Buch schreiben?«

Fatbacks Kopf war unter dem Sitz eingeklemmt.

»Ja, wahrscheinlich. Ich weiß nicht genau.«

»Was glauben Sie, wie viele Seiten es werden?«

Was sollte ich darauf antworten? Dan war in der Landschaft verschwunden; Fatback riß in der Bemühung, ihren Kopf zu befreien, verzweifelt am Teppich. Der Himmel zerbarst in ein Feuerwerk von Sternen.

»Wissen Sie, was die Alten noch sagten?« fragte Grover. »Es

gäbe einen Stern, der sich nicht bewegt. Alle anderen Sterne wandern im Kreis um diesen einen herum. Sie tanzen um ihn. Doch vor den Sternen muß man sich in acht nehmen. Sie fürchten die Sonne.«

Die Büffeltanz-Vertiefungen waren von geisterhaftem Licht erfüllt. Fatback hatte ihr Stück Kuchen ergattert und kroch wieder auf den Sitz.

Nervös ließ ich meinen Blick über die Landschaft gleiten. Wir waren allein auf einem einsamen Ozean.

»Sie rauchen nicht?«

»Ich? Nein.«

»Mir ist aufgefallen, daß Sie die Zigarette von dem Indianer abgelehnt haben.«

»Ich rauche nicht, auch früher nicht. Es schmeckt mir irgendwie nicht.«

Grover zündete ein Streichholz an und hielt es in die Höhe. »Ich wünschte, der Zigarettenanzünder ginge, aber er ist seit Jahren kaputt.« Er steckte sich eine Zigarette an und lehnte sich zurück. »Das ist der einzige Nachteil an Buicks. Nach der Marine hatte ich einen Roadmaster – Jahrgang '55, glaube ich. Unverwüstlich. Einmal habe ich sogar eine Dichtung aus Pappe für das Auspuffrohr gemacht und bin dann jahrelang so rumgefahren. Aber der Zigarettenanzünder ging nie. Hatten Sie schon mal einen Buick, Nerburn?«

Eine Sternschnuppe schoß über den Himmel. Die Schatten verdichteten sich und wanderten.

»Scheiße noch mal, Grover«, platzte es aus mir heraus. »Haben Sie keine anderen Sorgen als Ihre Buicks? Er ist achtzig Jahre alt und fast blind!«

»Es gibt nicht nur eine Art zu sehen«, entgegnete Grover phlegmatisch. Er lehnte sich mit dem Rücken gegen die Tür. »Der Alte tut, was er tut. Tag und Nacht sind eins für ihn. Lassen

232

Sie ihn nur.« Er nahm einen tiefen Zug und blies den Rauch gegen die Decke.

Jenseits der Hügel war das Motorengeräusch eines anderen Wagens zu hören. Kurz darauf leuchteten seine Scheinwerfer in der Ferne auf. Er kam mit unheimlicher Geschwindigkeit auf uns zu und brauste ohne Gruß an uns vorüber. Das monotone Brummen durchschnitt die Nacht wie ein Messer.

»Was macht er da draußen?« fragte ich.

»Er spricht zu den Alten.« Grover suchte in der Tüte nach etwas zu trinken. »Er kommt gleich wieder.«

»Und wenn ihm etwas geschieht?«

»Natürlich geschieht ihm etwas.«

»Ich meine, wenn er stürzt oder sich verletzt.«

»Dann ist es besser, es geschieht so als in einem Krankenhaus. Aber es wird ihm nichts passieren. Dazu ist er nicht da draußen.«

Irgend etwas rauschte am dunklen Himmel an uns vorbei.

»Ein Bussard«, erklärte Grover. »Er beobachtet den Alten für *Yanpa,* den Ostwind.« Er schraubte eine Flasche Eistee auf. Ein heißer Windstoß rüttelte am Wagen.

»Sehen Sie, wie ich gesagt habe.« Weit entfernt auf einer Böschung entdeckte ich die Bewegungen einer winzigen Gestalt. Grover nahm einen großen Schluck Eistee und setzte sich dann wieder gerade. Schritt für Schritt bewegte sich die kleine Gestalt auf den Wagen zu, ohne auch nur einmal zu taumeln oder innezuhalten.

»Zäher alter Kerl«, bemerkte Grover.

Dan näherte sich durch das kurze, trockene Gras. Er ging mit ausgestreckten Armen, die Handflächen nach unten, wie jemand, der auf Steinen über einen Bach balanciert. Etwa sechs Meter vom Wagen entfernt blieb er stehen und sah auf. Sein milchig-trübes Auge glänzte im Mondlicht.

Grover ließ den Motor an. Die Tür ging auf, und Dan stieg in den Wagen. Grover schaltete in den ersten Gang und fuhr los. Keiner von uns sprach ein Wort, doch es war ein harmonisches Schweigen.

Kapitel 20

Erkenntnisse

H ier ist es«, sagte Grover bestimmt. Eine Wagenspur führte von der Straße fort in die mondbeschienene Hügellandschaft.

Ich sah weder einen Briefkasten noch ein Schild oder sonst irgendein Zeichen. Wir waren stundenlang durch die eintönige Landschaft gefahren, ohne auf Straßenschilder oder Meilensteine zu stoßen.

Wir bogen in den Feldweg ein und rumpelten auf die Hügel zu. Mit dem sich hebenden und senkenden Bug des Wagens auf der unebenen Strecke schoß das Licht der Scheinwerfer abwechselnd flackernd in die Höhe, um sich dann wieder in den Boden zu bohren.

Die Karosserie quietschte und klapperte. Ein Maultierhirsch sprang vor den Wagen und erstarrte für einen Moment lang, bevor er wieder in der Dunkelheit verschwand. Hie und da lauerten die plumpen Umrisse verrosteter Autowracks wie Nashörner im Gras.

Als wir die erste Anhöhe überwunden hatten, breitete sich eine schwindelerregende Berg- und Tallandschaft vor uns aus. Das silberne Mondlicht ließ alle Einzelheiten zu großen hellen oder dunklen Flecken verschwimmen. Furchtlos durchquerte Grover das Terrain. Ein paarmal befürchtete ich, er würde in einer Vertiefung steckenbleiben. Aber unter Kurbeln und Schalten überwand er jedes Hindernis. Ab und zu kamen wir an eine Abzweigung, doch er drosselte sein Tempo nie, war stets sicher. Seine ruhige, umsichtige Fahrweise auf dem Highway war schlafwandlerischer Sicherheit gewichen. Er war ein Kapitän, der sein Schiff durch ein Meer von Gras steuerte.

Wie bei einer Fahrt auf dem Rummelplatz wurden wir in unseren Sitzen hin- und hergeschleudert. Die Flaschen in der Tüte klirrten. Im Kofferraum hatte sich ein Wagenheber oder ein Kreuzschlüssel befreit und schlug nun gegen die Haube und die Kotflügel.

Wir arbeiteten uns auf den Kamm eines langgestreckten Hügels hinauf. Grover hielt an. In einer Senke stand, zwischen ein paar Bäume geschmiegt, ein einzelnes Gebäude. Von unserem Aussichtspunkt, der etwa eine halbe Meile entfernt war, wirkte es wie unbewohnt. Bei näherem Hinsehen entdeckte ich jedoch ein schwaches Licht in einem der Fenster.

Das Haus war kaum größer als ein Hühnerstall. Rundherum verstreut lagen irgendwelche Gegenstände. Ein Wagen war nirgends zu sehen.

»Wir sind da«, verkündete Grover.

Dan nickte nur.

Eine kleine Gestalt erschien im Hof, und Hundegebell durchdrang die nächtliche Stille. Drei Hunde rasten die Böschung hinauf auf uns zu. Fatback sprang auf und winselte. Mit einem Griff nach hinten öffnete Grover die Tür und ließ sie hinaus.

Fatback rannte vor den Wagen. Die auf uns zustürmenden Hunde hechelten und keuchten den Hügel hinauf, dann rannten sie sie beinahe um. Wildes Wedeln, Knurren und Beschnüffeln setzte ein.

Grover blinkte mehrmals mit den Scheinwerfern. Die Gestalt vor dem Haus winkte, und wir fuhren den Hügel hinunter.

Bei den Bäumen angekommen, sah ich, daß die Gestalt eine

alte Frau war. Sie hatte schwere Brüste und war wahrscheinlich fast in Dans Alter. Ihr weites, bedrucktes Kleid wurde von einem Männergürtel zusammengehalten. Um ihre Schultern hatte sie statt eines Schals einen dünnen, dunklen Pullover geschlungen.

Ihr nach hinten gebundenes Haar war weiß oder silbern – im Mondlicht schwer zu sagen.

Sie hatte die Hände in die Hüften gestemmt, wie eine gestrenge Mutter, die die verspätete Rückkehr ihrer Tochter von einem Rendezvous erwartet. Als das Scheinwerferlicht auf sie fiel, sah ich, daß sie lächelte. Es war ein mütterliches Lächeln, voll wissender Fröhlichkeit.

Grover schrie etwas auf Lakota aus dem Fenster. Sie schlug die Hände zusammen und wiegte sich ein paarmal vor und zurück. Ihr Lächeln wurde noch breiter. Es wurden einige Worte gewechselt, dann befahl uns Grover auszusteigen.

Die alte Frau wandte sich zum Haus. Die Hunde, einschließlich Fatback, tobten hinter ihr her. Sie lief gebückt, ihre Knöchel waren geschwollen.

»Kommen Sie schon«, rief Grover. »Das ist Annie.« Als wäre damit alles gesagt.

Ohne das Scheinwerferlicht funkelten die Sterne wie Kristalle. Nachdem meine Augen sich an die Dunkelheit gewöhnt hatten, sah ich mich um. Das Haus war tatsächlich nicht viel größer als ein Hühnerstall. Es bestand aus rohgezimmerten Balken, die von Zement oder Lehm zusammengehalten wurden. Das Dach war mit Teerpappe gedeckt, die von alten Autoreifen gehalten wurde. Dahinter – ich konnte es kaum sehen – stand ein hohes, schmales Klohäuschen bei einer Baumgruppe. Links konnte ich einen winzigen, buckligen Wohnwagen ausmachen, dessen Deichsel auf einem Holzstoß ruhte.

Der Hof, wenn man ihn überhaupt einen Hof nennen konnte, hatte einen kleinen, mit Maschendraht eingezäunten Garten, in dem einige niedrige Gemüsepflanzen wuchsen. Ein Metallbett mit Matratze stand aus keinem ersichtlichen Grund vor dem Haus. Auf der anderen Seite war das Holz fast bis unter das Dach gestapelt. Ein Eimer hing an dem alten, verbogenen Schwengel der Pumpe bei der Eingangstür.

Das Ganze schmiegte sich wie ein letzter Posten menschlicher Besiedlung in diese riesige Senke, die sich meilenweit in alle Richtungen erstreckte.

Grover stupste mich an. Ich fragte: »Wohnt sie ganz allein hier?« Das Meer der Sterne schien unendlich.

»Holen Sie die Tüte mit den Einkäufen«, war seine ganze Antwort. Dan war schon vorangegangen und im Haus verschwunden.

Von innen wirkte das Haus noch kleiner. Es war in zwei Zimmer unterteilt, beide etwa von der Größe eines geräumigen Schrankes. Der Boden bestand aus Holzplanken, und in jede der dicken Balkenwände war ein kleines Fenster gesägt. Eine rotgrün gestreifte Decke diente als Tür zwischen den beiden Räumen. Die einzige Beleuchtung bestand in einer kleinen, gelbes Licht aussendenden Kerosinlampe auf einem Tisch nahe der Tür.

Wegen der Decke, die die Räume abgrenzte, konnte ich nur das vordere Zimmer sehen. Es beherbergte lediglich vier Möbelstücke: den quadratischen Tisch aus Kiefernholz, auf dem die Lampe stand; einen soliden Holzkohleherd, der fast die ganze Wand einnahm; einen alten, voluminösen Polstersessel, der links von mir in eine Ecke geschoben war; sowie einen einzelnen Küchenstuhl aus Holz an dem Tisch. Durch diese Gegenstände war der Raum so vollgestopft, daß man zwar stehen und sitzen, sich aber nicht bewegen konnte.

Töpfe und Geschirr standen neben Gläsern mit Bohnen und Mehl auf einem Regal. Von einem Gestell darüber hing getrocknetes Fleisch.

Obgleich die Fenster geöffnet waren, fühlte ich mich zum Ersticken. Der Geruch von etwas, das auf dem Herd brodelte, mischte sich mit dem beißenden Geruch von Kerosin. Der Herd strahlte ungeheure Hitze aus, die auch von der trockenen Brise, die hereinzog, nicht gemildert wurde. Alles war zu eng.

Ich hörte Dans Stimme aus dem hinteren Zimmer. Er und ein anderer Mann lachten. Sie sprachen Lakota, und das einzige Wort, das ich verstehen konnte, war *Wasichu*. Sie machten sich keine Umstände. Die Frau hatte mich zwar mit einem warmen Lächeln bedacht, aber sonst nicht begrüßt. Ich wußte nicht, ob ich mich vorstellen sollte oder ob sie überhaupt Englisch konnte. Ich stand stumm neben dem Eingang und sah zu, wie sie die Lebensmittel aus der Tüte nahm und sie in verschiedene Regale und Ecken im Zimmer räumte.

Offensichtlich war sie eine gütige Frau. Ihr Gesicht war von tiefen Furchen durchzogen, die sich anmutig von ihren Augen- und Mundwinkeln über das Gesicht verteilten. Sie sah schelmisch aus, als hüte sie ein spaßiges Geheimnis.

Da es keinen angemessenen Platz zum Stehen gab und mir niemand einen Sitzplatz angewiesen hatte, blieb ich in der Tür stehen und lächelte jedesmal, wenn die alte Frau mich ansah. Grover hatte die Decke zwischen den Räumen zur Seite geschoben und unterhielt sich angeregt mit Dan und dem unsichtbaren Mann.

Draußen tobten und rauften die Hunde spielerisch unter dem sternenübersäten Himmel. Ich überlegte, ob ich wieder nach draußen gehen und bei ihnen sitzen sollte, aber die Frau winkte mich mit einer herzlichen, einladenden Geste und der universalen Begrüßung aller Großmütter hinein: »Wollen Sie etwas essen?«

Das Englisch überraschte mich. Sie deutete auf den Küchenstuhl. »Kommen Sie, setzen Sie sich.«

Ich hatte genug Verstand, die Gastfreundschaft nicht abzulehnen, denn ich hatte für eine Weile genug Fehler gemacht.

Ich zwängte mich an den Tisch. Die alte Frau nahm eine Schale aus dem Regal und schöpfte etwas aus dem gußeisernen Topf. Ich hatte keine Ahnung, was es war, aber mir war bewußt, daß ich es essen mußte. Mir fiel ein, daß die Ojibwe-Kinder in Red Lake die Lakota oder »Sioux«, wie sie sie nannten, als »Hundefresser« verspottet hatten. Meist basierte das nur auf Geschichten, die sie gehört hatten. Aber irgendwoher mußten die ja auch stammen.

Forschend starrte ich in die Suppe, entdeckte aber nichts, das ausgesprochen nach Hund aussah. Immerhin schwammen einige undefinierbare Fleischbrocken in der etwas unheimlichen, dunklen Soße. Sie waren von beruhigenden runden Objekten umgeben, wahrscheinlich aus Gemüse oder Getreide. Ich nahm den verbogenen Metalllöffel und führte ein wenig von der Suppe an meine Lippen.

Die alte Frau grinste. Es schmeckte erstaunlich gut nach Pfeffer und Mais und hatte einen andauernden Nachgeschmack von Beeren. Ich biß in eines der Bällchen. Es war eine Art Klößchen und recht wohlschmeckend. Ich aß die Flüssigkeit und umging, so gut ich konnte, das Fleisch.

Grover wandte sich um und sah mich essen. Er schaute auf die Schale mit den Fleischbrocken, dann auf Annie. »Hattest du nicht vier Hunde?« fragte er auf englisch.

*B*ald überkam mich die Erschöpfung. »Sie schlafen auf dem Bett im Hof«, bestimmte Annie. Ich erinnerte mich an den seltsamen eisernen Rahmen mit der verblichenen gestreiften Matratze. Abgesehen von nächtlichen Gewittern vielleicht, erschien mir das eine gute Idee.

Ich nahm meinen Schlafsack aus dem Kofferraum und rollte mich auf den quietschenden Federn des alten Bettes zusammen. Trotz der herumlaufenden Hunde und des Gelächters, das manchmal vom Haus zu mir drang, schlief ich bald ein.

Ich mußte tief geschlafen haben, denn ich erinnere mich nicht daran, Dan und Grover auf dem Weg zum Wohnwagen oder zur Toilette bemerkt zu haben. Als ich die Augen öffnete, kroch die Sonne gerade über den östlichen Horizont. Der Himmel war eine Symphonie aus Violett und Purpur, und Tau funkelte auf dem Gras. Ich lag ganz still und lauschte den Bewegungen der Insekten und Tiere.

Geräusche ertönten von der anderen Seite des Hauses. Ich kroch aus dem Schlafsack und ging zum Wagen, um meine Zahnbürste und saubere Kleidung zu holen.

Annie stand an der Pumpe im Hof. Sie betätigte den rostigen Schwengel mit kurzen, kraftvollen Bewegungen. Sie trug die gleichen Sachen wie gestern und zusätzlich ein dunkles Kopftuch gegen den Wind. Sie winkte mir lächelnd zu.

Bei Tageslicht konnte ich die Umgebung besser ausmachen. Das Haus stand inmitten einer Senke, deren Durchmesser mindestens zwanzig Meilen betrug. In der ganzen Umgebung gab es keine weiteren Gebäude; lediglich einige Baumgrüppchen durchbrachen das eintönige Auf und Nieder der braunen Grashügel.

Der Weg, auf dem wir gekommen waren, führte über eine Anhöhe in unserem Rücken. Ansonsten gab es keine Straßen oder Wege in der ganzen Umgebung. Ein Fußgänger oder ein Reiter wäre meilenweit sichtbar gewesen.

Der Himmel beherrschte die gesamte Landschaft. Wie sie war er zu weit, zu ausschließlich, als daß irgend etwas von ihm hätte ablenken können. Der Sonnenaufgang übergoß den Osten in den Farben Gold, Orange und Purpur. Sie tropften und strömten über den gesamten Horizont, schossen gelbe Sonnenstrahlen hinter den Wolken hervor auf die Erde. Langsam schob sich die Sonne in Sicht. Während sie höher stieg, trieb sie die Schatten tiefer in die Täler und Rinnen. Ich fühlte mich wie im Amphitheater der Götter.

Annie war mit ihrer Wasserschüssel ins Haus zurückgekehrt. Ich ging hinüber an die Pumpe und betätigte den Schwengel, bis ein kleiner Strahl aus dem Hahn sprudelte. In Erwartung des kalten Wassers hielt ich meinen Kopf mit angehaltenem Atem unter die Pumpe und schmierte mir eine Handvoll Shampoo ins Haar.

Das Wasser war jedoch überhaupt nicht kalt. Es roch faulig und nach Schwefel, war lauwarm und trübe. Rasch beendete ich meine Waschungen, wobei ich mich bemühte, möglichst alle Rückstände der üblen Substanz mit dem Handtuch abzuwischen.

Annie stand in der Tür. Erinnerungen an die Suppe stiegen in mir auf. »Trinken Sie nicht davon, nehmen Sie das.« Sie reichte mir einen Becher. Ich nahm ihn und betrachtete die klare Flüssigkeit. Es war Wasser, stammte jedoch nicht aus der Pumpe. »Danke.« Ich putzte mir damit die Zähne zu Ende.

Während ich mich gewaschen hatte, hatte Annie den hölzernen Stuhl herausgebracht und neben die Eingangstür gestellt. Sie machte irgend etwas in ihrem Schoß, entweder putzte sie Gemüse, oder es war eine Handarbeit. Ich achtete nicht darauf und zog mich fertig an. Bisher waren weder Dan noch Grover erschienen, wo auch immer sie genächtigt hatten. Auch der geheimnisvolle Mann, dessen Stimme am Abend zuvor aus dem hinteren Zimmer gedrungen war, fehlte.

Ich spürte, daß Annie mich beobachtete. Ich hätte dringend einen Kaffee gebraucht, war aber zu schüchtern, darum zu bitten. Vielleicht waren sie Teetrinker oder zu arm, um Kaffee zu kaufen. Oder sie hatten Kaffee, brühten ihn aber mit Pumpenwasser auf.

Annie winkte mich mit einem Kopfnicken zu sich. Ihre Hände arbeiteten weiter. Die Bewegungen waren rasch und automatisch. Lächelnd ging ich auf sie zu.

»Setzen Sie sich«, sagte sie und nickte in Richtung des Treppenabsatzes. Ich warf einen Blick auf ihre Hände. Sie bewegten einen Rosenkranz.

Meine Überraschung war fast ebenso groß wie in dem Moment, als sie begonnen hatte, Englisch zu sprechen. Nicht daß es unwahrscheinlich gewesen wäre, es war nur so unerwartet.

»Katholisch?« fragte ich dümmlich.

Sie nickte lächelnd, als hätte ich etwas Wichtiges erkannt. »Oh, ja«, sagte sie, während ihre Hände die Perlen mit geübter Sicherheit transportierten. Ich erwartete noch irgend etwas – eine Erklärung vielleicht oder eine Frage nach meinem Hintergrund. Aber es kam nichts mehr. Sie wiegte sich zu einer inneren Melodie auf dem Stuhl hin und her.

Schweigend saßen wir in der aufgehenden Sonne. Vom Hof ertönte das metallische Kreischen der Wohnwagentür, dann schlug die Tür des Toilettenhäuschens. Kurz darauf ging Dan in seinem gefütterten Unterhemd hinüber zum Wagen. Seine fleckige Khakihose war zugeknöpft, aber der Reißverschluß stand noch offen. Die Hosenträger hingen wie Schlaufen an den Seiten herunter. Seine alten Hirschleder-Latschen bedeckten seine nackten Füße nur zur Hälfte. Er sah aus, als wäre er einem Pflegeheim entlaufen.

Er ging direkt zum Wagen, ohne einen von uns zu beachten. Nachdem er etwas im Kofferraum herumgekramt hatte, zog er eine zerknitterte braune Papiertüte heraus und verschwand wieder hinter dem Haus. Annie fuhr fort, sich hin und her zu wiegen, während sie den Rosenkranz betete. Das Summen der Insekten erfüllte die morgendliche Luft.

Ich wollte mich unterhalten, aber mir fiel nichts ein. Dadurch, daß sie mich zu sich gerufen hatte, fühlte ich mich ohne ersichtlichen Grund festgenagelt. Ich hörte sie ihr Gebet flüstern: »Gegrüßet seist du, Maria, voll der Gnade.« Sie betete auf englisch.

Sie betete die Perlen herunter, während die Sonne den Himmel hinaufstieg. Es würde ein heißer Tag werden. Ich saß stumm da, während sie jede Perle betastete, bis sie an dem Kruzifix am Ende angelangt war. Sie brachte es zum Mund und küßte es auf zeremonielle Art. Dann steckte sie den Rosenkranz in die Tasche ihres Kleides und stand auf. Sie hob den Zeigefinger, um meine Aufmerksamkeit zu erheischen, und ging dann ins Haus.

Kurz darauf erschien sie wieder mit einem auf dicke Pappe geklebten Schwarzweißfoto. Es war alt und verblichen und zeigte eine Gruppe Kinder, die vor einer Veranda posierte. Etwa fünfzig Kinder hatten sich in Reihen aufgestellt, Jungen und Mädchen getrennt, alle zwischen sieben und acht Jahre alt. Die Mädchen trugen weiße Kleider und die Jungen kleine Herrenanzüge. Die meisten der Jungen hatten flache Schlapphüte oder Filzhüte auf. Rechts hinter ihnen stand ein einzelner Erwachsener: ein Weißer mit einem katholischen Beffchen.

Annie zeigte auf einen der Knaben mit Pokerface. »Dan.« Sie nannte seinen indianischen Namen. Dann fuhr ihr Finger zu einem niedlichen Mädchen mit Rattenschwänzen, das mit sittsam im Schoß gefalteten Händchen dasaß. »Ich.«

Ich lachte vergnügt. Dans ledriges Stirnrunzeln war in dem grimmigen Gesichtsausdruck des kleinen Jungen sofort wiederzuerkennen. Annie hielt sich die Hand vor den Mund und kicherte wie ein kleines Mädchen.

»Oh, ja«, sagte sie. »Er war immer in Schwierigkeiten. Ständig ist er weggelaufen.«

Ich betrachtete das strenge Gesicht des Priesters.

»Mir hat es dort gefallen«, erzählte sie bereitwillig. »Ich durfte den Nonnen in der Küche helfen.«

»Haben die jemals über den Geistertanz gesprochen?« fragte ich.

Sie gluckste und machte eine abfällige Bewegung mit ihrer knorrigen Hand. »Ach, das waren doch nur verrückte Indianer.«

Ich wollte noch mehr fragen, aber lautes Bellen unterbrach mich. Die Hunde waren auf den Kamm hinter dem Haus gestürmt. Nach wenigen Sekunden hörte man ein Motorengeräusch, gefolgt von einer Staubwolke in der Ferne. Kurz darauf erschien ein weißer Truck auf dem Kamm und rumpelte auf das Haus zu, während die Hunde ihn kläffend umsprangen.

Annie ging ihm entgegen. Vorn saßen vier Personen ein Mann, eine Frau und zwei Kinder. Ein zwölf- oder dreizehnjähriger Junge saß hinten.

Einer nach dem anderen stiegen sie aus. Der Mann war Ende Dreißig und trug die Standardgarderobe – Jeans, weißes T-Shirt und Cowboystiefel. Sein Haar glänzte wie der Flügel einer Schwarzdrossel unter dem weißen Cowboyhut hervor. Er grinste wie ein Spieler.

Die Frau, die etwas jünger war, hatte ein *Hard-Rock-Café*-T-Shirt und Jeans an. Sie war dünn und zäh und hatte die Schönheit einer hohlwangigen Barkönigin. Sie scheuchte die Kinder aus dem Wagen, als wären sie Entenküken.

Die Kinder waren struppig, aber geschrubbt. Sie rannten auf Annie zu, die sich mit ausgebreiteten Armen nach vorn beugte. Die beiden älteren Kinder hatten dunkles Haar und runde Gesichter. Das dritte, das wahrscheinlich nicht einmal fünf war, hatte blaue Augen und dicke, zottige blonde Locken.

Annie umarmte jedes und sprach Lakota mit ihnen. Die

Kinder antworteten auf englisch. Ohne weiter an das Foto in meiner Hand zu denken oder uns vorzustellen, führte sie die Kinder ins Haus, aus dem gleich darauf die Schreie »Opa, Opa« ertönten.

Schlurfen und Scharren. Eine Gestalt im Rollstuhl wurde von zwei Kindern durch die Tür geschoben. Es war der Mann, dessen Stimme ich in der Nacht zuvor gehört hatte. Auch er war in Dans Alter. Sein Gesicht war braun wie eine Kastanie. Die weißen Haare trug er zur Seite gekämmt. Er war mit einem weißen, langärmligen, bis zum Hals zugeknöpften Hemd und blauen Hosen bekleidet. Seine Beine hörten unterhalb der Knie auf.

Ich lächelte dem Mann und der Frau aus dem Wagen verlegen zu. Zu meiner großen Überraschung streckte mir der Mann die Hand zur Begrüßung entgegen. Mich auf meine Umgangsformen besinnend, stellte ich mich vor. »Kent Nerburn. Ich bin ein Freund von Grover und Dan.«

»Delvin«, sagte er nur und nahm gelassen meine Hand. Die Frau streckte mir ihre Hand förmlicher entgegen: »Danelle.« Sie drückte meine Hand energisch, wie um ihren Wert zu prüfen. Beide sahen mir während der Begrüßung in die Augen. Sie hatten schon unter Weißen gelebt.

Der Name »Danelle« erweckte meine Neugier. Es konnte Zufall sein, aber sie hatte eine verblüffende Ähnlichkeit mit Wenonah sowohl im Aussehen als auch im Verhalten. Ich fragte mich nach der Verbindung, traute mich aber nicht, dieser Frage nachzugehen. Ich war schon dankbar, Menschen zu begegnen, die mit den Grundregeln der weißen Gesellschaft vertraut waren.

Wie jemand in Übersee, der gerade einem Landsmann begegnet ist, drängte es mich zu plaudern. Doch ich hielt mich zurück. Die entschiedene Förmlichkeit der Frau und die große Stille der weiten Landschaft ermutigten nicht zu müßigem Geschwätz.

Danelle sah das Foto und erwärmte sich ein bißchen. »Erzählt Großmama von den alten Zeiten?« Im Sonnenschein sah ich die rauhen Spuren, die von Windpocken in der Kindheit herrührten, auf ihrem Gesicht.

»Nicht viel. Wir haben gerade erst angefangen.«

»Grover ist hier, oder?« fragte sie.

»Sie kennen ihn, nehme ich an?«

Ihr Ausdruck verdüsterte sich. »Ja, ich kenne ihn.«

Die Kinder hatten den alten Mann hinaus in den Hof geschoben. Delvin öffnete die Rampe des Pickup-Trucks. Ich ging hinüber, um ihm zu helfen. Auf der Rampe befanden sich eine Menge Kartons mit Lebensmitteln und ein großer, zerbeulter Stahltank von etwa zwei Hektoliter Fassungsvermögen.

Wir trugen die Kartons ins Haus. Dann fuhr Delvin den Wagen an die Seite des Hauses. Dankbar, daß ich etwas tun konnte, folgte ich ihm. Er fuhr rückwärts an die Wand und sprang auf die Rampe. Er nahm einen grünen Gartenschlauch und führte ihn durch eine kleine Öffnung in der Wand. »Okay«, brüllte er.

Danelles Stimme antwortete von irgendwoher im Haus. Ich stand neben dem Truck und schaute zu. »Wasser«, sagte er, als er meine Neugier bemerkte. »Den Scheiß kann man ja nicht trinken.« Er grinste in Richtung der Pumpe.

»Leben sie auch den Winter über hier draußen?« fragte ich.

»Früher, ja. Jetzt nicht mehr. Der Alte hat Zucker. Aber er würde trotzdem hier draußen bleiben, wenn wir ihn ließen.«

»Ziemlich schwierig, in ihrem Zustand hier zu überleben.«

»Darauf würde ich auch keine Garantie geben.«

Delvin lehnte sich gegen das Führerhaus. »Schreiben Sie ein Buch oder so was?« Ich hatte keine Ahnung, wie er darauf gekommen war. Er bemerkte meine Verblüffung. »Hab' ich mir gedacht. Ein Weißer, der mit Rothäuten rumhängt.«

»Es ist für Dan«, erklärte ich.

»Wenn wir für jedes Buch, das einer über uns schreibt, zehn Cents bekämen, könnten wir die Black Hills zurückkaufen.«

Es schwang keinerlei Gehässigkeit in seiner Stimme mit. Trotzdem ärgerte mich die Bemerkung.

»Dan hat mich darum gebeten«, protestierte ich etwas zu heftig.

Delvin entschärfte meine Befürchtungen. »Sie müßten schon ein toller Lügner sein, um den alten Trottel in einen weisen Mann zu verwandeln.«

»Ich will kein Buch über einen ›weisen Alten‹ schreiben.«

»Nicht ›Black Elks weise Worte‹?«

»Eher ›Black Dogs weise Worte‹.« Ich zeigte auf Fatback, die im Schatten des Bettgestells faulenzte.

»Endlich mal ein Buch, das wir brauchen könnten«, grinste er. Wir waren beide Skeptiker.

»Das Wasser läuft nicht«, rief Danelle von drinnen. Delvin rückte den Schlauch zurecht. »Jetzt ist es besser«, schrie sie.

Delvin deutete auf die Wand. »Er ist ihr Großvater, wissen Sie.«

»Wer, Dan?«

Meine verdutzte Reaktion freute ihn. »Ja, wußten Sie das nicht? Sein Sohn war ihr Vater.«

Ich wußte nicht, was ich sagen sollte. In wenigen Sätzen hatte ich mehr über Dan erfahren als in mehreren Monaten des Zusammenseins. Mir kam zu Bewußtsein, wie verschlossen er war.

»Sie meinen den Sohn, der getötet wurde? Der in Haskell war?«

»Ja, wußten Sie das nicht?«

»Ich weiß überhaupt nichts«, sagte ich. »Ich fahre nur mit.«

Er lachte ein bißchen. Es war ein warmes, freundliches,

natürliches Glucksen. »Das machen wir doch alle, Mann. Nur mitfahren.« Er kippte den Tank, damit alles Wasser durch den Schlauch hinauslaufen konnte.

»Also ist sie Wenonahs Schwester?«

»Ja, Wenonah ist die Brave. Sie blieb bei Großpapa, als Mutter und Vater getötet wurden.«

Diese Offenbarungen waren umwerfend. Für sich genommen, waren sie gar nichts – Fragmente, wie die Notizen in dem Schuhkarton. Aber sie waren der Hintergrund des alten Mannes, den ich begonnen hatte, zu achten und sogar zu lieben. Ich merkte, wie wichtig das Wissen um diese Dinge für mich war. Dennoch war ich nicht sicher, wie weit meine Fragen gehen durften. Schließlich tappte ich immer noch völlig im dunkeln, und mir war daran gelegen, die Dinge in meinem Kopf zu ordnen. Vielleicht konnte ich eine Triebfeder entdecken, die mir helfen würde, Dan und die Aufgabe, die er offenbar mit mir teilen wollte, zu verstehen.

»Macht es Ihnen etwas aus, über diese Dinge zu reden?« fragte ich Delvin.

»Nein, zum Teufel. Ich wundere mich, daß der Alte sie Ihnen nicht schon längst erzählt hat.«

»Er erzählt mir nicht viel. Er hat seinen Vater und seine Großeltern mehrmals erwähnt, und ich habe ein paar Bilder bei ihm an der Wand gesehen. Das ist auch alles.«

»Also wissen Sie nichts von der Sache mit seiner Frau?«

»Ich weiß nichts«, sagte ich beinahe verzweifelt.

»Ja«, sagte Delvin. »Ich verstehe. Er ist ein verschlagener alter Teufel. Will immer die Oberhand behalten.«

»Was war denn mit seiner Frau? Ich habe mich schon gefragt, warum es fast keine Frauen in seiner Nähe gibt.«

»Das ist eine komische Geschichte. Der Alte hat eine weiße christliche Sozialarbeiterin geheiratet, die während des Krieges ins Reservat kam. Zweiter Weltkrieg. Er wurde wegen seines Auges nicht eingezogen. Ich glaube, das hat ihm damals viel ausgemacht. Er wollte unbedingt in den Krieg. Die alten Indianer nehmen diesen militärischen Kram sehr ernst, wissen Sie.

Er versuchte, irgendeine Arbeit im Reservat zu finden, aber sie gaben ihm keine. Falsche Familie. Sie kennen den Quatsch ja. Er und seine Frau hatten ein Kind. Sie flippte irgendwie aus und verschwand. Konnte die Prärie nicht ertragen und ging zurück in den Osten. Ich glaube, er hat das niemals verwunden.«

Bei der Erwähnung einer weißen Ehefrau, die Sozialarbeiterin war, mußte ich lächeln. Es erklärte einiges von dem Gift, das er am Tag zuvor in dem Café versprüht hatte.

Delvin genoß die Situation. Er sah, wie ich nach seinen Informationen gierte, und teilte sie dementsprechend in quälend sparsamen Häppchen aus.

»Bobby – das war sein Sohn – hatte vermutlich eine schwere Zeit. Wegen diesem ganzen Halbblut-Scheiß. Er wollte es beiden Eltern recht machen und ging nach Haskell. Wollte Lehrer werden oder so. Ich weiß nicht, was dann geschah. Vermutlich endete er wieder im Reservat. Hatte sich der AIM angeschlossen, das sagen zumindest die Leute. Damals heiratete er Dannies Mutter.«

»Dannie?«

»Danelle.«

»Und Dannies Mutter ist Annies Tochter?« Ich probierte den Namen aus. Er machte mich verlegen.

»Ja.«

»Was geschah dann? Wie wurde er getötet?«

»Ich weiß es nicht. Beide kamen um. Bobby und Katherine – Dannies Mutter. Die Polizei behauptete, sie seien in einem Verkehrsunfall ums Leben gekommen. Aber das war Quatsch.

Sie hatten Schußwunden. Sie waren nicht mal in ihrem eigenen Reservat. Vielleicht haben sie Selbstmord begangen, ich weiß es nicht. Doch aus welchem Grund würde die Polizei dann behaupten, sie wären bei einem Verkehrsunfall getötet worden? Reservatspolizei – Sie wissen ja, wie das ist.«

»Okay«, rief Danelle durch die Wand.

Delvin zog den Schlauch wieder heraus und rollte ihn ordentlich neben dem Wassertank auf. Jetzt hatten die beiden Alten Wasser für die nächsten paar Tage.

Ich hörte Danelles Schritte, die sich auf die Tür zubewegten. Sie würde in wenigen Sekunden bei uns sein. Ich beschloß, das Thema fallen zu lassen.

Offensichtlich hielt auch Delvin es für das Beste, das Thema zu wechseln. Er lehnte sich an die Fahrerkabine und zog den Hut ins Gesicht wie ein Cowboy, der Siesta hält. Er begann, eine tonlose Melodie zu pfeifen und im Rhythmus mit den Händen auf den Wagen zu trommeln. Es war eine Geste berechneter Unbekümmertheit, zu bemüht, um glaubhaft zu wirken, zu auffällig, um übersehen zu werden. Er sah aus wie ein Kind, das gerade einen Streich gespielt hatte, und so tun wollte, als wäre nichts.

Danelle kam um die Ecke.

»Haben wir alles rausgekriegt?« fragte sie.

»Bis auf den letzten Tropfen.« Delvin klopfte wie zur Bestätigung auf den Tank.

»Was meinst du, wie lange es reichen wird?«

»Vielleicht eine Woche, wenn die Jungs hier nicht bleiben.« Er nickte in meine Richtung.

»Ich weiß nicht«, erwiderte ich. »Mir sagt ja keiner was.«

Danelle schaute mich mit dem Anflug eines Stirnrunzelns an. Ich war ein Eindringling, der wertvolle Vorräte aufbrauchte. Sie sah in die höher steigende Sonne. »Es wird heiß heute.« Ihre

Stimme klang besorgt. »Vielleicht sollten wir Großmama und Großpapa mitnehmen, bis es kühler wird.«

Delvin zuckte die Achseln und sprang zu Boden. »Frag sie.«

Ich stand schweigend neben dem Truck. Hier wurden wichtigere Dinge verhandelt als meine Neugier auf Dans Vergangenheit. Doch ich konnte meinen Blick nicht von Danelle wenden, jetzt, wo ich wußte, daß sie Dans Enkelin war. Als ob ich, wenn ich sie beobachtete, etwas über den alten Mann erfahren könnte.

Sie spürte meine Aufmerksamkeit und starrte mir in die Augen. Es war weniger ein herausfordernder als ein forschender Blick. Mit ihr war nicht gut Kirschenessen.

Sie schwang sich mit der Geschmeidigkeit eines Cowgirls auf die Laderampe. »Also, Mister, was ist los? Was haben Sie hier draußen mit Dan und Grover zu suchen?«

Ihre schulmädchenhafte Direktheit überraschte mich. Ich wußte nicht, welches Maß an Vertraulichkeit ich annehmen und wieviel ich über ihr Verhältnis zu Dan wissen durfte. Da sie von ihrem Großvater als »Dan« sprach, vermutete ich, daß ich nichts davon wissen sollte.

»Eigentlich nichts. Ich bin Schriftsteller und habe im Red-Lake-Reservat im Norden von Minnesota gearbeitet. Dans Enkelin Wenonah hat mich angerufen.«

»Wenonah?« Sie klang erstaunt, gab aber keine weitere Erklärung dazu.

»Ja. Sie sagte, Dan brauche mich, um ein Buch zusammenzustellen. Ich habe zugesagt.«

Die Antwort war etwas knapp, aber ausreichend, fand ich. Sie biß sich auf die Unterlippe und sah mich fest an. »Ein Buch?«

»Ja.«

»Was für ein Buch?«

»Ich weiß nicht genau. Dan hatte einen Schuhkarton mit Notizen, den ich in irgendeine Form bringen sollte. Aber wir

252

haben beschlossen, das zu lassen und einfach eine Art Geschichte zu schreiben, in der ich Betrachter und Chronist bin, der versucht, einige seiner Ansichten über das Leben und die Welt festzuhalten.«

»Was war in dem Schuhkarton?«

»Fragmente. Hunderte davon. Auf Papierfetzen geschrieben. Ein paar Zeitungsartikel und Briefe. Eine sehr seltsame Sammlung.«

Sie saß eine Minute lang still da. »Weiße sollten keine Bücher über Indianer schreiben.«

»Ich schreibe kein Buch über Indianer.« Plötzlich hatte ich das Gefühl, mich verteidigen zu müssen. »Ich schreibe ein Buch für einen Indianer. Er will es. Ich habe ihn gefragt, was er will und wie er es will. Genau so werde ich es machen.« Meine Erläuterungen waren zu lang.

»Warum hat er keinen Indianer darum gebeten?« Ihre Reaktionen waren ebenso unverblümt wie meine wortreich. Ich versuchte mich zu beherrschen.

»Ich weiß nicht. Ich habe mich das auch gefragt.«

»Er muß viel von Ihnen halten.« Es klang fast wie eine Herausforderung. Sie musterte mich auf eine merkwürdige Weise, als wolle sie erforschen, warum ihr Großvater mich erwählt hatte. Dann beschloß sie, die Sache nicht weiter zu verfolgen, glitt von der Rampe und knallte die Klappe zu. »Verpatzen Sie es nicht, Mister *Wasichu*. Nur weil Sie in einem Reservat gearbeitet haben, sind Sie noch lange kein Indianer. Komm, Delvin.«

Delvin lächelte mir wissend zu.

Ich hätte die Sache auf sich beruhen lassen sollen, aber aus unerfindlichen Gründen ergriff ich wieder das Wort. Ich wollte mich auf irgendeiner Ebene mit ihr treffen und suchte nach etwas, um sie zum Sprechen zu bringen.

Ich ging das Risiko ein. »Ich tue das für Ihren Großvater«, sagte ich. »Nicht für mich.«

Sie fuhr herum. »*Wasichu* tun alles für sich selbst. Sie wissen nur nicht immer, warum.« Es waren meine Absichten, die sie in Frage stellte, nicht mein Wissen über ihre Verwandtschaft mit Dan, also ging ich noch etwas weiter.

»Ich werde es tun, Dannie«, sagte ich. »Ihr Großvater hat mich darum gebeten. Ich wünschte, Sie würden mir helfen.« Bei der Verwendung ihres Kosenamens blitzten ihre Augen in momentanem Zorn auf. Dann gab sie nach und starrte mir in die Augen.

»Was kann ich Ihnen schon helfen. Offensichtlich wissen Sie doch schon so genau Bescheid.« Ihre Stimme triefte vor Bitterkeit und Sarkasmus.

»Darf ich Ihnen die Wahrheit sagen?«

»Ich bitte darum«, sagte sie. Delvin grinste breit. Offenbar war er selbst schon Zielscheibe ihres Ärgers gewesen.

»Ich habe Angst davor.«

»Und mich beängstigt, daß Sie es machen.«

»Damit haben Sie recht. Ich könnte es verpfuschen. Ich wollte mich zurückziehen, damit er einen Indianer finden kann, der ihm hilft. Aber er möchte, daß ich es mache. Wirklich. Warum, weiß ich nicht.«

Sie rührte sich nicht und beobachtete mich wie ein Tier. Man konnte den inneren Konflikt fast von ihrem Gesicht ablesen. Sie sprach in ernstem Ton, damit kein Mißverständnis über ihre Ansichten entstand.

»Mein Großvater ist einer der wichtigsten Menschen auf der Welt für mich. Er ist alles, was ich von meinem Vater noch habe. Da meine Schwester Sie angerufen hat, vertraue ich Ihnen. Aber die Sache gefällt mir nicht. Ich mag es nicht, wenn *Wasichu*-Schreiberlinge ins Reservat kommen. Es kommt nichts Gutes dabei heraus. Aber wenn Großvater es so will, dann tun Sie es. Aber tun Sie es auf seine Art.«

»Glauben Sie mir, Dannie, das versuche ich.«

Sie biß sich wieder auf die Unterlippe und richtete sich gerade auf. Sie war innerlich aufgewühlt.

»Kannten Sie meinen Vater?«

»Nein, ich wußte überhaupt erst von ihm, nachdem ich sein Bild bei Ihrem Großvater an der Wand gesehen habe.«

»Wissen Sie, er wurde ermordet.«

Ich warf Delvin einen Blick zu. Er nickte. »Delvin hat es mir erzählt«, sagte ich.

Sie sah Delvin an. Er grinste hinter seiner Sonnenbrille hervor und hielt die Hände hoch wie jemand, der zeigt, daß er unbewaffnet ist.

»Du redest zuviel, Delvin«, sagte Dannie.

Er grinste wieder und schwieg.

»Mein Vater war ein guter Mensch. Er wollte anderen helfen und etwas für die Indianer bewirken. Dann wurde er getötet. Zusammen mit meiner Mutter.«

Ich blieb stumm. Jetzt war sie an der Reihe. Sie bestimmte jetzt den Verlauf des Gesprächs. Sie schniefte kurz und fuhr fort.

»Er wollte eine Brücke zu meiner Großmutter bauen. Das hat er immer gesagt. Er wolle eine Brücke zu Großmama bauen.«

»Was meinte er damit?« fragte ich, so sanft ich konnte.

»Großpapa und Großmama . . .«

»Ihr Großvater Dan?«

»Ja, er und Großmama kamen nicht gut miteinander aus. Sie war *Wasichu*. Ich glaube, Großvater verstand sie nicht. Sie trennten sich, und sie ging zurück in den Osten, wo sie hergekommen war. Mein Vater war noch ziemlich klein, zwölf oder so. Ich kenne die Geschichte nicht genau. Ich weiß nur, was Großmama Annie mir erzählt hat. Sie kannte beide.

Ich glaube, mein Vater war sehr unglücklich. Er hat Großvater immer die Schuld gegeben und sagte, er wolle eine Brücke für seine Mutter bauen, damit sie zurückkommen könnte. Das hat er auch zu mir gesagt, als ich klein war.

Mein Vater war ein so guter Mann. Er ging mit mir auf den Hügel bei unserem Haus und sagte, wir müßten lernen zu vergeben, wie auch die Erde vergibt. Er zeigte mir Stellen, an denen das Land zerstört worden war, und erklärte mir, daß die Erde es mit neuem Gras bedecken würde. Das müßten die Indianer auch mit den Weißen tun.«

»Aber er blieb bei Ihrem Großvater im Reservat?«

»Er fuhr einige Male in den Osten, um bei seiner Mutter zu sein. Aber er haßte es dort. Sie hatte einen weißen Mann geheiratet, und sie hatten Kinder. Aber die Kinder mochten ihn nicht. Nannten ihn Tonto und waren ziemlich gemein zu ihm. Dabei wollte er diese Kinder sehr gern zu Geschwistern haben. Selbst als Erwachsener schrieb er ihnen noch. Ich erinnere mich, wie er manchmal am Küchentisch saß und an sie schrieb. Sie schrieben ihm nie zurück. Er versuchte sogar, dort aufs College zu gehen, aber es klappte einfach nicht. Statt dessen ging er nach Haskell.«

Sie weinte Tränen, die aus der Tiefe ihrer Kindheitserinnerungen flossen. Rasch wischte sie sie fort.

»Er wollte ein Buch schreiben, das Großmama alles über die indianische Lebensweise und wie sie wirklich war, erklären sollte. Er wollte eine Brücke zwischen Großpapa und Großmama bauen.«

Ich spürte eine Aufwallung, die durch meinen ganzen Körper ging, und atmete hörbar aus.

»Wieviel hat er geschrieben?« fragte ich.

»Ich weiß nicht. Großvater sagt, er schrieb immer Briefe aus Haskell. Ich bin sicher, Großpapa hat einige davon aufgehoben.«

Delvin wandte sich mir zu und lächelte mit geschlossenen Lippen. Er bewegte seinen Kopf, als wolle er sagen: »Sehen Sie.«

»Nutzen Sie ihn nicht aus«, sagte sie. Ihre bittenden Augen standen voller Tränen. »Die Sache ist bedeutsamer, als Sie vermuten.«

»Das wird mir langsam auch klar. Das ist das Schwerste, was ich bis jetzt getan habe. Doch ich werde es richtig machen. Ich verspreche es Ihnen.«

»Bei Gott, ich hoffe es. Es ist so wichtig.«

Wir sahen, wie Grover und Dan beim Wohnwagen herumwerkelten. Dans Hosenträger hingen immer noch herab, während er sich wusch. Ich wußte nicht, was ich noch sagen sollte, um sie zu beruhigen.

»Er ist wirklich ein weiser Mann.«

»Ich weiß«, erwiderte Dannie. »Mein Vater hatte es von ihm. Er hat meinen Vater traditionell erzogen. Er nahm ihn mit und ließ ihn die Natur betrachten. Von ihm hat mein Vater alles gelernt. Was erzählt er Ihnen?«

»Manchmal hält er . . .«

»›Kleine Vorträge‹«, unterbrach sie mich.

»Genau.« Sie lächelte wissend. »Manchmal stürzt er sich auch auf irgendein Thema und ergeht sich darüber.«

»Gut?« fragte sie.

»Möchten Sie es hören? Ich habe alles aufgenommen.«

Sie nickte, und ich ging zum Wagen, um den Kassettenrecorder zu holen. Fatback entdeckte mich und kam wedelnd hinter mir her. Sie folgte mir zurück zum Truck, wo Dannie und Delvin sich nebeneinander auf die Rampe gesetzt hatten.

»Fatback, du alter Köter«, sagte Dannie, als wir ankamen. Der Anblick des Hundes schien ihre Stimmung zu verbessern.

Fatback wedelte lebhaft und versuchte, sich auf die Hinterbeine zu stellen. Dannie glitt von der Rampe und bückte sich zu dem Hund hinunter. Sie gab schnaubende Geräusche von sich und zauste die Ohren des alten Hundes. Fatback jaulte und winselte wie ein glücklicher Welpe. »Sie hat meinem Vater gehört. Er hat sie abgerichtet, kurz bevor er starb.«

»Abgerichtet?«

»Ja. Sie sollte kein gewöhnlicher Reservatshund sein. Zeig's ihm, Fatback. Auf den Rücken!«

Der alte Hund setzte sich langsam, ließ sich dann zu Boden fallen, kräuselte die Lippen und rollte sich auf den Rücken.

»Sie kann sich nicht mehr ganz herumrollen«, erklärte Dannie. »Aber sie konnte früher viele Tricks.«

»Ich habe ein paar davon gesehen.« Ich erinnerte mich an die Episode auf dem Hügel.

»Sie sind sich sehr nah.« Fatback zog spielerisch am Aufschlag ihrer Jeans, eine alte Geste der Freundschaft aus der Tiefe ihrer gemeinsamen Erinnerungen. »Er glaubt, der Geist meines Vaters ist in ihr.«

»Der Hund ist scheiß-alt«, sagte Delvin unpassenderweise. »Es überrascht mich, daß er die Fahrt hierher überstanden hat.« Während er sprach, stellte ich in meinem Kopf mathematische Überlegungen an. Meiner Schätzung nach mußte Fatback fast zwanzig Jahre alt sein. Mir fiel ein, daß Dan mir erzählt hatte, sie sei eines Tages einfach auf seiner Veranda aufgetaucht, und Grover mich vor den Tücken des Alten gewarnt hatte. Die Dinge lagen wirklich ganz anders, als ich vermutet hatte.

»Spielen Sie die Kassette«, forderte Dannie mich auf. Ich hatte auf gut Glück eine Kassette aus meiner Tasche gegriffen. Es war Dans Rede über die Erde. Dannies Gesicht hellte sich auf, als die blecherne Stimme davon sprach, wie die weißen Männer Flaggen in die Erde gepflanzt und behauptet hatten, daß alles Land bis zu diesem Punkt ihnen gehörte.

»Die gleichen Geschichten hat er mir erzählt, als ich klein war.« Sie lächelte. Das Band lief weiter. Dan entwickelte seinen Gedankengang über den Unterschied zwischen Land und Grundbesitz.

Delvin bohrte sich mit einem Klappmesser in den Zähnen. »Der alte Trottel ist ganz schön schlau.«

»Großmama Annie hat gesagt, er ist der klügste Indianer, den sie kennt«, verkündete Danelle stolz. »Er ist wirklich gut, nicht wahr?«

»Finde ich auch«, pflichtete ich ihr bei.

Drüben am Wohnwagen hatte Dan seine Waschungen beendet. Er zog die Hosenträger über sein geripptes, langärmliges Unterhemd.

»Ein langärmliges Unterhemd«, sagte Delvin mit gespieltem Erstaunen. »Es ist schon dreißig Grad, und er trägt ein langärmliges Hemd.« Danelle hatte das Band angehalten und reichte mir das Gerät.

»Eines müssen Sie mir versprechen.«

»Wenn ich Ihnen damit helfen kann.«

»Hören Sie nicht auf das, was die beiden über Frauen sagen. Besonders nicht auf Grover.«

Die Bemerkung wunderte mich.

»Was hat Grover damit zu tun?« fragte ich.

Sie spie die Antwort fast aus. »Er glaubt, er sei immer noch in der Marine.«

»Sein Benehmen Frauen gegenüber gefällt ihr nicht«, erklärte Delvin.

»An ihm gefällt mir überhaupt nichts«, berichtigte sie.

»Sie kennen ihn ziemlich gut?« fragte ich.

»Ich bin ihm nur einmal begegnet, aber ich durchschaue ihn vollkommen.«

»Wir waren auf Besuch«, klärte Delvin mich auf. »Da hat er

ihr aufs Hinterteil gehauen, als sie vorbeiging. Kam nicht besonders gut bei ihr an.«

»Die Hand spricht die Wahrheit über den Verstand«, bemerkte sie.

Delvin lachte. Er betrachtete die Sache nicht als ernsthafte Beleidigung.

»Dan scheint sich nicht für dieses Thema zu interessieren«, sagte ich.

»Stimmt. Aber Grover. Großvater hört zuviel auf Grover, das sagt zumindest meine Schwester. Sie dürfen nicht vergessen, daß meine Großmutter eine *Wasichu* war wie Sie. Großpapa konnte sie nie vergessen. Er weiß nicht viel über indianische Frauen und darüber, wie die Dinge heute liegen. Wenn er etwas darüber sagt, hat er es wahrscheinlich von Grover.«

Sie berührte meinen Arm mit den Fingerspitzen. Es war eine überraschende und starke Geste, fest, ohne Vertraulichkeit, wie die Berührung einer Krankenschwester. Sie bannte mich. »Hören Sie, Großpapa tut, was er tun muß. Ich bin überzeugt, daß auch Sie Ihr Bestes tun. Aber Sie verstehen nicht. Sie können nicht verstehen. Wir Frauen sind jetzt die Hoffnung unseres Volkes. Ich will nicht, daß Großvater dumme Sachen sagt, die völlig falsch sind.«

»Das verstehe ich nicht«, sagte ich.

»Das ist genau der Punkt. Egal, wie sehr Sie sich bemühen, indianische Kultur bleibt ein Spielzeug für Sie. Vielleicht nehmen Sie ihre Aufgabe sehr ernst, und sie ist für Sie sogar das Wichtigste auf der Welt. Dennoch wird es Ihr Volk immer noch geben, auch wenn wir längst verschwunden sind. Bei uns ist das anders. Wenn unsere Kultur verschwindet, verschwinden wir mit ihr. Alles, wofür unsere Alten gehungert haben und unsere Ahnen gestorben sind, wird verschwinden. Denken Sie nur an Großpapa und Großmama. Mehr ist nicht übrig. Sie betet den ganzen

Tag den Rosenkranz, und er hat keine Beine mehr. Ihm haben sie den Körper und ihr die Seele gestohlen.«

»Ich weiß«, antwortete ich. »Darum bin ich hier. Ich will, daß die Leute davon erfahren. Sie müssen mir glauben.«

»Ich glaube Ihnen, aber deshalb können Sie es trotzdem verpfuschen. Männer wie mein Großvater Dan kämpfen immer noch. Sie helfen ihnen dabei. Das ist gut. Doch jetzt sind wir an der Reihe – Indianerinnen. Die Männer sind müde. Sie haben fast fünfhundert Jahre lang gekämpft. Jetzt sind wir dran.«

»Erzählen Sie mir mehr.« Es war ihre Stimme, die ich hören wollte.

»Sie waren Krieger. Sie zogen aus und kämpften für uns. Aber ihr wart zu zahlreich. Sie wurden geschlagen und sind es immer noch. Sie sind voll Zorn und Scham. Es ist in ihrem Blut. Sie kämpfen weiter, obwohl ihr Krieg zu Ende ist.

Wenn Ehre eine Rolle gespielt hätte, hätten sie gesiegt, und wir wären immer noch ein starkes, gesundes Volk. Aber Ehre zählte nicht, nur die Überzahl. Sie haben gekämpft und verloren. Nun versuchen sie weiterzukämpfen, mit Worten, wie mein Großvater. Doch sie sind die Geschlagenen.

Ihnen wurde alles genommen. Von Ihrem Volk. So war es geplant, und so funktionierte es. Ihr nahmt ihnen die Seele und ließt ihnen nur die Schande. Doch niemand achtete auf die Frauen. Wir hielten die Dinge am Leben mit unseren Händen und Herzen.«

Sie lächelte wissend und ließ den Blick über die wogende Landschaft schweifen, als würde sie im Geiste ein Geheimnis liebkosen.

»Sie ignorierten uns. Wir waren ja nur Frauen. Aber wir haben die Kultur schon immer am Leben erhalten. Das war unsere Aufgabe als Frauen und Mütter. Von jeher. Die Männer können nicht mehr auf die Büffeljagd gehen. Aber wir können immer noch kochen, nähen und die alten Bräuche pflegen. Wir können immer noch die Alten pflegen und ihre Tage verschönen. Wir können die Kinder lehren. Unsere Männer mögen geschlagen sein, aber die Herzen unserer Frauen sind immer noch stark.«

Dannie sprach so gewinnend, daß ich sie nicht unterbrechen wollte. Doch es drängte mich, ihr eine schwierige Frage zu stellen, für die der richtige Zeitpunkt gekommen zu sein schien.

»Dannie, kann ich Ihnen eine ernste Frage stellen? Ich hoffe, Sie werden sie mir nicht übelnehmen.«

»Darum spreche ich ja mit Ihnen. Damit Sie nichts falsch verstehen.«

»Als ich in Red Lake gearbeitet habe, erschienen mir die indianischen Frauen sehr stark – in vieler Hinsicht stärker als weiße Frauen. Aber ihre Stärke war von den Männern getrennt. Sie waren stark als Mütter, als Großmütter. Wenn sie mit Männern zusammen waren, hatten sie häufig ein blaues Auge, oder sie zogen ihre Kinder mit einem Mann groß, der nicht der Vater war. Irgend etwas stimmte nicht.«

»Sie sind wenigstens ehrlich«, sagte sie. »Aber es ist, wie ich gesagt habe. Sie verstehen es nicht. Natürlich, es gibt eine Menge Gewalt. Meist ist sie auf Alkohol zurückzuführen. Aber es gibt auch viele gute Familien, liebevoller als die meisten weißen Familien, in denen die Großeltern mit den Eltern zusammenleben und alle sich gegenseitig respektieren.

Darum glaube ich auch, daß jetzt unsere Zeit gekommen ist. Die Zeit der indianischen Frauen. Wir sind immer im Mittelpunkt gewesen. Die indianische Familie war wie ein Kreis mit der Frau im Mittelpunkt. Weiße Familien bilden Linien, vorn stehen die Männer.

Deshalb können uns weiße Frauen auch nicht verstehen. Sie sprechen von Schwesternschaft und Befreiung, aber ihr Kampf ist nicht der unsrige. Wir müssen nicht uns befreien, wir müssen unsere Männer befreien.«

Sie warf einen Blick auf mich, um zu sehen, ob ich ihr zuhörte. Ihre Fingerspitzen drückten sich in meinen Arm.

»Für uns ist vieles anders. Wir wissen, wer wir sind. Wir sind Mütter. Wir sind die Stütze unserer Rasse. Das versetzt uns in die Lage, andere Dinge zu tun. Wir werden dafür geachtet, was wir sind. Wenn unsere Männer uns schlecht behandeln, tun sie es, weil sie gedemütigt sind. Warum sollten wir uns gegen sie stellen und das dann Befreiung nennen? Solange ihre Herzen nicht frei sind, wird kein Indianer frei sein.«

Ich hatte ein Thema angesprochen, das ihr am Herzen lag. »Das sollten Sie wissen«, fuhr sie fort. »Vielleicht können Sie uns dann besser verstehen. Wir Frauen können für die *Wasichu* arbeiten und uns trotzdem wohlfühlen. Wir können abends ohne das Gefühl nach Hause gehen, unsere Haut zu Markte getragen zu haben. Wir werden immer noch geachtet.

Aber für unsere Männer gilt das nicht. Wenn sie zu den *Wasichu* gehen, fühlen sie sich gedemütigt, auch wenn sie es nicht sagen. Der einzige Weg, diese Schande zu bewältigen, ist, ihr Blut zu verleugnen und weiß zu werden. Das wollen sie nicht. Doch wenn sie bei ihrem Volk im Reservat bleiben, haben sie keine Arbeit. Und wenn sie keine Arbeit haben, können sie nicht für ihre Familien sorgen. Wenn sie nicht für ihre Familien sorgen können, gehen sie weg, trinken oder werden zornig. Wahrscheinlich alle. Sie werden wütend auf uns, obwohl sie uns lieben.

Sie sehen nur die Gewalt und den Alkohol. Die weißen Frauen sehen nur das Schweigen und die blauen Flecke. Wir sehen einen zerbrochenen Kreis, aber wir werden ihn wieder flicken. Es geht nicht um Männer und Frauen. Es geht um unsere ganze Kultur, um unsere Ahnen und unsere Kinder. Weiße denken immer an sich selbst zuerst und daran, wie sie ihre persönlichen Rechte sichern können. Wir tun das nicht. Wir denken an unsere Kultur und wie wir an ihr erstarken können.

Wir bauen die Kultur. Das ist unsere Aufgabe. Deshalb sind jetzt wir an der Reihe.«

Sie ließ meinen Arm los und rutschte von der Laderampe. »Sehen Sie? Es ist ganz leicht«, sagte sie über die Schulter. In ihrer Stimme schwang eine Spur von Ironie mit.

Delvin grinste und bohrte sich weiter in den Zähnen. Dann hielt er die Hände mit einem verständnisinnigen Achselzucken hoch. Danelle ging einige Schritte auf den Hof zu, dann wandte sie sich uns wieder zu. »So, ich sollte jetzt mit Großpapa sprechen«, sagte sie leichthin. Sie ging in Richtung Wohnwagen. Nach etwa fünfzig Metern drehte sie sich noch einmal um und sah mich an. »Hier ist noch etwas für Sie«, sagte sie und federte in den Knien. »Wenn wir als Frauen so unterdrückt sind, warum kommen dann die weißen Schwestern zu unseren Alten, um Weisheit zu finden? Ich wette, Sie trauen sich nicht, das zu schreiben.«

Ich zog meinen Stift aus der Tasche und wedelte damit, um ihr zu zeigen, daß ich es tun würde. Sie schmunzelte schlau und machte einen Hüpfer.

»Vor ihr muß man sich in acht nehmen«, lachte Delvin.

»Die sind alle nicht ganz ohne«, sagte ich.

Delvin zeigte mit der Spitze seines Messers auf Danelles sich entfernende Gestalt. »Sie haben unser Volk zusammengehalten«, sagte er. Seine Stimme klang bewundernd. Danelle trieb zwei Kinder in Richtung Wohnwagen, mit der einen Hand Anweisungen gebend und mit der anderen einen Kragen richtend. »Wir hätten sie dem weißen Mann auf den Hals hetzen sollen. Ihr wärt in Ruderbooten nach Hause gekommen.«

Kapitel 21

Halbblut

Wir blieben noch bis zum Nachmittag. Dan hatte sich in ein langes Gespräch mit dem Mann ohne Beine vertieft, und Grover beschäftigte sich unter den wachsamen Augen von Danelle mit den Kindern. Die meiste Zeit wurde Lakota gesprochen, also benahm ich mich möglichst unauffällig und widmete mich praktischen Aufgaben wie der Überprüfung des Ölstands und des Unterbodens von Grovers Wagen. Außerdem hatte ich genügend Stoff zum Nachdenken.

Annie hatte sich mit den Gemüsen, die Delvin und Dannie vom Supermarkt mitgebracht hatten, in den Schatten neben der Tür zurückgezogen. Sie waren ein Schatz von fast religiöser Bedeutung für sie, und ihre Hände bearbeiteten die Körner und Schoten mit der gleichen persönlichen Hingabe, die sie auf den Rosenkranz verwendet hatten.

Um einem Rasseln, das ich im Vergaser gehört hatte, auf den Grund zu gehen, kroch ich unter den Wagen. Selbst wenn ich den Fehler entdecken würde, konnte ich ohne Werkzeuge sowieso wenig ausrichten, wollte aber aus dem Weg sein. Alle waren eine Familie, auch Grover in gewisser Weise. Ich dagegen gehörte nicht dazu und zog die eintönige Gesellschaft von Auspufftöpfen und Stoßdämpfern einer gezwungenen Konversation oder dem Müßiggang vor.

Nach kurzer Zeit hatte mich jedoch ein Augenpaar ausgespäht. Darauf folgte ein weiteres und noch eins. Die drei Kinder waren von Grover herübergekommen, um zu sehen, was der *Wasichu* machte.

Ich kam unter dem Wagen hervor und sagte hallo. Die Kinder standen stumm da, die Hände in den Taschen vergraben. Gelächter ertönte von der anderen Seite des Hofs. Dan vollführte einen seltsamen Tanz im Schmutz. Staubwolken stoben um seine Füße und wehten über den Hof.

»Wie heißt du?« fragte ich den Jungen mit den blonden Locken. Sein Äußeres faszinierte mich, und ich war neugierig auf seine Geschichte.

»Eugene«, sagte er schüchtern.

Ich zeigte auf Danelle. »Ist das deine Mama?«

»Ja.«

»Wer sind deine Geschwister?«

Er deutete auf die anderen, stolz, daß er die Antwort wußte. »Myron und April.«

Das kleine Mädchen bedeckte ihr Gesicht und kicherte. Der ältere Junge starrte mich an. Er gab nichts preis.

Der kleine blonde Junge leckte sich die Lippen. Seine richtigen Antworten hatten ihn ermutigt. Er konnte mit dem *Wasichu* reden.

»Sind Sie Grizzly Adams?« fragte er. Ich mußte lächeln. Ob diese Frage nun tatsächlich mit meinem Äußeren in Verbindung stand oder mit einer Legende, die hier in aller Munde war, diese Feststellung war mir jedenfalls bereits vertraut.

»Nein«, sagte ich. »Sehe ich so aus?«

Das kleine Mädchen kicherte wieder und schüttelte ihren Kopf.

Der blonde Junge preschte vor. »Wie heißen Sie?«

Ich überlegte eine Sekunde, bevor ich antwortete. »Kent.« »Mr. Nerburn« wäre zu förmlich und nur »Nerburn« – was die meisten alten Indianer bevorzugten – in dieser Situation lächerlich gewesen. So war »Kent« übriggeblieben.

»Haben Sie Kinder?« fragte der Junge mit den Locken.

»Ja.«

»Wo sind sie denn?« Er fragte die Liste seiner kindlichen Interessen ab.

»Zu Hause in Minnesota.«

»Sind Sie ein weißer Mann?«

Ich lachte angesichts seiner Offenheit.

»Natürlich.«

»Wie mein Vater. Er wohnt in Kalifornien.«

»Warst du schon mal da?«

»Nein«, sagte er und schob für einem Augenblick die Unterlippe vor. Mein Herz flog dem Jungen zu, dann zu meinem eigenen Sohn, der beinahe tausend Meilen weit weg war. Ich hätte den kleinen Burschen am liebsten gepackt und in die Arme genommen.

Die anderen Kinder standen hinter Eugene und beobachteten das Gespräch. Das kleine Mädchen wirkte schüchtern und sittsam, so als erwarte sie ein Geschenk. Ohne bestimmten Grund griff ich in die Tasche und gab ihr fünfundzwanzig Cents. Vor Freude quietschend, rannte sie zu ihrer Mutter.

Der ältere Junge rührte sich nicht. Ich fischte noch eine Handvoll Kleingeld aus der Tasche. Da er älter war, erschien es mir angemessen, ihm mehr zu geben. Ich nahm eine Anzahl Münzen und hielt sie ihm hin. Er lächelte nicht, griff aber doch danach und stopfte sie rasch in seine Hosentasche. Er ging nicht weg.

Der kleine blonde Junge starrte mit großen Augen auf meine Tasche in Erwartung eines besonderen Schatzes. Ich hatte mich in eine Lage manövriert, in der alles, was ich ihm gab, entweder zu wenig oder zu viel sein würde.

»Wie alt ist deine Schwester?«

»Acht.«

»Dann bekommst du auch fünfundzwanzig.« Ich hoffte, das Fehlen jeglicher Logik würde als unwiderlegbare Erklärung seine Wirkung tun. Ich ließ die silberne Münze wie einen kostbaren Stein in seine Hand fallen. Der Junge mit den dunklen Augen stand nur da und starrte.

»Du bist also Myron?« fragte ich, um ihn ins Gespräch zu ziehen. Der Junge sagte nichts. Sein Gesicht wechselte ständig den Ausdruck, wie Spiegelbilder auf einem See.

»Wo wohnst du?« beharrte ich. Keine Antwort.

»Besuchst du deine Großmama gern?« Der Junge kehrte mir den Rücken zu und ging rasch davon. Er hatte mich gesehen, beurteilt, sich mit mir unterhalten und mich abgelehnt, alles, ohne ein Wort zu sagen.

Ich schaute wieder den blonden Jungen an. Er sah mir in die Augen, blickte dann seinem davongehenden Bruder nach und drehte sich wieder zu mir. Einen Augenblick lang rang er mit einer persönlichen Unentschlossenheit, stopfte schnell seinen Hemdzipfel in die Hose und lief auf das Haus zu.

*B*is zu unserer Abfahrt hatte die Sonne alle Milde verloren. Sie hing wie eine böse Wunde am Himmel, kaum erkennbar durch einen dörrenden Dunst, der so trocken war, daß er in der Lunge schmerzte. Selbst die Hunde hatten es aufgegeben, herumzuspringen und sich zu jagen. Sie suchten Zuflucht in den kleinen, staubigen Vertiefungen, die sie sich im kargen Schatten der Bäume geschart hatten.

Flimmernde Hitzewellen stiegen von jedem Gegenstand auf. Ein Busch verwandelte sich in einen Mann, der auf einen zukam; ein Mann wurde zu einem beweglichen Gespenst mit Gliedmaßen aus Wachs und einem schmelzenden Gesicht. Die große Senke, die vor wenigen Stunden noch von der Frische des Morgenwinds gesegnet war, hatte sich in einen gequälten, ausgedörrten Kessel verwandelt. Die Kinder hatten sich in dem niedrigen Hain beim Toilettenhäuschen versammelt. Sie saßen zusammen, unterhielten sich ab und zu, malten mit gebogenen Stöcken im Staub. Delvin, Danelle und der Mann ohne Beine hatten sich in den schmalen Schattenstreifen zurückgezogen, den das überhängende Dach des winzigen Blockhauses warf. Annie hielt noch immer ihre Stellung auf dem hölzernen Küchenstuhl. Ihre Hände arbeiteten sogar in der schlimmen, spröden Hitze. Von Zeit zu Zeit hob sie den Kopf, um zu sehen, wie weit wir mit dem Packen und Einladen waren. Ich saß im Schutz eines Kotflügels von Grovers Buick, und alles, was ich mir wünschte, war, in den Wagen zu steigen und loszufahren.

Grover ging zwischen dem Auto und dem Wohnwagen hin und her, um verschiedene Tüten einzuladen. Dan wechselte noch einige Abschiedsworte mit dem Mann ohne Beine. Offenbar waren sie sehr enge Freunde. Ihre Gespräche – alle auf Lakota – wurden ständig von Lachsalven unterbrochen. Zwei Menschen, die sich an gemeinsamen Erinnerungen ergötzten.

Grover schlug den Kofferraum zu. »Gesattelt«, schrie er unter seinem Cowboyhut hervor. Ich beneidete ihn um die breite Krempe und den Schatten, den sie warf.

»Noch einen Moment«, rief Dan von der Tür.

Er verschwand im dunklen Inneren, um wenige Sekunden später wieder herauszukommen.

Wir schauten ihm dabei zu, wie er langsam über den Hof kam. Seine Umrisse flimmerten und verschwammen in der Hitze. Ich war mir nicht im klaren, ob sein langärmliges Hemd einen Schutz darstellte oder die Qualen verschlimmerte. Er war wie ein Tier, das seiner Haut keine Aufmerksamkeit schenkte.

Grover ließ den Wagen an. Dan stieg ein und schlug die Tür zu. Keiner in dem Haus oder unter den Bäumen rührte sich. Der Horizont flirrte in der Hitze. Eines der Kinder nahm einen Lehmbrocken und schleuderte ihn halbherzig in unsere Richtung. Wir fuhren ohne Winken und Auf Wiedersehen aus dem staubigen Hof hinaus.

Als wir den Gipfel der Anhöhe erreichten, hupte Grover zweimal. Ich drehte mich herum, um einen letzten Blick auf die Hütte zu werfen. Alle standen im Hof und schauten uns nach, die Hände in die Seiten gestemmt. Der Wind preßte die Kleider gegen ihre Körper. Grover hupte noch einmal, und wir fuhren über den Hügel davon und waren bald außerhalb ihrer Sichtweite, außerhalb ihrer Welt und ihres Lebens.

Die Meilen flogen rasch dahin auf dem leeren Highway. Die Landschaft zu beiden Seiten begann sich zu verändern. Felsformationen drangen wie gebrochene Knochen durch das Grasland. Es war, als würde das Skelett der Erde bloßgelegt. Ihre dünne Haut, die vor kurzem noch ein Meer aus Gras war, war nun nicht mehr als eine zarte Schicht, die vor den prähistorischen geologischen Kräften schützte, die unter unseren Füßen ächzten. Spitzkuppen und Tafeln erhoben sich aus der Erde und ragten in der Ferne auf. Felstafeln und Zylinder mit flachen Kuppen, wie erloschene Vulkane, übersäten den Horizont. Hier war der echte »West River«, wie die Einheimischen ihn nannten – die westliche Seite des Missouri, wo die riesigen Rockies sich wie ein schlummernder Riese über dem ehemaligen Meeresboden der Dakota High Plains erhoben.

Die Hitze war erstickend. Wir fuhren mit heruntergekurbelten Fenstern, vom Rauschen des Fahrtwinds zum Schweigen gezwungen. Der Himmel hing schwer und bedeutungsschwanger über uns. Wolken türmten sich auf und rasten über den Horizont. Ein Schwarm Vögel flatterte neben der Straße auf wie Blätter bei einem Windstoß. Ein Sturm lag in der Luft.

Ich starrte müßig auf die drohenden Wolken. Der kleine blonde Junge und seine Familie ließen mich an zu Hause denken. Ich fühlte mich fremd, ausgestoßen, allein. Delvin und Dannies Eröffnungen über Dans Vergangenheit hatten in mir ein Gefühl der Distanz erweckt. Er hätte mir davon erzählen können.

Dan schien meine Gedanken zu lesen. »Der kleine blonde Junge hat Ihnen gefallen, was?« brüllte er, um das Rauschen zu übertönen.

»Er hat mich an meinen Sohn erinnert«, antwortete ich abwesend. »Er fehlt mir.«

»Sie haben anders mit ihm gesprochen als mit den anderen Kindern.«

Die Beobachtung ärgerte mich. Ich hatte keine Lust, mein Verhalten von einem Mann analysieren zu lassen, der seine Beweggründe für das meiste in seinem eigenen Verhalten verborgen gehalten hatte. Außerdem wollte ich meinen Gedanken nachgehen. »Er hat mich an mein Kind erinnert. Ich sagte es ja schon«, gab ich scharf zurück.

»Es ist gut, an sein Kind erinnert zu werden«, antwortete er hintergründig. In allem, was er jetzt sagte, schwang eine doppelte Bedeutung mit. »Aber ich glaube nicht, daß es daran lag.«

»Dan«, sagte ich gereizt. »Er stand ganz vorn. Er war der einzige, der etwas sagte. Ich habe mich ganz natürlich verhalten.«

»Ich finde nicht«, beharrte er. »Die anderen Kinder haben es bemerkt. Sie merken es immer.« Er kurbelte sein Fenster hoch. Er wollte reden.

Ich gab nach. Es hatte keinen Sinn, ihn zurückzuweisen, wenn ihn der Drang zu reden überkam. Ich kurbelte ebenfalls mein Fenster hoch. »Also gut, worauf wollen Sie hinaus?«

»Er war kein Indianer für Sie. Deshalb haben Sie mit ihm mehr gesprochen.«

»Du meine Güte!« Ich wollte dieses Thema nicht verfolgen. »Er war gar nichts außer einem Kind. Sein Vater war weiß.« Beinahe hätte ich hinzugefügt »wie Ihre Frau«. Doch das wäre unwirsch gewesen und hätte eine Auseinandersetzung zur Folge gehabt, nach der mir nicht zumute war. »Das hat er mir erzählt.«

»Also ist er kein Indianer.«

»Er ist halb Indianer und halb Weißer.«

»Ein Halbblut, nicht wahr?«

»Was soll ich jetzt sagen?« erwiderte ich. Von der Hitze hatte ich Kopfschmerzen bekommen, und mein Hemd klebte am Sitz.

»Er ist ein Halbblut, nicht wahr?«

»Wenn Sie es sagen.«

Dan war dabei, sich aufzuregen. Er pirschte sich an eine Idee heran. »Sie haben ihn vielleicht nicht so genannt. Aber andere nennen ihn so. Er ist ein ›Blut‹. Die anderen Kinder – die älteren – haben zwei Jahre lang in Denver unter Weißen gelebt. Der Kleine, Eugene, ist nie über Rapid City hinausgekommen. Er spricht Lakota und hat seinen weißen Vater noch nie gesehen. Aber für Sie sind die anderen Kinder indianischer.«

Ich dachte an ihre stummen Mahagoni-Gesichter und ihr glattes, glänzendes Haar. »Rassisch, wahrscheinlich.«

»Und das macht sie zu Indianern für Sie?«

»Vielleicht. Ich weiß nicht.« Das Gespräch war viel zu überfrachtet. Ich hätte es gern abgebrochen, aber Dan war noch längst nicht fertig. Offenbar freuten ihn meine Geständnisse.

»Sehen Sie, so ist es mit euch Weißen. Als wäre die Rasse das wichtigste.«

»Sie wollen es ja offensichtlich so.«

272

»Nein, das liegt nicht an mir, obwohl ich oft darüber nachdenke. Ihr Verhalten gegenüber Eugene hat mich daran erinnert.«

»Aha?«

»Ja, Sie sollten darüber nachdenken. Vor kaum vierzig Jahren wurden die Schulkinder noch in Gruppen aufgeteilt. Vollblut-, Halbblut- und Viertelblut-Kinder. Sie mußten Schilder hochhalten, dann wurden sie fotografiert. Es waren Kinder, die da wie für ein gottverdammtes Kochrezept aufgeteilt wurden.«

»Das war vor vierzig Jahren, Dan.«

»Glauben Sie etwa, daß es das jetzt nicht mehr gibt? Schauen Sie doch, wie Sie mit Eugene geredet haben!«

»Ich habe Ihnen schon einmal gesagt, daß *er* mit *mir* geredet hat.«

Dan war nicht davon abzubringen. »Wir erleben es doch dauernd. Es gehört zu den Dingen, die Weiße überraschen, wenn sie zum erstenmal in ein Reservat kommen. Viele von den Kindern sehen nicht wie Indianer aus. Einige sind blond, wie Eugene, oder rothaarig. Manche haben blaue Augen. Das stört die Weißen. Das merkt man. Ihr sprecht anders mit diesen Kindern. Sie sind keine echten Indianer für euch.

Alle Indianer beobachten das. Diese Kinder sind Indianer für uns, aber nicht für euch. Von Anfang an haben wir Weiße bei uns aufgenommen und mit ihnen zusammengelebt. Sie wurden Indianer. Uns ist das recht, aber euch macht es verrückt.

In den alten Zeiten, während der Kämpfe, wurden Gefangene gemacht, oder wir nahmen Heimatlose auf. Wie Sie wissen, hatten viele Kinder keine Eltern. Die waren bei Unfällen oder im Bürgerkrieg umgekommen.«

»Oder von Indianern getötet worden.« Ich begann mich zu ärgern.

»Ja, vielleicht«, antwortete Dan. Er schluckte den Köder

nicht. »Wir nahmen diese Kinder und Erwachsenen auf und machten sie zu Indianern. Wenn sie mit einer Person unseres Volkes Kinder hatten, waren die Kinder Indianer. Heute haben einige Frauen Kinder mit Weißen . . .«

Ich konnte nicht widerstehen. »Oder einige Männer.«

»Genau.« Er funkelte mich an. »Manche Kinder haben auch einen weißen Großelternteil.« Jetzt wetteiferten wir miteinander. »Trotzdem gehören sie zu uns. Für uns sind sie Indianer.«

Ich hatte Delvins Äußerung im Ohr, daß Dans Sohn wegen seiner gemischten Herkunft »eine schwere Zeit« gehabt hatte. Ich fragte mich, was er damit gemeint hatte – ob es Schwierigkeiten mit anderen Indianern, mit den Weißen oder mit seiner Identität gewesen waren.

Dan schien meine Frage zu erwarten. »Aber wenn eines dieser Kinder bei Ihrem Volk lebt, ist es dennoch nicht weiß. Der weiße Anteil genügt nicht. Ihr seht den indianischen Teil und nennt es ein ›Halbblut‹. Es wird in der Schule damit aufgezogen, ›Tonto‹ oder ›Pocahontas‹ genannt. Wir wissen es. Die Kinder kommen nach Hause und erzählen uns davon.«

Ich ahnte, daß Dans Sohn ins Reservat zurückgekommen war, nachdem er versucht hatte, bei seiner Mutter im Osten zu leben.

»Stellen Sie sich das einmal vor!« sagte Dan. »Alles, was uns interessierte, war, wie sie aufwuchsen und was für Menschen aus ihnen wurden. Ihr schautet auf ihre Haut- und Haarfarbe. Dann begannt ihr, sie zu vergleichen, um zu sehen, wieviel weißes Blut sie hatten! Ihr nanntet sie Halbblut und erlaubtet ihnen, weder weiß noch Indianer zu sein.«

Trotz der Hitze und meiner schlechten Laune spürte ich den Schmerz in den persönlichen Erinnerungen des alten Mannes. Ich sah ständig das Bild des ernsten jungen Mannes im Barett an der Wand in Dans Wohnzimmer. Der ernsthafte Ausdruck, die Zielstrebigkeit: das Gesicht eines Jungen, der seiner Mutter »eine Brücke bauen« wollte.

»So ist es nun mal, Nerburn«, fuhr Dan fort. »Für die Weißen ist die Rasse das wichtigste. Sehen Sie doch selbst. Sie brauchen nur zu beobachten, wenn Weiße mit Menschen sprechen, die nicht weiß sind. Früher oder später bringen sie ihre Rasse ins Spiel.

Wenonahs eine kleine Tochter ist wie Eugene. Sie sieht nicht indianisch aus, also spricht auch keiner davon. Höchstens sagt mal einer: ›Du siehst ja gar nicht wie eine Indianerin aus.‹ Doch ich, Wenonah und der alte Grover, wir sehen wie Indianer aus. Wenn wir uns mit Weißen unterhalten, können wir darauf wetten, daß sie das Gespräch auf das Thema Indianer bringen.«

»Das stimmt, Nerburn«, fiel Grover ein.

Dan ließ nicht locker. »Vielleicht sprechen sie von irgendeinem anderen Indianer, den sie mal getroffen haben, oder einem Film oder irgend etwas, das mit Indianern zu tun hat. Wahrscheinlich wollen sie uns damit demonstrieren, wie sehr sie Indianer mögen. Man kann seine Hand dafür ins Feuer legen. Das scheint das wichtigste zu sein. Selbst wenn ich Präsident wäre oder ein Mittel gegen Krebs hätte, als erstes würden sie etwas über Indianer sagen.

Ich habe das gleiche auch schon von Schwarzen gehört. Für euch Weiße steht anscheinend die Rasse immer im Vordergrund.

Das Lustige dabei ist, daß ihr so tut, als würdet ihr gar nicht auf die Rasse achten. Eines Abends beispielsweise sah ich mir mit Grover im Fernsehen einen Boxkampf an.«

Er wandte sich an Grover. »Weißt du noch?«

»Na klar. Ein miserabler Kampf.«

»Jedenfalls sprach der Reporter ständig von dem Boxer in schwarzen Hosen mit weißen Streifen und von dem anderen in schwarzen Hosen mit einem goldenen Streifen. Ich konnte den

Unterschied nicht einmal sehen, zum Teufel. Aber so sprach er die ganze Zeit von ihnen. Und wissen Sie was? Der eine war weiß und der andere schwarz! Doch der Reporter brachte es nicht über sich zu sagen, ›der Weiße‹ und ›der Schwarze‹, denn das soll man nicht sehen. So etwas Verrücktes habe ich noch nie erlebt.

Das gehört alles zu eurer großen Lüge. Rasse ist für euch am wichtigsten, aber darüber zu sprechen, am schwersten.«

»Anscheinend habe ich einen wunden Punkt getroffen, was?« Ich hoffte immer noch, er würde seinen Sohn erwähnen.

»Das ist nicht mein wunder Punkt«, sagte er. »Es ist der wunde Punkt der Weißen. Ich sage Ihnen, was es ist. Weiße fürchten sich vor allen, die nicht weiß sind. Schauen Sie sich an, wie ihr Schwarze definiert. Wenn jemand irgendwann einen schwarzen Vorfahren hatte, und man sieht das, sagt ihr, er sei schwarz. Auch wenn die ganze Familie tausend Jahre lang weiß war, aber ein Großelternteil schwarz ist, heißt es sofort, die betreffende Person sei schwarz. Bei Iren und Italienern tut ihr das nicht. Einer, der irgendwo eine italienische Großmutter hat, die vor hundert Jahren mit dem Schiff herübergekommen ist, ist kein Italiener für euch. Doch eine schwarze Oma – und husch! ist man schwarz. Überlegen Sie mal, Nerburn. Wenn Ihre Frau schwarz wäre und Sie ein Kind hätten, würden Sie das Kind verlieren. Es wäre schwarz. Aber ihr sagt nicht, daß es schwarz ist. Ihr sagt, es ist nicht weiß.

Weiß ist eine schwache Farbe. Denken Sie nur an Malerfarbe. Ein Tropfen einer anderen Farbe, und sie ist schon nicht mehr weiß. Sie können so viel Weiß hineinschütten, wie Sie wollen, den einen Tropfen können Sie nicht mehr ausgleichen. Die Farbe wird nie mehr weiß sein, und davor habt ihr Angst.

Die Schwarzen laßt ihr wenigstens in Ruhe, wenn einmal feststeht, daß sie nicht weiß sind. Ihr habt sie einfach alle in einen

Topf geworfen – schwarz, braun, brünett – und nennt sie schwarz. Aber uns Indianer konntet ihr nicht zufrieden lassen, auch nachdem ihr beschlossen hattet, daß wir nicht weiß waren. Ihr unterteiltet uns in Halbblut- und Vollblutindianer. Versuchen Sie mal, einen Schwarzen mit weißem Blut als Halbblut zu bezeichnen. Das kommt nicht an.«

Er hob seine Hände wie ein Prediger, der etwas unterstreichen möchte. »Bei uns ist es umgekehrt. Ein Indianer in der Familie, und man ist Indianer. Um für die Weißen ein Weißer zu sein, müssen alle weiß gewesen sein. Wenn ein Familienmitglied nicht weiß war, bleibt das Kind für immer ein Außenseiter. Wir brauchen nur einen Indianer, um Indianer zu sein. Verstehen Sie, was ich meine?«

»Ja, ich verstehe.«

»Dann denken Sie mal darüber nach. Ihr habt so viele Gesetze, von denen Sie gar nichts wissen. Zum Beispiel ist es ganz in Ordnung, wenn Weiße ein chinesisches Kind adoptieren, aber es ist nicht in Ordnung, wenn Chinesen ein weißes Kind adoptieren. Oder wenn verschiedene Rassen miteinander ausgehen, müssen die Männer immer weiß sein.«

Er schaute mich an, damit ich ihm zustimmen konnte. Ich sagte nichts.

»Es stimmt aber«, fuhr er fort. »Wenn ein Weißer mit einer Schwarzen zusammen ist, dann ist er liberal. Ist aber ein Schwarzer mit einer weißen Frau zusammen, muß er ein Zuhälter sein. Bei Indianern ist es das gleiche. Einem Weißen ist es gestattet, eine Indianerin zu lieben. So ist es meist in Filmen. Doch wenn ein Indianer eine weiße Frau hat, stimmt mit ihr etwas nicht, weil sie mit einem von ›denen‹ zusammensein will.

Ich glaube, es hat etwas mit Eroberung zu tun. Ein weißer Mann muß die Macht haben. Wenn ein andersfarbiger Mann einer weißen Frau etwas zu sagen hat, stimmt entweder mit ihr etwas nicht, oder er ist ein schlechter Kerl. Sie ist entweder eine Gefangene oder eine Verräterin. Denn was kann eine anständige weiße Frau schon an einem Indianer finden? Richtig?«

Ich mußte lächeln. Er hatte den Nagel auf den Kopf getroffen.

»Das gleiche ist es mit den Kindern«, fuhr er fort. »Wenn eine weiße Person jemanden heiratet, der nicht weiß ist, und sie haben Kinder, dürfen diese wie weiße Kinder erzogen werden, zumindest solange sie klein sind. Wachsen sie aber als Schwarze oder Indianer auf, heißt es: ›Ach, das arme Kind. Es gehört nirgendwo richtig hin.‹

Wenn das Kind einen indianischen Elternteil hat, gehört es zu uns. Das ist unsere Überzeugung. Wir machen keine Bluttests oder ordnen sie in Gruppen ein, je nachdem wieviel indianisches Blut sie haben.

Geben Sie es zu. Sie würden es besser finden, wenn der kleine Eugene unter Weißen leben würde. Geben Sie es zu.« Er war stolz auf seine Beweisführung. Ohne meine Antwort abzuwarten, sprach er weiter. »Aber wenn der Kleine unter Weißen leben würde, würden ihn die anderen Kinder Tonto und Halbblut nennen oder in Kriegsgeheul ausbrechen, wenn er vorbeikäme. Das ist die verdammte Wirklichkeit.«

»Das Kind hat sich mit mir unterhalten«, sagte ich nur. »Das war alles.«

»Erklären Sie das April«, antwortete er. Er zog ein Stück liniertes Papier aus der Tasche, das aus einem Schulheft herausgerissen war, und reichte es mir. Es war eine gewissenhaft ausgeführte Kinderzeichnung von vier Leuten. Eine große, runde, rosa-umrandete Gestalt mit einem gekritzelten Bart stand neben einer kleinen runden Gestalt mit gelben Locken. Die beiden sahen nach vorn, hatten ein Kürbisgrinsen, große, kreisrunde Augen mit Punkten darin und Arme wie Stöcke mit Händen wie Vogelkrallen. Ihnen zur Seite standen mit einem kleinen Abstand dazwischen zwei weitere runde, aber kleinere Gestalten, die eine mit Beinen, die andere mit einem Dreieckskleid. Die mit dem Kleid hatte eine silberne Münze in ihrer Vogelhand. Ihr Gesicht war, wie auch das der Gestalt neben ihr, dunkelbraun. Als Augen hatten sie kleine Punkte, Rosinen. Keines von ihnen hatte einen Mund.

Darunter stand in krakliger Schönschrift: »Für herrn kent. von April. Danke. Tschüß.«

Ich errötete ein wenig, während ich darauf starrte. »Ist schon in Ordnung, Nerburn«, sagte Dan. »Sie haben ihr ja fünfundzwanzig Cents gegeben.«

Kapitel 22

Das Lied der Geschichte

Wir fuhren weiter, dem sich verdunkelnden Himmel entgegen. Schilder tauchten entlang der Straße auf. Aufdringlich warben die meisten für irgendeine an den Haaren herbeigezogene Attraktion oder sonst einen Vorwand, der die Reisenden zum Anhalten bringen sollte: »Lebende Bären.« – »Reptilien.« – »Die größte Autosammlung der Welt.« – »Besichtigen Sie das Motorrad von Elvis.« – »Kürzester Weg in die Black Hills.«

Andere forderten dazu auf, gegen Abtreibung oder für Jesus einzutreten. Grover machte es großen Spaß, diese Botschaften im Vorbeifahren laut vorzulesen. Er arbeitete wie ein Ausrufer, der nicht kommentierte, sondern nur wiederholte, was dastand.

Von Zeit zu Zeit kicherte er, wenn ihn eine Zeile besonders amüsierte, wobei seiner Auswahl keine erkennbare Logik zugrunde lag.

Dan rauchte wie immer eine Zigarette nach der anderen. Der Ärger und die Aufregung, die sich seiner bemächtigt hatten, als wir Annies Hof verließen, schienen sich verflüchtigt zu haben. Ich war mir nicht sicher, ob es nur meine Wahrnehmung gewesen war oder ob er sich tatsächlich wegen seines Sohnes gequält hatte. Immerhin machte er jetzt einen weniger wehmütigen als analytischen Eindruck. Er betrachtete die vorüberziehende Landschaft mit neu erwachtem Interesse.

Entgegenkommende Wagen hatten jetzt ihre Scheinwerfer an. Hoch oben auf einem Hügel hatte ein Rancher ein Kreuz aufgestellt. Es zeichnete sich in geweißter Nacktheit gegen den grauen Hintergrund ab, der den Sturm ankündigte.

»Land Jesu«, sagte ich so dahin.

»Das Land *Wakan Tankas*«, berichtigte mich Dan.

»Jedenfalls ein Land des Glaubens«, sagte ich in dem Versuch, alle Möglichkeiten einzuschließen.

»Ja, dieses Gefühl erweckt es in einem.«

Die Hitze war drückend und unheilschwanger. Dan saß entspannt auf seinem Sitz, den Arm aus dem Fenster gehängt. Sein altes, kariertes Hemd flatterte um den Ellbogen.

»Was halten Sie von Jesus, Nerburn?« fragte er.

Diese Frage berührte ich nur ungern. Ich sagte nichts.

»Glauben Sie, daß er heute noch am Leben ist?«

»Entsprechend einer zweiten Wiederkunft?«

»Die hat vielleicht schon stattgefunden«, sagte Dan verschmitzt. »Ich meine, ob sein Geist noch am Leben ist?«

Ich begab mich sogleich auf einen akademischen Rückzug. Dan unterbrach mich.

»Nein, das will ich nicht hören. Was Sie denken, weiß ich bereits. Was mich interessiert, ist der Rancher. Der, der das Kreuz aufgestellt hat. Was geht in ihm vor?«

Ich suchte nach einer Antwort. Grover unterbrach uns, um uns eine Tafel über Mount Rushmore vorzulesen.

»Genau das meine ich«, sagte Dan. Ich hatte keine Ahnung, wovon er sprach.

»Diese Präsidenten. Ich habe viel über sie nachgedacht. Nehmen wir mal die beiden.«

»Welche beiden?«

»Die beiden, von denen ich rede. Jesus und Abraham Lincoln.«

Ich fragte mich, ob er den Kontakt zur Realität verloren hatte.

»Sie haben nicht von ihnen geredet, Dan. Wahrscheinlich haben Sie an sie gedacht. Ich glaube, die Hitze macht Ihnen zu schaffen.«

Er sprach ungerührt weiter. »Missionare kommen ins Reservat. Drei oder vier schick angezogene Damen im Auto. Sie wollen mit uns über Jesus sprechen. Aber Jesus ist seit vielen Jahren tot. Warum kommen sie also und wollen mit uns über ihn sprechen?«

Er war wieder auf der Spur. Mir blieb nichts anderes übrig, als ihm zu folgen. Wenigstens war dieses Thema nicht vom Geist seines Sohnes überschattet. »Weil sie überzeugt sind, daß er in den Herzen der Gläubigen lebt und diese durch ihren Glauben erlöst werden«, erklärte ich.

»Genau«, rief Dan aufgeregt. »Aber warum kommen sie dann nicht so schick angezogen und erzählen einem von Abraham Lincoln?«

Das Bild war so bizarr, daß ich erst gar keine Antwort riskierte.

»Weil nämlich Abraham Lincoln tot ist. Aber Jesus ist doch auch tot. Ihn dagegen kann man im Herzen wieder zum Leben erwecken. Zumindest sagen sie das immer. Also lautet die Frage: Warum kann Abraham Lincoln nicht wieder lebendig werden, wenn man ihn im Herzen trägt?«

Ich fühlte mich wie der Kandidat in einem surrealen Quiz. »Ich weiß nicht.«

»Weil Abraham Lincoln zur Geschichte des weißen Mannes gehört«, sagte Dan triumphierend.

»Und Jesus nicht?«

»Nein, er gehört einer anderen Art von Geschichte an. Einer Art, die Indianern verständlich ist. In der die Dinge Macht haben, weil sie *Wakan* sind. Deshalb glauben so viele Indianer an ihn.«

282

Trotz dieser fragmentarischen Logik waren Dans Gedanken von etwas Bedeutendem durchdrungen. Interessiert setzte ich mich auf.

»Gut«, sagte er. »Sie haben sich entschlossen zuzuhören. Ich war schon nahe daran, Sie aufzugeben.«

»Ich bin ganz Ohr.« Ich schaltete den Kassettenrecorder ein und machte es mir auf dem verschwitzten grünen Vinyl bequem. Fatback schnaubte unwirsch über die Störung, schlief aber gleich wieder ein.

»Also. Eure Geschichte mit Abraham Lincoln und so weiter, die ihr in den Schulen lehrt, ist nicht gut für Indianer. Es ist eine seltsame Art der Geschichte, bei der das wichtigste die Geschehnisse sind. Ihr wollt alles darüber wissen, was geschehen ist. Wie viele Leute irgendwo waren, was sie anhatten, was sie dachten. Das alles ist wichtig für euch. Ihr glaubt, je mehr ihr wißt, desto mehr Geschichte habt ihr auch.

Das ist keine gute Geschichte. Indianische Geschichte ist nicht so. Es ist so, als würde man alle Körperteile studieren und dann sagen, man wüßte über das Leben Bescheid. Dabei sind es nur Tatsachen.

Eure Art zu denken hat uns Indianern sehr geschadet. Ihr hattet eine schlechte Geschichte, und dann habt ihr diese schlechte Geschichte auch noch falsch verstanden.«

»Wie ›falsch verstanden‹?« warf ich dazwischen.

Er seufzte tief und resigniert. »Wer redet? Ich oder Sie? Ich dachte, Sie wollten etwas lernen.«

»Verzeihung.«

Er drohte mir mit gekrümmtem Zeigefinger. »Deshalb schlagen wir die Weißen immer in einem fairen Kampf! Ihr könnt nur geradeaus gehen. Wir dagegen sind beweglich und umzingeln euch von allen Seiten. Seien Sie jetzt still und hören Sie zu.«

Grover schlug vor Vergnügen auf das Lenkrad.

Dan fuhr fort. Er war sein altes, streitsüchtiges, überschäumendes Selbst.

»Schauen Sie, was eure Lebensweise uns angetan hat! Als ihr zu uns kamt, war es euch völlig egal, was in unseren Herzen lebendig war oder nicht. Ihr wolltet die Fakten kennenlernen.

Wenn ihr uns fragtet, wann etwas Bestimmtes geschehen sei, antworteten wir vielleicht, daß es in dem Jahr geschah, als alle Büffel erfroren. Sofort wurdet ihr wütend und fragtet uns, wann das gewesen sei. Darauf erwiderten wir, es sei in dem Jahr gewesen, als die Sterne fielen. Denn so zählten wir die Jahre.

Aber diese Antworten genügten euch nicht. Ihr wolltet eine Jahreszahl hören. Als ob es etwas nützt, die Zahl eines Jahres zu kennen. Ihr wurdet wütend, wenn wir euch nicht die Nummer eines Tages sagen konnten oder sie vergessen hatten.

Also beschriebt ihr unsere Geschichte anhand der Dinge, an die sich euer Volk erinnern konnte. Doch alles, woran ihr euch erinnern konntet, waren die Dinge, die die Händler, die Missionare oder die Soldaten niedergeschrieben hatten. Wenn wir kämpften, schriebt ihr auf, welche Waffen wir benutzten und wie viele Menschen getötet wurden.

Wenn ihr einen Indianer ausfindig machen konntet, der willens war, für euch zu arbeiten, machtet ihr ihn zum Häuptling, damit er die Papiere unterzeichnen konnte, die unser Land veräußerten. Anschließend schriebt ihr auf, was er gesagt hatte. Hatte er nichts gesagt, schriebt ihr irgend etwas hin und ließt ihn unterschreiben. Das war dann Geschichte.

Verstehen Sie, wozu das führte? Denken Sie darüber nach. Die Händler notierten die Anzahl der Felle, die sie bekamen. Manchmal schrieben sie auch etwas über die Lebensweise der Indianer. Die Missionare hielten fest, warum wir unzivilisiert waren, welche Zeremonien wir hatten und wie sonderbar ihnen diese erschienen. Die Leute, die gegen uns kämpften, schrieben sowieso, was sie wollten, um selbst gut dazustehen.

Glauben Sie, sie schrieben: ›Die Indianer hatten einen besseren Schlachtplan und waren im Kampf. überlegen‹? Glauben Sie, sie schrieben: ›Heute haben wir ein Menge Babys getötet‹? Ich glaube es nicht.

Ganz zu schweigen von den falschen Häuptlingen. Ihr schriebt irgend etwas, damit sie als unsere Anführer galten. Sie sagten sowieso, was ihr wolltet, denn ihr gabt ihnen Häuser und Geld. Ihr ließt sie sogar Papiere unterschreiben, die sie nicht einmal lesen konnten, und sagtet, es sei die Wahrheit, weil es geschrieben stünde, aber es gab keinen Indianer auf der Welt, der den Inhalt kannte.

Später versuchtet ihr, unser Land zu zerteilen und uns kleine Stückchen davon zu geben, oder ihr wolltet, daß wir Nachnamen und Heiratsurkunden hatten wie Weiße. Ihr schriebt alles nieder. Einige von unserem Volk fanden das so dumm, daß sie euch bei jedem Gespräch einen anderen Namen angaben. So vollbrachtet ihr ein großes Durcheinander und machtet viele Fehler.

Am Ende war alles verkehrt und erlogen. Aber es stand geschrieben, also behauptetet ihr, es sei wahr, und brachtet es den Kindern als die Wahrheit bei.

Das hat eure weiße Geschichte für uns getan.«

Er zog triumphierend an seiner Zigarette. Die Mount-Rushmore-Schilder mit den schlechten Zeichnungen von den Köpfen der vier Präsidenten häuften sich. Sie wirkten absurd und winzig gegen das drohende Dunkel des westlichen Himmels. Ich dachte, Dan sei fertig. Er blies jedoch nur kräftig den Rauch aus und begann erneut.

»Aber es geschah noch etwas viel Schlimmeres. Unsere ganze

Geschichte aus der Zeit vor eurer Ankunft wurde ausgelöscht. So als ob wir nicht existiert hätten, bevor ihr kamt. Ihr glaubt nichts von dem, was wir euch erzählen, wenn ihr nicht einen Topf oder eine Pfeilspitze ausgrabt. Dann legt ihr sie in Maschinen und Chemikalien, um herauszufinden, wann die Sachen gemacht wurden, und sagt: ›Jetzt wissen wir Bescheid.‹ Anschließend schreibt der Mann, der die Tests durchgeführt hat, was er herausgefunden hat, und andere Leute schreiben, was sie über das denken, was er herausgefunden hat. Das nennt ihr dann Geschichte.

Wenn ich zu euch komme und euch erzähle, was meine Väter mir erzählt haben, ist das keine Geschichte, solange Chemikalien euch nicht das gleiche sagen. Ich könnte euch sogar etwas über Kräfte wie die *Wipoye,* die Medizinbündel, erzählen oder wie man eine Zwillingsfrau wird. Aber das tue ich nicht, denn ihr würdet sowieso nur sagen, es sei erfunden.

Sehen Sie, nichts von dem, was wir wissen, gilt als Geschichte bei euch. Unsere heiligen Lieder sind bloße Legenden für euch. Die Kräfte, die wir von unseren Vorfahren erhalten haben, sind Aberglaube für euch. Die Pflichten auch. Nichts von alldem hat eine Realität in eurer Geschichte.

Eigentlich bedeutet es nur, daß niemand da war, der alles in ein Buch geschrieben hat. Es spielt keine Rolle, daß die Dinge, die euer Volk in die Bücher schrieb, Lügen waren. Hauptsache, sie wurden niedergeschrieben. Stand es einmal da, war es auch die Wahrheit. Es gab eine Geschichte. Unsere Alten sagten immer: ›*Wasichu* baut sein Haus auf Lügen.‹«

Ich konnte ein Lächeln nicht unterdrücken. Dan sah mich an und zwinkerte. Dabei blinkte sein milchig-trübes Auge im Zwielicht. Ein kleines, tiefes »He, He« grollte wie Donner in seiner Brust. Er wußte, er hatte meine Aufmerksamkeit.

»Jetzt kommt Jesus. Als sie mich in die Kirche schickten und mir von Jesus erzählten, fragte niemand nach dem Datum. Es hieß nur, ›als Jesus lebte‹. Wichtig war, was geschah.

Ich lernte beispielsweise, daß bei seinem Tod die Erde bebte.«

»Ja«, warf ich mit einem Blick auf den düsteren Himmel ein. »Eine Finsternis brach über das ganze Land herein.«

Dan war nicht in Stimmung für vorwitzige Bemerkungen. »Das geschah, weil er getötet wurde. Niemand fragte, wie viele Menschen bei diesem Erdbeben getötet wurden oder wie viele dabeistanden, als Jesus starb. Keiner brauchte zu wissen, in welchem Jahr es geschah. Das war nicht wichtig. Das Bedeutende war, daß, als Jesus starb, ein Erdbeben kam.

Verstehen Sie? Wenn es von Bedeutung war, daß beim Tod Jesu die Erde bebte, warum war es dann unbedeutend, daß in dem Jahr, als die Büffel erfroren, zahlreiche Sterne fielen?«

Ein weit entfernter Blitz beleuchtete die Ränder der quellenden Wolken.

»Ich erkläre Ihnen, warum. Weil die Weißen nicht glaubten, daß die beiden Dinge etwas miteinander zu tun hatten. Ihr glaubtet, daß der Tod Jesu und das Erdbeben etwas miteinander zu tun hatten, aber ihr glaubtet es nicht von den Sternen und den Büffeln. Ein Erdbeben konnte stattfinden, weil Jesus gestorben war. Aber die Sterne konnten nicht fallen, weil die Büffel gestorben waren.

Nehmen wir noch ein anderes Beispiel. Am Himmel stand ein Stern, der diese heiligen Könige zu Jesus führte, als er geboren wurde. Aber einen Stern, der unser Volk leitet, kann es nicht geben. Wenn wir von den Sieben Sternen sprechen, die uns die sieben Ratsfeuer gelehrt haben, dann glaubt ihr es nicht. Ihr nennt es einen Mythos oder eine Legende. Vielleicht ist der Stern, der die Könige führte, auch nur ein Mythos und eine Legende.

Ich finde, ihr solltet darüber nachdenken, denn ihr habt zwei verschiedene Vorstellungen von Geschichte. Das ergibt keinen Sinn.«

»Das gibt ein Mordsding«, unterbrach Grover und zeigte über das Armaturenbrett auf den Himmel. »Ich versuche es zu umfahren.«

Er war wieder der Kapitän, der sein Schiff durch die Gefahren verräterischer Riffe und Untiefen steuerte. Er bog nach links in eine lange Asphaltschleife ein, die nach Süden in die Hügel führte. Das Gewitter dräute grollend und blitzend am westlichen Horizont.

»Schaffst du nie«, sagte Dan.

»Kann sein«, erwiderte Grover. Er trat aufs Gaspedal, und der Buick brauste vorwärts. Die dunkle Wand im Westen blitzte und glühte uns an wie aus Drachenaugen.

Dan führte seine Geschichte fort. »Mein Volk hörte euch zu, wenn ihr von Jesus spracht, weil es eure Gedanken verstehen konnte. Denn das, was mit Jesus geschah, ist heute noch ebenso wichtig wie an dem Tag, an dem er starb.

Das konnten wir verstehen, so erinnerten wir uns auch an unsere Vergangenheit. Ich wußte, ein bestimmtes Jahr war das Jahr, in dem der Großvater meines Großvaters das Lager vor dem Büffel bewahrt hatte. Also war es das Jahr, in dem der Büffel das Lager verschonte. Es war das Jahr, in dem mein Großvater mir die Macht gab, Gefahr von unserem Stamm abzuwenden. Ich besitze diese Macht noch immer, denn er gab sie mir durch seine Tat.

Genauso erfuhr ich von Jesus. Er lebte vor langer Zeit, und er gab euch die Macht, heute Taten zu vollbringen. Doch als ihr vom Großvater meines Großvaters hörtet, glaubtet ihr nicht, daß er mir Macht verliehen hatte. Ihr wolltet wissen, wie viele Büffel es waren und in welchem Jahr es geschah.

Warum findet ihr dann nicht heraus, in welchem Jahr Jesus geboren wurde, wie viele Menschen dabei waren, als er getötet wurde, und was die wissenschaftliche Begründung für das Erdbeben war? Warum zählt das denn nicht? Ihr wollt doch auch wissen, ob die Büffel vielleicht eine Krankheit hatten und das Lager deshalb angriffen oder ob wir das Lager in dem Jahr vielleicht an einer anderen Stelle aufgeschlagen hatten. Von der Macht, die ich dadurch erhielt, wollt ihr nichts hören. Aber ich soll mir alles über die Macht anhören, die Jesus euch verlieh.

Das ergibt keinen Sinn. Entweder ist das der Lauf der Dinge oder nicht. Wenn ihr nicht zu wissen braucht, wann Jesus gelebt hat, und eure Zeitrechnung nichtsdestoweniger in diesem Jahr beginnt, dann muß ich doch auch nicht wissen, in welchem Jahr der Großvater meines Großvaters gelebt hat. Wenn Jesus euch heute noch durch seine Taten Kraft gibt, dann kann mir doch auch der Großvater meines Großvaters jetzt noch durch seine Taten Kraft geben.

Aber eure Gedanken leben in zwei Welten. In einer davon haben die Geschehnisse ewige Macht, wie Jesus. In der anderen passiert alles nur einmal, und nur in diesem Moment übt ein Ereignis seine Macht aus. Deshalb müßt ihr euch ein perfektes Bild davon machen, müßt wissen, wie viele Leute dabei waren, welche Dinge eine Rolle spielten, und außerdem die Voraussetzungen kennen, die dazu geführt haben und die, die eine Folge davon waren. Nur so könnt ihr Geschichte begreifen.«

Er hielt inne, damit ich das, was er gesagt hatte, verdauen konnte. »Was sagen Sie dazu, Nerburn?«

Ich war wie betäubt und wußte nicht, ob ich mich zehn Schritte vor ihm oder zehn Schritte hinter ihm befand. »Wissen Sie, Dan«, sagte ich. »Manchmal glaube ich, Sie spielen nur mit mir.«

»Was meinen Sie, warum sie Geronimo* oder Chief Joseph**
nicht kriegten?« sagte Grover stolz. Dan gab wieder ein paar
tiefe, grollende »He, Hes« von sich.

»Jetzt werde ich Ihnen etwas zu Abraham Lincoln sagen. Für
mich war er wie einer unserer großen Häuptlinge. Wenn ich an
ihn denke, erkenne ich, wie unterschiedlich wir eigentlich sind.
Für mich war er euer größter Führer. Er fürchtete sich nicht,
etwas für Menschen zu tun, die er noch nie gesehen hatte. Er
versuchte, gerecht zu sein. Ich glaube, er wäre ein guter Indianer
geworden.

Aber ihr sprecht über ihn wie über einen Toten. Er ist ganz
anders als Jesus für euch. Er ist nicht mehr lebendig. Also bringt
ihr euren Kindern bei, wann und wo er geboren wurde und alle
möglichen Fakten über ihn. Ihr laßt es die Kinder lernen, als
wäre er ein ausgestopfter Bär im Museum. Das ist euer Fehler.

Warum sagt ihr nicht, daß er auch heute noch im Herzen eures
Volkes lebendig ist? Warum lehrt ihr eure Geschichte nicht so,
daß eure Kinder ihn in ihren Herzen am Leben erhalten? Statt
dessen versteift ihr euch darauf, wie groß er war oder wo er
geboren wurde.

Ihr lehrt eure Kinder, daß Abraham Lincoln die Sklaven
befreit hat. Warum sagt ihr ihnen nicht, daß er euch alle zu

---

* Geronimo (1834–1909), Medizinmann, Seher und Häuptling der Chiri-
cagua-Apachen. Er führte mehrere Male gegen die Weißen Krieg. 1884
zog er mit einer Gruppe indianischer Rebellen durch Arizona und
Neu-Mexiko. Er war sehr gefürchtet. 1886 schloß er einen Waffenstill-
stand, der aber von den Weißen nicht eingehalten wurde. (A. d. Ü.)
** Chief Joseph (18..?–1904), berühmter Häuptling der Nez-Perce-India-
ner. Den Namen Joseph hatte ihm ein Missionar gegeben. Sein Stamm
war mit den Weißen befreundet, wurde aber nach einem Vertrag um allen
Besitz gebracht. Chief Joseph floh, um nicht ins Reservat geschickt zu
werden, und hielt zwei Monate lang mehrere hundert Soldaten in Schach.
(A. d. Ü.)

Sklavenbefreiern gemacht hat, ihr seine Kinder seid und seine Ehre hochhalten müßt?

So machen wir es.

Doch ihr wollt, daß eure Kinder in der Prüfung wissen, wann Abraham Lincoln das Dokument unterzeichnete, das die Sklaven befreite. Erst wenn sie das wissen, sagt ihr, kennen sie Abraham Lincoln. Dieses Denken macht eure Geschichte dünn und häßlich, weil alles in Kisten auf Regale gepackt wird, die heruntergenommen und durchsucht werden müssen. Darin ist kein Leben. Ich finde unseren Weg besser. Viel besser.«

»Ich kann Ihnen nicht widersprechen, Dan«, sagte ich.

»Das möchte ich Ihnen auch nicht raten«, lachte er. »Ich begann Sie schon für dumm zu halten. Ich erzähle Ihnen noch etwas. Nur ein bißchen.

Wir hatten schon immer eine Geschichte, wie die Weißen auch. Ihr habt uns nur nicht geglaubt. Wir hatten unsere Geschichten und Bilder. Wir hatten unsere Bräuche, die uns von den Alten weitergegeben wurden. Ganz ähnlich der Geschichte der Weißen. Es gab auch Fakten. Aber die waren euch nicht gut genug.

Wenn ich euch zeigte, wie mein Großvater etwas machte, trautet ihr mir nicht. Aber wenn ein Weißer, der nicht einmal begriff, was er sah, es niederschrieb, dann war es Geschichte.

Man kann nicht alles wissen. Es ist zuviel. Wir Indianer bemühten uns, die wichtigen Dinge zu wissen, damit wir das Leben besser verstehen konnten.

Bei uns gab es Menschen, die uns von den alten Zeiten berichten konnten und erklärten, warum sie wichtig für uns waren. Wir brachten unseren Kindern die Geschichten bei, so daß sie sie genauso wiederholen konnten, wie sie sie gehört hatten. Unsere Geschichte war lebendig. Doch eure Geschichte ist tot, auch wenn sie mit Worten niedergeschrieben ist.

Ich werde es Ihnen auf noch eine Art erklären. Wenn Sie ein

Lied hören, ist es dann Wirklichkeit? Oder wird es erst in dem Moment Wirklichkeit, in dem jemand es niederschreibt?

Für uns waren die Geschichten unseres Volkes wie ein Lied. Solange jemand sie singen konnte, waren sie Wirklichkeit. Die Niederschrift hat nie eine Rolle gespielt. Ihr sagtet uns, unser Lied sei nicht wirklich, weil es nicht niedergeschrieben war. Dann schriebt ihr es nach eurem Geschmack auf.

Auch heute noch schreibt ihr unsere Geschichten mit euren Worten auf und verdreht alles. Eure Worte sind voll scharfer Kanten, die uns verletzen. Aber wir bluten schon so lange, daß wir es gar nicht mehr spüren.

Mir tut es nicht weh. Ich bin alt. Ich kann die alte Sprache ebenso wie meine Freunde. Wir sprechen sie noch. Sie ist immer noch das Lied in unseren Herzen. Es sind die jungen Leute, die lernen müssen, das Lied wieder zu singen.«

Er verschränkte die Arme und verstummte.

Grover schlug auf das Lenkrad wie ein Baseballfan bei einem Homerun. »Donnerwetter!« sagte er. »Nerburn, ich hoffe, Sie lernen etwas.«

Ich war noch dabei, das Gehörte zu verarbeiten. Ich spulte die Kassette zurück und hörte ein paar Worte, um mich zu versichern, daß sie aufgenommen waren.

Dan saß aufrecht in seinem Sitz und starrte geradeaus, wie meist, wenn er eine Rede beendet hatte. Aber sein Verstand arbeitete noch. »Ich will Ihnen noch ein Letztes sagen.« Wieder war es, als höre er eine Stimme und gab weiter, was sie ihm sagte. »Es gibt einen Grund dafür, daß ihr *Wasichu* so viele Probleme habt. Nichts ist für euch *Wakan*. Ihr habt der Erde und dem Himmel alle Macht genommen. Alles wurde in Tatsachen verwandelt. Ihr werdet in euren Tatsachen ertrinken.«

Grover war vollkommen begeistert. Mir wurde bewußt, daß auch er sich wegen Dans melancholischer Anwandlungen Sorgen gemacht hatte. Jetzt war er wieder der Alte, den er kannte und verehrte. Er wandte sich mir zu und grinste wie ein Kojote.

»In den alten Zeiten brachten die Leute den Alten, die sie lehrten, Geschenke.«

»Aha«, antwortete ich.

»Als Zeichen des Respekts.« Seine Augen funkelten mutwillig.

»Woran hätten Sie denn gedacht?«

Er heftete den Blick auf ein rot-weißes Schild auf einem Hügel. »Steaks. Hähnchen. Rippchen«, las er.

»So, so«, antwortete ich. »Wahrscheinlich luden die Zuhörer auch den Mann ein, der den Wagen lenkte?«

»Ich habe nur das Schild vorgelesen, Nerburn«, sagte er.

Kapitel 23

Der Sturm

Grover packte den Rest seiner Rippchen in eine Serviette für Fatback. Ich zahlte die Rechnung, und wir machten uns zum Wagen auf.

Beim ersten Schritt nach draußen merkten wir schon, daß der Sturm uns eingeholt hatte. Die Luft war den ganzen Tag launisch und unruhig gewesen; jetzt war sie so dicht und erstickend, daß man kaum atmen konnte. Das Licht hatte eine unirdische grüne Färbung. Blitze zuckten über den Horizont.

Grover fuhr zurück auf den Highway und wendete sich direkt nach Westen. »Wir müssen ein bißchen aufholen.« Mehr sagte er nicht.

»Jetzt hat es uns erwischt«, sagte Dan.

Ich saß stumm da, gebannt von dem Drama, das sich vor meinen Augen am Himmel abspielte. Zu meiner Rechten hatte sich das Firmament in einen dunklen Kessel verwandelt, der wie die Nacht auf uns zuglitt. Unmittelbar vor uns wüteten und ballten sich die Wolken wie sich auftürmende Wogen.

Die Sonne war wie im Qualm eines Präriefeuers verschwunden. Hie und da fand sie eine Öffnung und durchdrang die Wolken mit kraftlosen Strahlen in einem morbiden Gelb, das die Hügel und Täler augenblicksweise übergoß und dann wieder verschwunden war. Winzige elektrische Stöße schossen zwischen den pilzähnlichen Wolkenformationen hin und her. Die

Blitze erhellten für Bruchteile von Sekunden ihr aufgewühltes Inneres, das Lawinen oder Sturzbächen aus Schwefel glich. Die Naturgewalten schäumten über, zu schnell, zu mächtig, um vom Menschen unterworfen zu werden.

Einige Regentropfen trafen wie Schüsse die Windschutzscheibe.

»Ein Mordsding«, wiederholte Grover.

Ein kurzer Blitz erhellte eine Reklametafel mit dem Zitat Johannes 3,16* in blutroter Schrift und einem zusammengekrümmten Fötus. Es zerfloß, als der Regen wie ein Vorhang die Windschutzscheibe herunterströmte.

Das Wetter machte Fatback nervös. Sie setzte sich auf und begann zu winseln.

»Guter Hund«, sagte ich und kraulte sie am Hals. Sie entspannte sich nicht. Irgendein primitiver Instinkt für Gefahr war geweckt worden. Es war ihre Pflicht, wachsam zu sein.

»Ich kann verstehen, daß die Leute hier draußen religiös werden«, sagte ich.

»Aber die falsche Religion«, bemerkte Dan.

Die Risse in den Wolken gaben den Blick auf berstende Wogen von Finsternis frei – meilenhoch und meilenlang. Orangefarbene Glut wie von einem Hochofen erleuchtete die Ränder der Gebilde.

Zuckende Blitze durchbrachen den Himmel und erhellten die Kuppen der fernen Tafelberge.

»Wollen Sie da durchfahren?« Ich gab mir Mühe, beiläufig zu klingen.

Dan begann etwas auf Lakota zu singen.

---

* »Denn Gott hat die Welt so sehr geliebt, daß er seinen einzigen Sohn hingab, damit jeder, der an ihn glaubt, nicht zugrunde geht, sondern das ewige Leben hat.« (A. d. Ü.)

Wie Glasscherben schnitt der Regen diagonal durch die bleichen Lichtkegel von Grovers Scheinwerfern. Das Dach des Wagens begann zu knacken und zu knirschen. Vor uns lauerte eine Wand himmlischer Finsternis. Sie war undurchdringlich, biblisch, ohne einen Lichtschimmer.

Dan schloß die Augen und verfiel in einen Singsang. Die Luft war aufgeladen. Ich rechnete damit, von einem Feuersturm eingeholt zu werden.

Plötzlich hörte der Regen auf, und alles war still, als hielte der Kosmos den Atem an. Grover fuhr eilig an den Straßenrand.

Dann tobte eine Windbö wie ein Erdbeben übers Land. Der Wagen wurde von ihr herumgewirbelt, gepeitscht und gerüttelt. Der ganze Wagen bebte; Wasser strömte die Fenster herunter. Dunst drang durch die Fugen. Wir waren in völlige Dunkelheit geschleudert.

Unwillkürlich rutschte ich in die Ecke der Rückbank. Fatback kroch auf den Boden. Dan rezitierte weiter, obwohl seine Stimme durch das donnernde Brüllen kaum zu hören war. Grover nahm eine Zigarette aus der Brusttasche und begann zu rauchen.

Der dichte, schwere Geruch von Zigaretten und Schweiß erfüllte das Innere des Wagens. Der Wind tobte wie eine Furie, ein Güterzug, eine Herde von zehntausend Büffeln. Gnadenlos schüttelte er uns und krallte sich in die Fenster. Ein- oder zweimal wurde der Wagen dermaßen hin- und hergerüttelt, daß ich fürchtete, wir würden umgeblasen.

Ich war in Panik wie ein Kind. Der Sturm wirkte fast wie eine Person, so bösartig war er. Er riß am Wagen, als wolle er hinein.

Fatback winselte. Getrieben von etwas Unsichtbarem, scharrte sie aufgeregt mit den Pfoten. Dan wiegte sich hin und her, ähnlich wie Annie mit ihrem Rosenkranz. Sein Singsang verlor sich im Wind. Grover rauchte weiter. Die Luft war zum Umfallen.

Ich stellte mir vor, wir wären in einen Tornado geraten und kurz davor, in Stücke gerissen und als Fleisch und Knochen meilenweit über die Dakota Plains verstreut zu werden. Chaotische Bilder von meinem Sohn, Eugene, dem Mann ohne Beine in seinem Zimmer verschwammen in meinem Kopf. »Es gibt Mächte, Nerburn . . .« Tausend indianische Stimmen mahnten mich. Der Sturm wütete auf Lakota, davon war ich überzeugt. Dans Gesang war im Gleichlaut mit ihm, versank darin oder erhob sich, um sich mit ihm zu verbinden.

Eine Wasserwand kam von Norden und trommelte auf den Wagen. Wir hüpften und schwankten wie Schiffbrüchige auf einem rasenden Ozean.

» *Wiyopeyate Wichasha*«, sagte Dan deutlich. Ich schaute nach oben. Er hielt seine Hände neben seinem Gesicht hoch. »Der Mann aus dem Westen. Er ist hier.«

Ich sah Grover an. Er starrte angespannt auf Dan. Dans Stimme wurde höher. Er sprach halb Englisch. » *Yata*, ich bin dein Freund.« Dann etwas über *Wakinyan*. Seine Augen waren immer noch geschlossen, und er wiegte sich. Ich warf Grover einen Blick zu.

»Der Geflügelte«, flüsterte er. Der Wagen schwankte und klapperte; Wasser floß in Sturzbächen die Fenster herunter.

Ein starker Windstoß riß fast das Dach ab, dann war alles still. Ein paar Regenschauer peitschten gegen den Wagen, der ein- oder zweimal erzitterte und dann stillstand. Es war vorbei.

Schwach kehrte das Licht zurück. Die Umrisse der Hügel tauchten durch die Wassermassen auf der Windschutzscheibe auf. Wir sahen den Rückzug der schwarzen Wolken nach Süden. Licht schimmerte hindurch, verfing sich in den fließenden Bächen und ließ die Tropfen im Gras glitzern.

Ein Sonnenstrahl setzte sich durch und huschte über die

Anhöhen. Die Sonne lugte hinter dem Rand der zurückweichenden Schwärze hervor. Die Erde war wiedergeboren.

Grover begann sich mit Dan auf Lakota zu unterhalten. Das Gespräch wurde gedämpft und ernsthaft geführt. Es wurde heftig debattiert, offensichtlich bestand eine Meinungsverschiedenheit.

Ausgelaugt und erschöpft setzte ich mich in meinem Sitz auf. Ich hätte gern über den Sturm gesprochen, hatte aber das Gefühl, die Diskussion, die vor mir im Gang war, nicht unterbrechen zu dürfen. Die beiden Männer hatten in meiner Gegenwart noch nie so lange auf Lakota miteinander gesprochen. Entweder wollten sie nicht, daß ich sie verstand, oder das Thema war nicht leicht auf englisch abzuhandeln. Ich lauschte angespannt in der schwachen Hoffnung, das eine oder andere Wort verstehen zu können.

Plötzlich wandte Dan sich an mich und sagte auf englisch: »Es hätte keinen Wind von Norden geben sollen. Das beunruhigt mich.«

Es war mir nicht klar, ob es dabei um meteorologische Belange ging oder etwas anderes. Ich vermutete, daß es mit größeren Zusammenhängen zu tun hatte.

»Warum?«

»Ich glaube, er kam von Westen«, unterbrach Grover. »Donnerwetter, das weißt du ganz genau«, sagte er und benutzte Dans Lakota-Namen. Die beiden nahmen ihr Streitgespräch wieder in Lakota auf.

Einen Augenblick später wandte sich Dan an mich. »Woher kam der Wind, Nerburn?«

Ich hatte mich während des Sturms aus Furcht vor dem allgemeinen Rasen in meine Ecke verkrochen. Mir wäre nie der Gedanke gekommen, mich nach der Windrichtung zu fragen. »Ich weiß nicht«, sagte ich.

»Denken Sie nach«, befahl Dan.

»Ich habe nicht darauf geachtet.«

Dan wurde wütend. »Man muß immer aufpassen. Das ist wichtig. Was glauben Sie, was ich Ihnen beizubringen versuche?«

Da ich mich an die ziehenden Wolkenbänke zu unserer Rechten erinnerte, sagte ich ohne Überzeugung: »Von Norden, glaube ich. Das wäre aber ungewöhnlich für diese Jahreszeit, also . . .«

»Egal, ob gewöhnlich oder ungewöhnlich«, schnappte Dan. »Haben Sie den Wind von Norden gespürt oder nicht? Ich meine nicht, wo der Sturm herkam. Kam der Wind, der im Sturm unseren Wagen getroffen hat, von Norden?«

»Ah, ja, ich glaube, aber . . .«

»Ja oder nein?«

Ich überlegte, in welche Richtung der Wagen zeigte. Grover war direkt in westlicher Richtung, dem Sturm entgegen, von der Straße gefahren. Ich fühlte Feuchtigkeit an meiner rechten Schulter, wo der Regen durch die brüchige Abdichtung der Fenster gedrungen war.

»Ja.«

»Hm«, sagte Dan. »*Waziya*. Das ist eine Botschaft.«

»Was meinen Sie damit?« fragte ich, etwas aus der Fassung gebracht.

»*Waziya* ist nicht gut. Er ist kalt und grausam.«

»*Waziya?*«

»Der Nordwind.« Dan zog einen kleinen Beutel aus seinem Hemd. Er hatte ihn an einem Lederband um den Hals getragen. »Die Toten müssen auf ihrem Weg ins Land der Geister an seinem Tipi vorbei. Sie müssen ihm alles sagen. Wenn er kommt, bringt er Botschaften der Toten.«

Ich war schon immer anfällig für Vorahnungen und den

Glauben an unsichtbare Mächte gewesen. Doch normalerweise war es mir möglich, ihnen aus dem Weg zu gehen. Hier, in diesem weiten Land, in meiner Erregung über den Sturm, war es nicht so leicht. Meine Gedanken sprangen zu meiner Frau und meinen Kindern.

»Was glauben Sie, welche Bedeutung das hat?«

Er ignorierte meine Frage. »Worüber haben Sie sich mit Danelle und Delvin unterhalten? Sie haben lange mit ihnen gesprochen.«

»Sie haben mir von Ihrer Vergangenheit erzählt.«

Dan machte eine Gebärde, als spucke er aus. Grover kräuselte die Lippen.

»Warten Sie«, befahl Dan. Er öffnete die Tür und stieg aus. Der frische Duft der feuchten Erde strömte in den Wagen. Fatback quietschte und versuchte, über den Sitz zu krabbeln.

»Lassen Sie sie raus«, sagte Dan kurz angebunden. Ich öffnete die Tür auf meiner Seite. Sie strampelte über mich und fiel fast aus dem Wagen. Dan sprach auf Lakota mit ihr. Sie stand auf und winselte. Zusammen schritten sie durch das dampfende Gras auf eine niedrige Anhöhe zu.

»Er hätte den Hund mit dem Kind begraben sollen«, murmelte Grover.

»Was?«

»Nichts, ich spreche nur mit mir selbst.«

»Was ist los?« fragte ich Grover. »Er ist mir unheimlich, wenn er so ist.«

»Mir auch.« Grover nahm sich eine neue Zigarette heraus.

Ich wollte ihn zum Reden bringen, um mich selbst zu beruhigen. »Benimmt er sich so nach jedem Gewitter?«

»Nein. Aber etwas hat ihm nicht gefallen. Er sagt, es war eine Botschaft.«

»Eine Botschaft?«

»Dan steht mit vielen Mächten in Verbindung«, sagte Grover geheimnisvoll.

Ein Schauer lief mir den Rücken hinunter. Grover hatte ein Streichholz angezündet und sah müßig zu, wie es herunterbrannte.

»Ich mache mir Sorgen um meine Familie, wenn er so redet.«

»Um Ihre Familie brauchen Sie sich keine Sorgen zu machen«, sagte er desinteressiert. Die Flamme hatte fast seine Finger erreicht.

»Ich weiß. Es ist nur...«

»Der Alte hat nicht von Ihrer Familie gesprochen«, fiel er mir ins Wort. Seine Stimme klang matt und ein wenig angeekelt.

»Wovon hat er dann gesprochen?«

Er drückte das Streichholz aus. »Egal. Der Wind kam von Westen.«

Bald tauchten Dan und Fatback wieder hinter dem Hügel auf. Dan befühlte immer noch den Beutel um seinen Hals. Fatback trottete mit heraushängender Zunge hinter ihm her.

»Wir fahren jetzt«, sagte er auf englisch zu mir. Sein Verhalten zeigte eine Zielstrebigkeit, die vorher nicht dagewesen war.

Er und Grover tauschten sich kurz auf Lakota aus, dann ließ Grover den Wagen an. Er fuhr durch die Wasserläufe, die in die Gräben liefen, und zurück auf den naßglänzenden Highway. Das Wasser auf dem Asphalt war schon zum Teil getrocknet. Gewundene Dampf- und Hitzesäulchen stiegen wie Geister vom Asphalt auf.

Ich fühlte mich, wie gerade aus einem Alptraum erwacht – erleichtert, unsicher, noch erschüttert, ohne zu wissen, welcher Teil des Traumes Wirklichkeit war. Die dunkle Wolkenwand hatte sich weit nach Süden verzogen und grollte und spuckte auf ferne Hügel und Tafelberge. Blitze züngelten wie Schlangen. Vor uns erstreckte sich die Prärie und atmete tief auf, von Sonne und Vogelgesang zu neuem Leben erweckt. Alles Leben erschien frischer, zarter, kostbarer.

Dan gab keine Erklärung für sein Verhalten während des Sturms oder danach.

»Du mußt mich jetzt dorthin fahren«, sagte er nur. Grover nickte und fuhr kommentarlos weiter.

Ein doppelter Regenbogen überspannte den Himmel. »Ah«, sagte Dan verständnisinnig. »Das ist gut.«

Schweigend fuhren wir Meile um Meile, jeder von uns in seine eigenen Gedanken versunken. Ich hätte ihn gern nach dem Wind gefragt und was er für ihn bedeutet hatte, aber ich wagte es nicht. In seiner Welt hatte jede Handlung, jede Bewegung eine Bedeutung. Meine Unwissenheit hinsichtlich dieser Bedeutungen empfand ich wie Einfalt. Mit Schweigen war mir besser gedient.

Die siegreiche Sonne senkte sich zum Horizont. Sie beleuchtete die Bäuche der verbliebenen Wolken und webte einen orange-silbernen Teppich. Der Wind hatte sich gelegt, und der Himmel triumphierte. Er wurde zu einer eigenen Landschaft – ein großer ätherischer Garten in den Farben von Erinnerungen – golden, violett, orange –, alle wie in einer Prozession von der Sonne ausgehend.

»Hier entlang«, sagte Dan. Grover schwenkte in eine andere Straße ein. Wir fuhren oberhalb einer Schnellstraße gen Süden. Die Autos auf der Schnellstraße unter uns schienen einer anderen Welt mit anderen Zielen anzugehören. In der Ferne erhoben sich die groben Sandsteintürme der Badlands wie eine Gräberstadt.

Die Wasser des heftigen Gewitters hatten sich verlaufen, und nur kleine glitzernde Pfützen im roten Lehm am Straßenrand waren geblieben. Wir bogen in eine Schotterstraße ein. Von den Reifen hochgeschleuderte Steine trommelten gegen den Unterboden des Wagens, während wir den unirdischen Formationen in der Ferne entgegeneilten.

Alle Muße war verflogen. Wir bewegten uns, als würden wir verfolgt. Auf beiden Seiten erhoben sich dreißig Meter hohe, abgeflachte Felsen wie Altäre in Erwartung eines himmlischen Opfers. Ihre Oberflächen erstreckten sich weit über uns, unerreichbar, unsichtbar, eine Landschaft der Götter.

Wir kamen an einen Abgrund. Die Landschaft fiel zu einem prähistorischen Meeresboden mit Gesteinssäulen und zinnenartigen Sandkegeln ab. Ohne zu zögern, ließ Grover den Wagen den gewundenen Kieselweg in diese Mondlandschaft hinunterstürzen. Uralte Miniaturberge erhoben sich um uns wie Drachenzähne. Stupas aus Sand türmten sich wie tibetische Tempel zu allen Seiten. Farbige Bänder zogen sich meilenweit durch die ausgedorrten Formationen, Widerhall geologischer Zeitrechnung, die alle menschlichen Kümmernisse klein erscheinen ließ.

»Die Badlands«, sagte Grover. Niemand antwortete. »Hierher sind sie gekommen, Nerburn«, fuhr er fort.

»Wer?« fragte ich. Dan verharrte in Schweigen und starrte geradeaus.

»Sitting Bulls Stamm.« Ein gespenstischer Vollmond stieg am Himmel über der Talsohle auf. »Auf der Flucht vor den Soldaten.«

Er sah Dan an, als erwarte er, daß dieser zu sprechen beginne. Doch Dan sagte nichts.

Grover war gezwungen, mit seiner Erklärung fortzufahren. »Nachdem er getötet wurde. Sie wissen schon, von der indianischen Polizei. Seine Leute waren in Panik. Sie schlossen sich Big Foot an und kamen hierher nach Süden, in der Hoffnung, die Soldaten würden ihnen nicht folgen.«

Ich sah mir die wilde Ödnis aus Sand und Staub an.

»Doch sie hatten sich geirrt.« Er zeigte über das wasserlose Gebiet. »Schauen Sie sich das an! Es war Dezember. Der Monat der Splitternden Bäume. Wissen Sie, wie es im Dezember hier ist?«

»Wahrscheinlich nicht sehr angenehm«, sagte ich.

»Winde, die töten können. Zehen und Finger erfrieren in wenigen Minuten. Schnee, der blind macht. Alles ist von Eis überzogen. Die Temperaturen sind so niedrig, daß die Flüsse bersten und die Bäume splittern. Es ist die Zeit, drinnen zu sitzen und Geschichten zu erzählen. Aber sie waren draußen in Wind und Kälte, auf der Flucht vor den Soldaten. Sie hatten Frauen und Kinder. Babys in Decken gepackt. Sie schlichen sich einen Pfad hinunter, den die Soldaten nicht kannten. Stimmt's nicht, Dan?«

Dan bewegte seinen Mund wie jemand, der sein Gebiß verschiebt. Aber er sprach nicht.

»Es waren Familien, Nerburn«, sagte Grover. »Mit kleinen Babys und alten Leuten. Sie hatten ihre Tipis und Kochtöpfe dabei. Sie wollten einfach nur leben. Doch sie konnten nicht einmal Feuerstellen errichten, um die Kinder zu wärmen. Die Soldaten hätten sie entdeckt und getötet. Sie hungerten und froren.«

Der Wagen brummte mit unverminderter Geschwindigkeit durch die desolate Mondlandschaft. Die Sonne ging mit einem letzten Aufflammen von Orange unter. Die Sandformationen reflektierten das strahlende Licht und glühten wie Feuer. In den Sprüngen und Schluchten wuchs die Dunkelheit zu neuen und bedrohlichen Gebilden.

»Ich bin zu alt«, sagte Dan auf einmal.

Alarmiert sah ich ihn an. Er machte immer noch die seltsamen Kaubewegungen.

»Ich sollte meine Gedanken nicht auf die Vergangenheit richten«, sagte er wie zu einem Unsichtbaren. »Ich sollte das Leben leben, das ich habe. Ich sollte an meine Enkel und Urenkel denken. Doch meine Augen sehen die Spuren der Vergangenheit. Ich kann die Toten nicht vergessen.« Er wandte sich an Grover. »Du solltest mich nicht zum Reden verleiten, *Mitakola*.«

Grover lächelte schwach. »Du hast gesagt, du würdest ihn lehren, *Tunkashila*. Die Zeit ist gekommen.«

Grovers Reifen schleuderten Steine. Die Schatten legten sich lang über das Land. Dans intaktes Auge glühte wie das eines Tieres. »Es ist jetzt keine gute Zeit für mich, zu sprechen. Die Vergangenheit lastet schwer auf meinem Herzen. Dieses Land ist hart für uns. Die Geister unserer Toten erfüllen den Raum.«

»Deshalb solltest du sprechen«, sagte Grover. »Manchmal sprichst du wahrer, wenn dein Herz schwer ist.«

»Hm«, machte Dan.

Ich schaute argwöhnisch von einem zum anderen, ahnungslos, was mich erwartete. Grover drängte den Alten, aber der Alte hörte anscheinend auf innere Stimmen.

»Ich werde sprechen«, sagte Dan plötzlich. Grover klopfte triumphierend mit einer Zigarette auf das Lenkrad.

»Ja, es war schlimm hier. Babys erfroren in den Armen ihrer Mütter. Doch es war überall das gleiche. Bei Chief Joseph in Montana. Bei Geronimo. Überall. Wir waren ein gutes Volk. Doch es war uns nicht vergönnt zu leben.«

Die langen Schatten begannen, um die Säulen und Kegel zu wandern, und hüllten sie in Dunkel.

»Sie können uns sagen, daß seither viel Zeit vergangen ist. Daß sich die Welt geändert hat. Aber die Gebeine meiner Väter weinen noch. Mein Sohn ist in besiegter Erde begraben.« Zum erstenmal seit meinem Antrittsbesuch bei ihm hatte er seinen Sohn erwähnt.

Er sah mich an, durch mich hindurch, über mich hinaus. Sein Gesicht leuchtete wie Feuer im schwindenden Licht.

»Wir sind nicht wie Erinnerungen, die verfliegen, wie Gräser im Wind. Was ich zu Ihnen sagen will, sind harte Worte. Doch ich habe mich entschlossen, sie zu sagen, weil dieses Land hart ist und zu harten Worten einlädt. Hören Sie mich an. Dann werde ich für eine Weile schweigen.«

Er setzte sich zurecht und begann.

»Es gibt keinen lebenden Indianer, der es wagt, viel über die Vergangenheit nachzudenken. Wenn wir zu lange in die Vergangenheit blickten, würden wir zu zornig, um weiterzuleben. Ihr versucht es wiedergutzumachen, indem ihr uns zu Helden und weisen Menschen in all euren Filmen und Büchern macht. Das ist nett von euch. Doch ich kann immer noch in ein Museum gehen, den Schädel meiner Großmutter in einem Glaskasten sehen und hören, wie jemand wie von einem Kunstgegenstand davon spricht.

Wie fänden Sie es, wenn der Schädel Ihrer Großmutter in einem Kasten bei mir zu Hause läge? Wären Sie zornig darüber?«

Er richtete seinen Blick auf die schemenhaften Formationen.

»Manchmal denke ich an all die Kriege zwischen meinem und Ihrem Volk. Viele von den weißen Männern, die gegen uns gekämpft haben, hatten keine Familien. Es waren junge Männer, die draußen im Westen Geld verdienen wollten. Einige von ihnen waren Sträflinge. Andere noch trunken vom Blut des Bürgerkriegs.

Sie waren nicht gerade die Besten eures Volkes. Viele waren dumm und brutal. Sie taten schreckliche Dinge, weil es ihnen Spaß machte. Nicht alle, aber sie waren Soldaten, und es war ihr Beruf, Menschen zu töten.

Mein Volk hatte keine Chance. Wir waren Familien. Wir

waren zu Hause mit unseren Alten und Säuglingen. Und die Soldaten griffen uns an. Sie griffen unser Heim an, töteten unsere Alten und Kinder.

Die Regierung schickte Männer, die nichts besaßen und nirgends zu Hause waren, gab ihnen Gewehre, setzte sie auf Pferde und befahl ihnen, die Lager anzugreifen, in denen unsere Frauen, unsere Alten und unsere Babys wohnten. Dort fanden sie kleine Mädchen, die mit Puppen spielten, und kleine Jungen, die gerade anfingen zu laufen. Die Soldaten töteten sie alle.

Danach besitzt Ihr Volk die Dreistigkeit, von indianischen Massakern zu sprechen.«

Er drehte sich zu mir um und starrte mir direkt in die Augen. »Wissen Sie, warum wir die Soldaten in Hinterhalte lockten?«

Ich blieb stumm. Es gab keine Antwort.

»Weil wir versuchten, sie von unseren Kindern, Säuglingen und Alten fernzuhalten. Wir mußten sie erledigen, bevor sie unsere Familien erledigten. Wegen der Kinder und alten Leute konnten wir uns nicht schnell bewegen. Für uns arbeiteten der Überraschungseffekt und unsere Kenntnis des Landes. Wir hatten keine Feuerwaffen, und wir konnten nicht fliehen. Wir wußten, daß die weißen Soldaten im Kampf immer zusammen blieben und wir sie überlisten konnten. Also taten wir es.«

Er machte eine Pause, um sich zu sammeln. Der Mond hatte seine geisterhafte Aura aufgegeben und hatte nun ein Eigenleben.

»Wir haben unschuldige Menschen getötet. Ich weiß das. Es geschah, wenn unsere jungen Männer so zornig wurden, daß sie nicht mehr auf die Alten hörten.

Die Alten wußten, daß wir nicht siegen konnten und daß immer mehr Weiße kommen würden und immer mehr Tod. Doch die jungen Männer waren so erzürnt, daß sie jeden angriffen.

Was denken Sie?« fragte er mich. Sein Blick war ruhig und direkt. Er ließ mir keine Rückzugsmöglichkeit. »Wenn Ihr Vater auf dem Bett läge, vor Hunger zu schwach, um aufzustehen, oder Sie hörten Ihr Baby unablässig vor Hunger weinen, und Sie wüßten, jemand hat ihre Nahrung gestohlen, wären Sie nicht zornig?

Was wäre, wenn ein paar Männer vorbeizögen und ohne jeden Grund Ihre Großmutter töteten? Sie taten es einfach, dann lachten sie und ritten davon. Und Sie müßten dabeistehen und zusehen, wie sie erschlagen oder erschossen wurde. Können Sie behaupten, Sie würden nicht zornig?«

Er stieß ein rauhes, bitteres Lachen aus.

»Deshalb sollte ich gar nicht an diese Dinge denken. Denn ich kann es meinem Volk nicht übelnehmen, daß es Soldaten in den Hinterhalt lockte und sogar die Häuser von Siedlern überfiel. Ich sage nicht, daß es richtig war, nur daß ich es verstehe. Wir haben alles verloren. Eure Regierung hat herzlose, gierige Männer ausgeschickt, um uns zu kontrollieren, die logen, vergewaltigten und uns bestahlen. Sie durften uns aus jedem x-beliebigen Grund töten, und es machte überhaupt nichts.«

Er starrte mich nieder, ein alter Mann, der achtzig Jahre Schmerz mit sich herumschleppte, im Gespräch mit einem Angehörigen der Rasse, die sein Volk fast vernichtet hatte. Für ihn wurde es nun zu einer persönlichen Angelegenheit. Er wollte, daß ich seinen Schmerz spürte, und er wollte meine Scham sehen.

»Und wenn jemand Ihre kleine Schwester vergewaltigte? Auch das geschah ständig.

Oder wenn jemand Ihre Frau aufschlitzte und das ungeborene Baby herauszog, es noch mit seiner Mutter verbunden auf den Boden legte wie ein Trophäe? Auch das geschah.

Wir galten ja nicht einmal als Menschen. Wußten Sie das? Die katholische Kirche hielt eine Konferenz ab, um zu entscheiden, ob wir Menschen waren oder nicht. In ihrer großen, weisen Religion fanden sie, sie sollten festlegen, ob wir Menschen oder Tiere waren. So dachte man nicht nur über uns, so behandelte man uns auch. Mit uns durfte man alles machen.«

Schweiß hatte sich auf seiner Oberlippe gesammelt. Er nahm einen schmutzigen Lappen aus der Tasche und wischte sich das Gesicht. Sein Ausdruck war ebenso finster wie die Landschaft draußen; seine Augen so hohl wie der Mond.

»Ich glaube, es ist schwer für Sie zu verstehen. Doch unsere Alten waren auch unsere Besten. Heutzutage gehört die Welt den jungen Leuten. Bei uns war es anders. Wir wurden gelehrt, daß die alten Leute und die Säuglinge Gott am nächsten seien, und für sie lebten wir alle. Sie waren die Hilflosesten und brauchten uns am meisten.

Und Ihr Volk kam und tötete sie. Wir konnten sie nicht schützen, aber das war unsere Pflicht. Ihr wart zu stark. Es waren zu viele von euch. Wir mußten tun, was wir konnten, um unsere Alten und unsere Familien zu schützen. Aber es gelang uns nicht, denn eure Soldaten brachen in unsere Zelte ein und töteten die, die nicht fliehen konnten.«

Seine innere Erregung hatte einen Gipfelpunkt erreicht. Seine Hände zitterten, und sein Augenlid zuckte. Er schaute gen Himmel, als flehe er eine höhere Macht um Hilfe an. Der Mond hing kalt über den turmhohen Spitzen.

»Es war nicht das gleiche, wie gegen die anderen Stämme zu kämpfen. Sie achteten die Alten und auch die Kinder. Wenn wir gegeneinander kämpften, stand nicht der Kampf im Vordergrund. Als größter Akt der Tapferkeit galt es, den Feind zu berühren – ihn ›abzuklatschen‹ –, nicht, ihn zu töten.

Doch nicht so für eure Soldaten. Sie wollten uns einfach töten. Sie jagten uns. Ihr Volk jagt Geschöpfe, um so viele wie möglich von ihnen zu töten, nur um sie sterben zu sehen und zu zählen und dann zu prahlen, sie hätten mehr getötet als alle anderen. Es ist etwas, das ich nicht verstehen kann. Ihr habt sogar Gesetze, die euch vorschreiben, wie viele von einer Art ihr töten dürft, sonst würden die Leute alles umbringen.

Das geschah mit uns. Es gab keine Gesetze, die festlegten, wie viele von uns getötet werden durften. Wir wurden schlechter behandelt als Hirsche oder Fische. Ihr durftet so viele von uns töten, wie ihr wolltet. Dabei waren die Alten und die Kinder die leichtesten Opfer.

Heute liegen Schädel von meinen Großeltern in Museen, heilige Decken und Trommeln zieren die Wände, damit reiche Leute sie betrachten können. Ihr geht hin und redet davon, wie heilig das alles ist. Ihr nennt es heilig, weil ihr selbst nichts Heiliges habt. Aber es ist nicht heilig, denn ihr habt das Heilige daran zerstört, wie ihr alles Heilige zerstört. Wir können es selbst kaum noch spüren. Ihr habt unser Volk getötet und uns das, was uns heilig war, genommen. Anschließend habt ihr uns erzählt, es sei der Beweis für eure Überlegenheit.«

Große Scham überkam mich. Dan ersparte mir nichts.

»Manchmal möchte ich mit einem Bulldozer in einen eurer Friedhöfe fahren und alle Grabsteine umwerfen und alle Särge ausheben. Dann würde ich die Knochen in Plastiktüten packen und sie in das Schaufenster eines Ladens mit dem Schild ›Kunstgegenstände der Weißen‹ hängen. Dann würden Sie mit dem Finger auf die Tüten zeigen und sagen: ›Das ist meine Großmutter.‹ Mit etwas Glück hätte ich sogar die Maße ihres Schädels auf einer kleinen Karte an der Tüte.

Wenn Sie dann die Knochen zurückverlangten, würde ich lachen. Ich würde sagen, sie wären Teil einer Ausstellung, und wir würden sie mit Respekt behandeln. Vielleicht würde ich Ihnen sogar einen Dollar dafür abnehmen, sie zu besichtigen.

Aber Ihre Kinder müßten weniger bezahlen, weil sie ja etwas über ihre Vergangenheit lernen müssen und wie heilig sie war. Ich würde das Geld nehmen und den Kindern die Tüten zeigen.«

Er brach jäh ab, und ein kleiner Laut zwischen einem Schluchzer und einem Jaulen entrang sich seiner Brust. Er atmete schwer und starrte angespannt in die Dunkelheit. In der Ferne grollte das schwache Echo des Donners von Westen herüber.

Nachdem er sich gefaßt hatte, sprach er wieder. Seine Stimme klang leiser, fast entschuldigend. »Es tut mir leid, daß ich so zu Ihnen gesprochen habe. Ich sollte nicht so reden. Es hilft nichts. Es macht mich nur zornig und Sie unglücklich. Es ist Vergangenheit. Ich muß lernen, Ihnen und Ihrem Volk zu vergeben. Wir müssen zusammenleben. Ich muß jetzt an meine Enkel denken. Vielleicht werden sie es besser haben.

Ich wünschte nur, ich wüßte, warum es so kommen mußte. Ich könnte Frieden finden, wenn ich es nur wüßte.«

Er senkte seinen Kopf wie zum Gebet. Grover starrte auf die Straße und umklammerte das Lenkrad mit beiden Händen. Der Mond stand still über den zerklüfteten Spitzen, dumpf und leer wie eine Augenhöhle.

Kapitel 24

Paha Sapa

Wir fuhren in tiefem Schweigen. Ich war nachdenklich, ernüchtert, betrübt. Dan kauerte vor mir – in Reichweite, doch tausend Meilen weit entfernt. Die hohen Sandstein-Menhire und -Dolmen wurden weniger, kleiner und wichen dann völlig einem wogenden Grasland. Die Badlands waren genauso abrupt verschwunden, wie sie aufgetaucht waren.

Grovers Buick durchschnitt die Nacht. Ab und zu passierten wir das kleine Wrack eines Städtchens ohne Lichter, bestehend aus einer Ansammlung verlassener Holzhäuser, die sich aneinandergedrängt gegen das kalte Mondlicht abhoben.

Im matten Mondschein verwandelte sich die ganze Welt in Silber. Alles lebte, dennoch war nirgends Leben. Wir waren in einem Land der Phantome. Unser Wagen kam mir vor wie ein winziges Geschoß, das ein stummes Universum durchquerte. Es war, als wären wir die Beobachteten und nicht die Beobachter. Wir mußten rasch, unanstößig und ohne uns aufzuhalten passieren.

Zu unserer Linken begegneten die Hügel felsigen Auswüchsen, die sich durch die Erdoberfläche gebohrt hatten, wie Knochen durch Haut, und sich nun als hohe grasbewachsene Kamme meilenweit die Straße entlangzogen.

Die Kadaver verlassener Wagen lagen still an den Hügelböschungen. Zwischen den Abbrüchen der Kämme verliefen lange

Rinnen, vertrocknete Erinnerungen an vergessene Bäche und Flüsse. Krüppeleichen hatten sich in ihnen versammelt wie durstige Tiere. In der Dunkelheit hätten sie auch zusammengedrängte Büffelherden oder Grizzlybären, die sich im Mondschein trafen, sein können.

In der Ferne konnte ich die zerklüfteten Umrisse der Black Hills ausmachen. Die Erhebungen und Einschnitte, an denen wir vorbeifuhren, waren erste Hinweise auf sie.

Ich erinnerte mich an die Reisen meiner Kindheit durch scheinbar endlose Weiten und gnadenlose Hitze. In einem geliehenen Wagen steuerten wir auf dieselben zerklüfteten Konturen zu. Aber damals war ich unterwegs, um mit Schmalspurbähnchen zu fahren, Reptilfarmen zu besuchen und auf Ponys zu reiten. Attraktionen, die aus dem Boden gestampft worden waren, um die Nähe zu den vier gigantischen Steingesichtern von Mount Rushmore zu ihrem Vorteil zu nutzen.

An diesem kleinen Gebirge gab es weniger etwas zu sehen als zu empfinden. Es war ein Hort und Versammlungsort spiritueller Kräfte – *Paha Sapa,* das heilige Zentrum im Universum der Lakota. Ihre wachsame Gegenwart war spürbar.

Einen Moment lang verlor ich meinen eigenen Blick und sah, wenn auch undeutlich, mit den Augen, die Dan mir gegeben hatte. Sah die zusammengedrängten Menschen, in ihre Decken gehüllt. Sah, wie verzweifelt sie versuchten, einer Armee zu entkommen, die es sich zur Aufgabe gemacht hatte, alle Männer, alle Frauen, alle Kinder und alle Säuglinge zu töten, die dunkle Haut hatten und in einer Sprache dieses Landes sprachen. Hörte die Stimmen von Müttern, die sich bemühten, einander im Schneetreiben nicht zu verlieren. Sah, wie sie halt machten, um den Alten zu helfen, die weder gehen noch verstehen konnten, warum sie fliehen sollten. Wie sie ihre eigenen Kleider vom Leib zogen, um ihre frierenden Kinder besser gegen die Winternacht zu schützen. Sah sie in der eisigen Dunkelheit, zu besorgt, um Feuer gegen den Frost und den Dezemberwind zu entzünden, denn die Männer, die sie jagten wie Tiere, würden es entdecken, heranreiten, ihnen die Kinder aus den Armen reißen, bevor sie Kugeln in ihre Herzen, ihre Beine, ihre Schädel abfeuern und davonreiten würden.

Doch am stärksten empfand ich ihren Schmerz und ihre Verwirrung darüber, daß ihr Gott versagt hatte.

In einem Land, das mich als Kind mit Träumen von Ponyreiten und Eistüten und vier Präsidentenköpfen in einem Berg erfüllt hatte, war ein Volk, das in jedem Vogel und Felsen, in jedem Quadratzentimeter des Landes, die Macht des Göttlichen verspürt hatte, darauf reduziert worden, wie wahnsinnig im Kreis zu tanzen, in der Hoffnung, diese verzweifelte Ekstase würde einen Retter hervorbringen, der sie davor bewahren konnte, auch nur noch ein einziges ihrer Kinder hohläugig und verständnislos in ihren Armen sterben zu sehen.

Im letzten Licht der Dämmerung hoben sich die Black Hills als eine Silhouette gegen die kommende Nacht ab. Es war nicht schwer zu verstehen, warum sie zu einem geheiligten Zentrum geworden waren. Sie standen stumm und majestätisch mitten in der endlosen Ebene wie eine Kathedrale der Götter.

Für diese Berge, dachte ich, waren die Lakota bereit gewesen, alles andere aufzugeben, nur um sie dann doch einzubüßen, als Weiße, die unerlaubt hindurchgezogen waren, das magische Wort »Gold« gerufen hatten. »Das Metall, das die *Wasichu* verrückt macht«, hatten die Lakota es genannt. Ein Erz im Boden.

Dafür waren meine Vorfahren bereit gewesen, zu lügen, zu stehlen und alte Menschen und Kinder umzubringen. Das darauffolgende Jahrhundert hatten sie dann darauf verwandt, Mord und Verrat aus ihrer Geschichte verschwinden zu lassen.

Dafür und aus Gier nach einem Stück Land hatten wir die Träume und Familien eines ganzen Volkes zerstört und es dann heimatlos, hoffnungslos und mit nichts als der Asche einer vormals anmutigen und ausgeglichenen Lebensweise zurückgelassen. Jetzt haben wir die Arroganz, ihre »Wiederentdeckung« uns selbst zuzuschreiben und die gleichen spirituellen Wahrheiten, die wir zu vernichten versucht hatten, zu vereinnahmen, um die Leere zu füllen, die unser eigener spiritueller Bankrott hinterlassen hat.

Hilflose Scham und Zerknirschung ergriffen mich. Gedanken rasten unstet durch mein verödetes Inneres, auf der Suche nach Ruhe, unfähig, sie zu finden. Dans reglose Gestalt hob sich gegen die Nacht ab. Ich fragte mich, wie er mit einem solchen Zorn leben konnte, wie überhaupt jemand mit solchem Zorn leben konnte. Seine Worte: »Ich wünschte nur, ich wüßte, warum es so kommen mußte«, hallten in meinem Kopf wieder. Die *Paha Sapa* erhoben sich zerklüftet vor dem westlichen Himmel, während Grovers Scheinwerfer die schweigende Landschaft attackierten. Auch ich fragte mich, warum alles so gekommen war und ob diese Erde mit ihrem Wissen irgendeinem von uns jemals Frieden schenken würde.

Kapitel 25

Wounded Knee

L aß mich raus«, sagte Dan.

Ich zuckte zusammen. Es war ein anstrengender Tag gewesen, und ich hatte meine Gedanken frei im übernatürlich wirkenden Mondlicht schweifen lassen. Dans Stimme brachte mich in die Wirklichkeit zurück.

»Genau hier.«

Ich schaute rasch zu Grover hinüber. Sein Gesicht blieb völlig ausdruckslos. Er bremste ab, als handele es sich bei Dans Bitte um die selbstverständlichste der Welt.

Draußen hatte die Nacht alles eingehüllt. Hohe, zarte Wolken huschten wie Schatten durch die Dunkelheit, verbargen oder entschleierten den hohlen Mond und ließen die Hügel und Täler einen geisterhaften Tanz vollführen.

Grover verließ die asphaltierte Straße und bog in einen zerfurchten Weg ein, der eine steile Anhöhe hinaufführte. Ich vermutete, daß Zorn und Trauer in Dan den Wunsch geweckt hatten, noch einmal zu den Geistern zu sprechen. Ich konnte es ihm nicht verdenken. Wenn eines seiner persönlichen Rituale ihm dabei helfen konnte, den Schmerz, den er empfand, zu lindern, war ein Aufenthalt ein geringer Preis.

»Steigen Sie aus«, sagte er und schaute mich an.

Ich starrte verdutzt zurück.

»Raus«, wiederholte er. In seiner Stimme schwang keine

Liebenswürdigkeit mit. Tausend Gedanken rasten mir durch den Kopf: Ich sollte zurückgelassen werden; er war so zornig, daß er es nicht ertragen konnte, mit einem weißen Mann in einem Wagen zu sitzen; wir hatten einen Lagerplatz erreicht; es gab eine Sehenswürdigkeit, die er mir zeigen wollte. Es hätte alles sein können. Doch außer dem brüsken Befehl gab es keinen Anhaltspunkt.

Ich rutschte unsicher auf meinem Sitz herum und öffnete die Wagentür. Fatback tobte wie wahnsinnig über meinen Schoß hinweg und sprang auf den Boden ins Freie. Grover schaltete den Motor ab, und die Nacht hüllte uns ein.

Der Mond stand hoch am Himmel. Er war nun nicht mehr als ein Loch in der Nacht, das sporadisch von den Wolken enthüllt wurde. Weit oben auf der Anhöhe erkannte ich zwei Backsteinpfeiler, die durch einen Metallbogen verbunden waren. Sie bildeten einen Eingang; vielleicht die Überreste eines alten Gebäudes oder das Tor eines verlassenen Friedhofs.

»Mach den Kofferraum auf«, befahl Dan. Er gab seine Anweisungen ohne Erklärung.

Grover fummelte mit dem Schlüssel herum und öffnete den Kofferraum. Dan griff hinein und nahm einen großen, perlenbestickten Lederbeutel heraus. »Nehmen Sie Ihr Gepäck«, sagte er zu mir. Ich wagte nicht nach einer Erklärung zu fragen; sein Verhalten war zu kurz angebunden und furchterregend.

»Kommt Fatback auch mit?« fragte ich dümmlich.

»Kommen Sie«, antwortete Dan.

Ich wartete, daß auch Grover seine Sachen aus dem Kofferraum holte, aber er schlug bloß die Klappe zu und ging zur Fahrertür.

»Was ist mit Grover?« fragte ich.

Grover glitt hinter das Lenkrad und schloß seine Tür. Er ließ den Motor an. »Bis später, Nerburn.«

Dan sagte etwas auf Lakota. Grover antwortete mit wenigen Worten und fuhr davon. Ich stand da und sah zu, wie seine roten Rücklichter immer winziger wurden und ganz verschwanden, als er über einen Kamm fuhr. Einen Augenblick danach erschienen sie wieder, diesmal noch weiter fort, um dann ganz und gar zu verschwinden. Ich starrte in die Dunkelheit. Das Brummen des Motors war immer noch am Rande der Stille zu hören. Dann verstummte auch das, und wir waren allein in der Nacht.

Fatback schnüffelte im nahegelegenen Gras. In der Nacht wurde sie immer munter. Dan sprach ein paar Worte in Lakota, und sie rannte japsend zu ihm hin.

Er deutete auf den Hügel und setzte sich in Bewegung. Der Pfad war voll tiefer Furchen. Mit jedem Schritt riskierte man, zu stürzen oder sich den Fuß zu verstauchen. Dan ging langsam, aber stetig, die Augen immer auf die Pfeiler gerichtet, die wie Schatten auf der Kuppe des Hügels standen.

Irgendwo in weiter Entfernung bellte ein Hund. Ich hörte Dans angestrengtes Atmen, während er, langsam und regelmäßig einen Fuß vor den anderen setzend, ohne innezuhalten, den Hügel hinaufstieg. Ich blieb mehrere Schritte hinter ihm und sagte nichts.

Der Mond brach durch die Wolken und tauchte den Hügel in kaltes, phosphoreszierendes Licht. Ich erkannte, daß die Seiten der Backsteinpfeiler auf der Kuppe weiß gestrichen waren. Sie leuchteten wie Knochen gegen den schwarzen Himmel. Vor jeder befand sich eine Nische, ein Schrein für einen abwesenden Heiligen. Aus der Entfernung wirkten sie leer. Der Gitterbogen zwischen den beiden Pfeilern erinnerte mich an das schmiedeeiserne Flechtwerk über den Eingängen zu den Todeslagern der Nazis. Beinahe erwartete ich, »Arbeit macht frei« in der Mitte des Bogens zu lesen. Doch statt dessen war auf ihm ein kleines weißes Kreuz angebracht.

Dan stolperte und fiel. Rasch streckte ich die Hand nach ihm aus, aber er stieß sie zurück. Ich wollte ihm seine Tasche abnehmen, aber er drückte sie an sich. Er kam langsam wieder auf die Füße und ging weiter.

Es war kein leichter Aufstieg. Die Furchen machten jeden Schritt gefährlich. Unsere Taschen wurden zu einer unangenehmen Last. Die Gurte schnitten mir in die Hand, und ich wechselte ungeschickt von links nach rechts, wenn der Schmerz zu groß wurde.

Fatback spürte, daß es anstrengend für Dan war. Sie blieb nah bei ihm und schien sogar einen Pfad für ihn zu skizzieren, indem sie direkt vor ihm lief. Dan fing an, rasselnd zu atmen; ich machte mir Sorgen um seine Gesundheit. Aber weder verlangsamte noch änderte er seinen Schritt. Zwischen Keuchen und Seufzern hörte ich seinen Versuch, ein Lied zu intonieren, aber der Wind und sein schweres Atmen machten es fast unhörbar.

Ein Wagen heulte in weiter Ferne durch die Nacht. Seine Lichter entfernten sich, wie ein Schiff auf dem Meer verschwindet. Dan stolperte noch einmal, fing sich aber. Wir waren fast oben.

Jetzt konnte ich den Bogen deutlich sehen. Er bildete den Eingang zu einem kleinen Friedhof, der verloren auf der Kuppe des Hügels lag.

Die Nischen vor den Pfeilern waren tatsächlich leer. Sie starrten blind in die Landschaft und ließen den ganzen Bogen wie eine Ruine erscheinen, lange verlassen von denen, die ihn einst errichtet und sich um ihn gekümmert hatten.

Aus den Augenwinkeln bemerkte ich ein Flattern. Ich sah nach oben. Das ganze eiserne Flechtwerk des Bogens war mit zerfetzten Bändern verziert. Sie wanden sich im Dunkel wie Aale.

Dan führte mich zu dem Bogen. Pepsi-Flaschen aus Plastik

und Zellophantüten bedeckten den Eingang. Wenn er zu einer Ruine gehörte, dann zu einer, die noch besucht wurde.

»Kommen Sie«, sagte Dan.

Wir gingen zwischen den Pfeilern durch den Bogen. Direkt vor uns war ein Grundstück von etwa dreißig Meter Länge und drei Meter Breite abgesteckt und mit Zement eingefaßt worden. Es war von einer verbogenen Kettenabsperrung umgeben, an der auch vom Wind zerfetzte Bänder hingen.

In der Mitte des Grundstocks stand grau und ernst ein einsames Monument – ein etwa drei Meter hoher Obelisk – im Mondlicht. Um seinen Sockel lagen Plastikblumen willkürlich verstreut.

Dan ging langsam nach links, von außen um die Absperrung herum. Ein Trampelpfad führte durch das Präriegras. Auf der anderen Seite der Einfriedung lagen andere, neuere Gräber mit schlichten weißen Kreuzen oder niedrigen quadratischen Grabsteinen. Sie erhoben sich zu winzigen Hügeln auf der Oberfläche des Landes, eine gespenstische Mahnung an die Körper, die darunterlagen.

Ein Schauer überlief mich, während ich Dan den Pfad entlang folgte. Die Erde war hier lebendig, aber nichts auf ihr. Von den Gräbern über die Nischen bis zu den Bändern, die in der Dunkelheit flatterten, kündete dieser Ort nur von entflohenem Leben. Unter den Füßen konnte man beinahe das Stöhnen der Erde fühlen.

Eine Plastikblume von einem der Gräber wurde vor mir auf den Pfad geweht. Sie lag in schemenhafter Isolation im Staub. Ich griff danach, zog aber die Hand wieder zurück. Sie gehörte den Toten.

Fatback streunte zwischen den Gräbern umher, betrat aber keinen der Hügel – als hätte sie einen sechsten Sinn. Etwas flog mir in den Weg. Ich wußte nicht, ob es ein Vogel oder eine

Fledermaus war; es hatte sich zu schnell bewegt und war rasch im Schatten verschwunden.

Dan umkreiste die gesamte Einfriedung. Er ging langsam und rezitierte verhalten. Ab und zu blieb er abrupt stehen und griff in den großen Beutel, den er bei sich trug. Bei jedem Halt nahm er ein kleines Stoffbündel heraus und band es an den Zaun, bevor er weiterging. Er tat das siebenmal.

Viermal nahm er eine Brise Tabak oder irgend etwas anderes aus einem kleinen Beutel und opferte es dem Wind. Er tat es nicht gedankenlos wie jemand, der Samen aussät, sondern blieb stehen, schaute vom Zaun weg und hielt die Substanz auf Armeslänge von sich, bot sie dem Himmel und dann der Erde dar und sprach schließlich eine leise Beschwörung, bevor er das Kraut sanft dem Wind preisgab, wie jemand, der einen Vogel freiläßt oder die Asche eines Toten verstreut.

Ich folgte ihm schweigend. Dans Gesang wirkte unirdisch. Er schwebte zwischen den Böen und Echos des Windes, als ob er ein Teil davon sei. Als wir die Umrundung beendet hatten, öffnete Dan das Tor und trat ein. Er sang jetzt lauter und kräftiger. Der Wind schien mit ihm zu singen, sein Lied zu ergreifen und es mit seinem eigenen zu verbinden. Ich stand am Tor, unsicher, ob auch ich eintreten durfte. Obwohl die Begrenzung nur aus Ketten bestand, heiligte irgend etwas den Boden dahinter – vielleicht die strenge Förmlichkeit der Zementeinfassung oder das Monument in der Mitte –, wies ihn als Sanctum Sanctorum aus, für dessen Betreten man eine Genehmigung brauchte.

Dan spürte, daß ich nicht hinter ihm war. Er drehte sich herum und sah mich am Tor stehen. Er bedeutete mir mit einer Kopfbewegung, ihm zu folgen.

»Kommen Sie.« Dans Englisch klang gestelzt und distanziert, wie bei einem Mann, der nicht seine eigene Sprache spricht. Er wandte sich ab und verband seine Stimme noch einmal mit dem Chor des Windes.

Ich lief zögernd die Zementeinfriedung entlang. Ihre Akkuratesse erinnerte an städtische Plätze, wirkte auf dieser zugigen Kuppe fremd und fehl am Platz.

»Kommen Sie«, sagte er wieder. Er stand neben dem Monument.

Tief aus seinem Beutel zog er eine lange Rolle aus einer Art Sämischleder. Sorgfältig rollte er sie auf und entnahm einen kleinen roten Pfeifenkopf. Er nahm auch den hölzernen Stiel heraus und paßte ihn auf den Kopf. Dabei sang er ohne Unterbrechung.

Ich betrachtete das schiefergraue Monument hinter ihm und versuchte, im Mondlicht die Inschrift zu lesen. Schatten verdunkelten das meiste, aber ich konnte den ersten Satz entziffern: »Dieses Monument wurde von den überlebenden Angehörigen und anderen Oglala- und Cheyenne River-Sioux zum Gedächtnis an das Häuptling-Big-Foot-Massaker vom 29. Dezember 1890 errichtet.« Darunter stand noch mehr, und dann der Satz: »Viele unschuldige Frauen und Kinder, die niemandem etwas Böses getan hatten, starben hier.«

Ein Gefühl völliger Verzweiflung überkam mich. Dan hatte die Pfeife gestopft und war dabei, sie anzuzünden. Das Streichholz leuchtete in der Dunkelheit auf und verlosch sofort. In diesem Moment der Helligkeit gelang es mir, eine weitere Seite des Monuments zu lesen. »Hier starb Horncloud, der unschuldige Friedensstifter.«

In all diesen Worten ertönte ein Aufschrei, alle beteuerten Unschuld. Was war hier geschehen?

Dan hatte die Pfeife angezündet und sah gen Westen. Er hielt die Pfeife anders herum, so daß der Stiel in Richtung des dunklen Horizonts zeigte. Darauf drehte er sie wieder um und rauchte, wobei er den Rauch mit hohler Hand um seinen Kopf verteilte.

Er umkreiste das Monument und wiederholte das gleiche gen Norden, Osten und Süden, während er in jede der Richtungen eine persönliche Beschwörung sprach.

Als er fertig war, reichte er mir die Pfeife.

»Rauchen Sie«, sagte er. »Sie müssen auch beten.«

Ich nahm die Pfeife und versuchte, ihn zu imitieren, indem ich den Hals in Richtung Westen hielt.

»Nein«, unterbrach er mich. »Sie müssen Ihr Herz läutern.« Der Wind blies über mich hinweg. Funken sprangen aus der Pfeife und flogen in die Dunkelheit.

»Ich versuche es.«

»Sie müssen sich selbst vergessen. Sie sind nicht um Ihrer selbst willen hier. Und auch nicht meinetwegen. Hier ist Wounded Knee*. Sie stehen auf dem Grab.«

Bei diesen Worten schien die Erde unter meinen Füßen zu beben. Ich betrachtete die Zementeinfriedung. Dan sah es. »Ja, genau. Das ist das Grab. Die Leichen von zweihundert Lakotas sind hier begraben. Alte, Frauen und Kinder. Kinder wie Ihr Sohn. Sie wurden auf der Flucht vor euren Soldaten getötet. Danach wurden sie hier in einen Graben geworfen. Übereinander und mit Erde bedeckt. Hier ist ihr Grab.«

Ich bewegte mich weiter zurück auf die Einfriedung zu, als ob es mich vor dem Aufstehen der Kräfte unter meinen Füßen schützen würde, wenn ich mich daraufstellte. Dan zeigte durch den Bogen hinunter auf die Straße. Eine dunkle Masse von

---

* Sitting Bulls Gefährten kamen nach seinem Tod in die Badlands, wo sie sich den Minniconjou unter Häuptling Big Foot anschlossen. Diese hatten entschieden, sich General James W. Forsyth zu ergeben. Am 29. 12. 1890 kamen sie an Wounded Knee an, einem Flüßchen, an dem die amerikanische Armee lagerte. Die meisten Soldaten waren betrunken und schossen auf die unbewaffneten Indianer. Es gab ein schreckliches Blutbad, bei dem etwa 300 Männer, Frauen und Kinder ums Leben kamen. (A. d. Ü.)

Bäumen säumte ein Bachbett. »Dort«, sagte er. »Dorthin rannten sie und wollten sich in dem Bachbett verstecken. Sie drängten sich aneinander, und die reitenden Soldaten schossen sie nieder. Sie ließen sie sterbend und erfrierend im Schnee liegen. Als unsere Leute sie fanden, entdeckten sie kleine Babys, mit Blut bedeckt und halb erfroren, die noch versucht hatten, an den Brüsten ihrer toten Mütter zu trinken.« Er drehte sich und hielt meinen Blick fest. »Kleine Jungen wie Ihr Sohn, Nerburn«, sagte er noch einmal. »Ihr Geist weint noch.«

Ich starrte über seine Schulter auf die dunklen Hügel. Gebilde tanzten wild im Mondlicht. Ein Bild meines Sohnes – er rannte – stieg vor mir auf. Es war, als wäre er da, lebend. Er rannte, was das Zeug hielt, wie ein kleiner Junge es tut, voller Energie, kam aber nicht schnell voran. Er rannte mir entgegen den Hügel hinauf, rief mir etwas zu, mit einem schrägen Lächeln und tanzendem blondem Haar streckte er die Arme nach mir aus. Seine Stimme ertönte im Wind; ich hörte sie. Dann explodierte er, er war blutüberströmt, und ich konnte ihn nicht erreichen.

»Die Pfeife«, hörte ich Dan sagen.

Ich hielt sie hoch und begann zu zittern. Ich wollte dieses Bild nicht. Es sollte weggehen. Aber ich hatte keine Macht darüber.

»Die Pfeife«, sagte Dan wieder. Der Wind war wie ein Chor. Tausend Stimmen vereinten sich zu einer.

Ich nahm die Pfeife und zog daran. Die Wärme des Tabaks und des *Kinnikinnik** erfüllten meinen Mund. Das süße, beißende Aroma umgab mich wie eine Wolke, nahm mich mit sich fort von dem Hügel, von den Sternen, von dem Wind und der Nacht. Es war wie eine Wand, die mich vor dem entsetzlichen Bild meines in Stücke gerissenen Sohnes schützte.

---

* Kinnikinnik, Tabakmischung der Indianer, der auch andere Pflanzen beigefügt waren. (A. d. Ü.)

Ich inhalierte nochmals. Die Wärme tröstete mich. Mit der hohlen Hand verteilte ich den Rauch um mich herum wie einen Schutz, einen Schild, eine Friedensdecke. Ich wollte nicht, daß die Vision zurückkehrte. Ich hielt die Pfeife gen Westen. Der Rauch ringelte sich aus dem Mundstück zum Himmel empor.

»Beten Sie«, sagte Dan. »Ich weiß, daß Sie es können. Ich habe es gesehen.« Das war keine Bitte, es war mehr ein Befehl, ein Flehen. »Beten Sie. Zum Westen.« Ich zitterte stark. Das Bild meines Sohnes stand mir wieder vor Augen.

»Zu wem?« stotterte ich. »Ich weiß nicht, was ich . . .«

»Der Westen, Nerburn. Sprechen Sie zum Westen«, beschwor mich Dan.

Das Bild meines Sohnes verließ mich nicht. Immer wieder kam er auf mich zu, lächelnd, mit ausgestreckten Armen. Ich versuchte zu beten, wie ich es bei Dan beobachtet hatte.

»An dich, den Westen, wo Träume Flügel haben und der Tag zur Ruhe kommt. Erhöre mich, nimm dieses Bild von mir.« Ich inhalierte den süßen Rauch und blies ihn in den Wind.

»Bitten Sie nicht, beten Sie einfach«, sagte Dan. »Es ist nicht an Ihnen, zu sagen, was geschehen wird. Jetzt der Norden.«

Ich wandte mich nach Norden. Das Bild verging nicht. Ich wußte nicht, wie man zu einer Himmelsrichtung betete, nicht einmal, welche Worte man benutzte. Alles, was ich wollte, war, das Bild aus meinem Kopf zu verbannen. »Lieber Norden«, sagte ich ungeschickt und wie ein Kind. »Du bist die Richtung meines Geistes, die Richtung der Vorsicht und der großen Dunkelheit, du schickst den Winter und die Phantome, den Schnee, der uns in Einheit bedeckt. Dies ist mein Opfer an dich.« Ich zog stark an der Pfeife – Rauch quoll heraus.

»Gut«, hörte ich Dan sagen.

»Der Osten.«

Das schwere, intensive Aroma der Tabakmischung umgab

325

mich. Ich drehte meinen Rücken dem Wind zu und hielt den Stiel in die Dunkelheit. »Dir, Osten, Richtung des Sonnenaufgangs, wo die Hoffnung geboren wird und jeder Tag neu beginnt, bringe ich dies Opfer dar.« Wieder inhalierte ich und verteilte den Rauch mit der hohlen Hand um meinen Kopf herum.

»Jetzt der Süden.«

Ich drehte mich. Die Pfeiler mit dem Bogen aus Gitterwerk und dem winzigen weißen Kreuz erhoben sich vor mir. Durch sie hindurch sah ich das Bachbett und die Bäume, voller Schatten und Bewegung. Rauch und Wind ließen meine Augen tränen und die Konturen zu rennenden Kindern und schreienden Frauen verschwimmen. Ich kniff die Augen auf und zu. Auf den Hügeln humpelten Silhouetten alter Männer mühsam auf die Bäume zu, stolperten wie Dan auf der gefrorenen Erde.

Über mir knallten die Bänder im Wind wie Schüsse. Wolken trieben vor den Mond. Die kleinen Kinder rannten wie mein Sohn; die alten Männer, gebrechlich, mit morschen Knochen, hatten die Bewegungen Dans oder meines Vaters, während sich die alten Frauen hektisch und schwerfällig zusammendrängten, um die jungen Frauen und die Säuglinge zu schützen.

Um mich herum heulte der Wind. Ich schloß die Augen, um diese Bilder zu verscheuchen. Mein Sohn rannte mit ausgestreckten Armen auf mich zu.

»Nein«, schrie ich. »Ich will nicht mehr!«

»Der Süden«, sagte Dan. »Der Süden.«

»Dem Süden, aus dem die Wärme kommt und die Ruhe und das Wachstum und die Farben und das Leben, bringe ich diese Pfeife dar.«

Ich zog und blies den Rauch in die Luft. Der Wind ergriff und zerstreute ihn. Ein Stöhnen und Wehklagen ertönte. Vielleicht war es der Wind, der im Draht des Zaunes sang. Die Bänder peitschten und knatterten.

326

»Dem Himmel. Für *Wakan Tanka*«, befahl Dan.

Ich wies mit dem Pfeifenstiel gen Himmel. Ich wußte nicht, was ich tat und warum ich es tat. »*Wakan Tanka*«, stieß ich hervor. »Gott, Schöpfer, Vater. Ich weiß nicht, bei welchem Namen ich dich rufen soll oder ob du überhaupt mein Gott bist. Erhöre mich. Nimm an diesen Rauch, der zu dir aufsteigt.«

Ich öffnete meine Augen. Rauch strömte aus dem Mundstück der Pfeife und kräuselte sich eilig dem Mond entgegen. Wieder schloß ich die Augen, drehte die Pfeife und nahm einen Zug.

»Nun die Erde.«

Ich hielt den Stiel nach unten. Einen Augenblick lang hatte ich das Gefühl, etwas zog daran. Ich sprang zurück. »Der Erde, unser aller Mutter, aus der alles Leben entspringt und zu der wir zurückkehren, bringe ich diese Pfeife dar. Bitte, erhöre mich.« Ich rauchte zu Ende und schwieg. Die Pfeife schien leichter in meiner Hand zu wiegen. Die Bilder schwebten immer noch vor meinen Augen, waren aber ruhiger und ferner.

Ich spürte Dans Hand auf der Pfeife. Sanft entzog er sie meinem Griff.

»Setzen Sie sich«, sagte er mild. »Sprechen Sie. Sagen Sie die Wahrheit. Sagen Sie, was Sie in Ihrem Herzen bewegt.«

Mit einem Seufzer glitt ich zu Boden. Mein Rücken war an das Monument für die Toten gelehnt. Ich zitterte noch. »Ich habe Angst«, sagte ich. »Da ist so viel Schmerz, so viel Furcht. Ich sehe meinen Sohn auf mich zulaufen, er will zu mir. Er stirbt – erschossen, explodiert. Ich sehe alte Menschen – von meiner Phantasie oder meinen Schuldgefühlen erweckt – auf diese Schlucht zuflüchten. Ich fühle mich so grausam, so schuldig, als wäre alles Wirklichkeit, und ich müßte etwas tun, kann aber nicht. Ich kann das Schreckliche nicht aufhalten, aber ich will nicht, daß es geschieht . . . geschehen ist. Nichts von alldem soll geschehen sein. Ich will, daß es anders war.«

»Sprechen Sie weiter«, sagte er und begann, leise zu singen. Ich saß wie ein Junge im Beichtstuhl, mit geschlossenen Augen nach vorn gebeugt. Meine Worte ergossen sich in die Dunkelheit, während der Priester eine ferne Absolution murmelte. Ich umklammerte meine Knie und wiegte mich vor und zurück.

»Ich weiß gar nicht, was ich hier mache. Ich weiß nicht, warum ich es tue. Ich weiß nicht, ob ich mir das alles zusammenphantasiere oder ob Kräfte am Werk sind, die ich nicht ergründen kann. Ich möchte glauben, aber ich habe Angst und will nichts Heiliges stören oder erzürnen. Ich will einfach nur tun, was richtig ist, und meine Familie beschützen und in dieser Welt etwas Gutes tun.«

Dan sang lauter. Als ich seine Hand auf meiner Schulter spürte, öffnete ich die Augen und sah hoch. Er stand über mir, seine linke Hand auf meiner Schulter, die Augen geschlossen. Sein Gesicht war dem Mond zugewandt, und er sang etwas auf Lakota. Er nahm die Hand nicht weg, hielt mich sanft fest, wie Danelle es getan hatte, während er zum Himmel sprach und sang. Die Pfeife lag in seinem rechten Arm wie ein Säugling.

»Was schmerzt am meisten?« fragte er ruhig, ohne die Augen zu öffnen.

»Die Qualen der Kinder und Alten. Ihr Tod, ihr Vertrauen, die Zerstörung ihrer Welt.«

»Was noch?«

»Daß mein Herz vielleicht nicht rein ist. Daß ich aus den falschen Beweggründen hier sein könnte.«

»Was noch?«

»Daß es für alles Gründe gibt, die zu hoch für mich sind, und daß ich vielleicht nur wieder ein Weißer mit guten Absichten bin, der am Ende Schaden verursacht. Das ist meine größte Angst.« Ein Windstoß fuhr heftig über mein Gesicht. Der seltsam klagende Laut ertönte wieder.

»Und daß die Erde weint und nichts mehr ihre Tränen trocknen kann.«

Dan hatte aufgehört zu singen. Er ließ sich langsam mir gegenüber auf dem Boden nieder. Ich drängte mich gegen das Monument für die Toten. Er intonierte ein langes Gebet auf Lakota und wechselte dann zum Englischen über. »Ich werde nun wieder sprechen.« Aus einem kleinen Lederbeutel in seinem Hemd nahm er einen runden Stein, den er in der Hand hielt, als er begann.

»Sie haben gut gesprochen. Ihre Worte hätten meine Worte sein können. Auch ich fürchte mich vor dem, was wir tun, und auch ich fürchte mich davor, einige Mächte zu erzürnen. Doch die Kinder sind tot. Die Alten sind tot. Der Schmerz ist zu groß, um schweigend ertragen zu werden. Wir müssen sprechen. Wir müssen gemeinsam sprechen.«

Seine Worte waren an mich gerichtet, doch klangen sie förmlich und bestimmt.

»Jede Nacht, wenn ich mich schlafen lege, sehe ich die Alten und die Kinder. Ich sehe sie hier. Ich sehe sie am Sand Creek*. Ich sehe sie in Hunderten von Lagern, die nun vergessen sind. Auch ich werde ihnen bald folgen. Ich will wissen, warum sie auf der Flucht sterben mußten. Ich will wissen, warum unser Land zerschnitten und verwundet wurde und warum es uns nicht vergönnt war, unser Land, unsere Kinder und unsere Alten gegen euch zu verteidigen. Ich will wissen, warum der Schöpfer dies geschehen ließ. Mein ganzes Leben lang wollte ich es wissen.

---

* Beim Massaker am Sand Creek in Colorado wurden am 28. 11. 1864 300 Cheyenne, von denen nur 25 erwachsene Krieger waren, von 750 Milizsoldaten unter der Führung von Colonel John Milton Chivington niedergemetzelt. Die Cheyenne hatten sich kurz zuvor unter den Schutz der US-Armee gestellt und am Sand Creek ein Winterlager errichtet. (A. d. Ü.)

Aber ich bin nur ein Mensch, wie Sie auch. Ich kann bis zum Rand meines Lebens blicken, aber nicht darüber hinaus. Ich kann nicht sehen, was jenseits des Horizontes ist. So hat der Schöpfer uns gemacht.

Doch nun bin ich alt. Viele Stimmen sprechen zu mir. Sie sagen, vielleicht wird Land nicht mit Liebe, sondern mit Blut erkauft. Sie sagen, vielleicht mußte mein Volk sterben, um die Erde mit seiner Wahrheit zu nähren. Vielleicht mußten wir zur Erde zurückkehren, damit wir in euren Herzen wachsen können. Oder wir müssen zurückkommen und die Täler und Hügel mit unserem Gesang erfüllen. Wer kann das wissen?

Bestimmt gibt es größere Wahrheiten als unsere. Der Schöpfer hört und sieht weit über den Horizont hinaus. Ich muß Tränen für mein Volk vergießen und Lieder singen, damit es für immer geachtet wird und niemals stirbt. Dennoch kenne ich den Willen des Schöpfers nicht. Vielleicht werden wir eines Tages erleuchtet, vielleicht auch nicht. Vielleicht gibt es eine neue Wahrheit, größer noch als die der Lakota, größer als die aller indianischen Stämme, größer als die Wahrheiten, die euer Volk in dieses Land gebracht hat, größer als all unsere Wahrheiten zusammengenommen, und vielleicht sind wir hier, um sie gemeinsam zu finden.

Hören Sie meine Worte.

Die Zeit des Kämpfens ist vorbei. Unser Zorn muß begraben werden. Kann ich den meinen nicht begraben, müssen es meine Kinder tun. Und wenn sie es nicht vermögen, ist es an ihren Kindern oder Kindeskindern. Wir sind Gefangene unserer Herzen, und nur die Zeit kann uns befreien. Ihr Volk muß lernen, seine Arroganz abzulegen. Es ist nicht das einzige Volk dieser Erde. Euer Weg ist nicht der einzige. Auf viele Arten verehren die Völker den Schöpfer, und auf viele Arten lieben sie ihre Familien. Euer Volk muß lernen, das zu respektieren.

Es ist eure Gabe, materielle Macht zu besitzen. Ihr habt große Stärken, die anderen Völkern nicht gegeben sind. Könnt ihr sie mit ihnen teilen oder nur einsetzen, um noch mehr zu bekommen? Das ist eure Herausforderung – einen Weg zu finden, eure Gabe zu teilen, denn sie ist stark und gefährlich.

Mein Volk ist der Schatten, der euch an euer Versagen gemahnt. Es ist unser Gedächtnis, daß euch auf dem rechten Weg halten muß. Es nützt nichts, so zu tun, als hätten wir nie existiert und als hättet ihr uns nicht vernichtet. Es war unser Land. Wir werden immer hier sein. Ihr könnt unser Gedächtnis ebenso wenig auslöschen, wie ihr die Sonne verdecken könnt, indem ihr eure Hand über die Augen legt.

Ich empfinde große Trauer, daß der Schöpfer entschieden hat, uns zu zerstören, um euch Leben zu schenken. Aber möglicherweise ist das gar nicht so traurig, denn lehrt nicht eure Religion, daß er das gleiche mit Jesus tat? Vielleicht war es die Macht unseres Geistes, die dem Schöpfer sagte, daß nur wir allein euch, die ihr euer Herz so sehr an unwichtige Dinge hängt, retten könnten.

Vielleicht sind wir die echten Söhne und Töchter Gottes, die am Kreuz eurer Ängste und eurer Gier sterben mußten, damit ihr vor euch selbst gerettet werden konntet.

Ist das so seltsam? Ich glaube nicht. *Wakan Tanka,* das Große Geheimnis, der Schöpfer, Er, den ihr Gott nennt, weiß, daß die Menschen unseres Volkes stets bereit waren, füreinander zu sterben. Es war unsere größte Ehre. Vielleicht ist es die größte Ehre von allen, daß wir als Volk fähig waren, für die ganze menschliche Rasse zu sterben. *Wakan Tanka* allein weiß es.«

Er reichte mit seiner knorrigen Hand herüber und ergriff mein Handgelenk.

»Geben Sie mir Ihre Hand«, sagte er. »Wir sind Brüder. Du bist mein Sohn. Dir gebe ich meine Vision, selbst wenn ich dir nicht mein Wissen geben kann. Nicht weit von hier liegt einer in der Erde, der in Wahrheit mein Sohn war. Er konnte den Schmerz, zwei Wahrheiten zu kennen, nicht ertragen. So gebe ich meine Vision weiter an dich, der nur eine Wahrheit kennt. Mögest du sie leichter tragen. Mögest du sie leichter verkünden.

Die Geister werden dir helfen. Es gibt Geister, die uns allen helfen. Wenn nur euer Volk lernen könnte, ihnen zu lauschen, in die Sonne treten könnte und für den Tag danken, dann würdet ihr sie finden. Dann würdet ihr nicht so bedenkenlos Schaden anrichten oder des Nachts so ruhig schlafen, nachdem ihr den ganzen Tag nur für euer eigenes Wohl gearbeitet habt.

Die Erde ist tief, Nerburn, und ihr Wissen ist groß. Lausche den Sternen, und lausche dem Wind. Tu, was du tun mußt, um die Stimmen zu finden, die zu dir sprechen werden. Sie sind da. Sie rufen. Suche sie, und verbreite ihre Worte.

Ich werde jetzt beten.«

Er ließ mein Handgelenk los. Eine unbezwingbare Müdigkeit überkam mich. Die Augen fielen mir zu.

»Schlaf«, sagte er. »Aber gib acht.«

Ich hörte ihn kaum. Seine Worte waren fern wie die Wolken am Himmel.

An diese Nacht habe ich keine sehr deutlichen Erinnerungen. Ich fiel in einen unruhigen Schlaf voller Heulen und Heimsuchungen. Bilder zerbarsten und setzten sich wieder zusammen. Ich kam an die Oberfläche, öffnete meine Augen, war einen Moment lang in Panik, bis mir wieder einfiel, wo ich war, und fiel dann in noch tiefere Abgründe, in denen Ängste mit Erinnerungen verbunden waren und die Ahnung künftiger Gefahren dräuten, wie die gespenstischen Backsteinpfeiler, die vor dem Tor Wache hielten.

Ich erinnere mich an die Kälte des Betons unter mir, und wie ich mich immer wieder randrückte, als wäre die Erde selbst ein dunkles Meer, das gefährlich und unergründlich nach meinen Füßen leckte.

Einmal erwachte ich und setzte mich kerzengerade auf. Dan stand außerhalb der Einfriedung mit ausgestreckten Armen, den Blick auf die Hügel gerichtet. Der Mond hatte sich weit in den Himmel zurückgezogen – ein fernes, leeres Gestirn, das weder Licht noch Wärme entsandte.

Ich beobachtete ihn einen Moment lang. Er bewegte sich nicht. Vielleicht sang er, doch ich hörte nichts. Ich wollte zu ihm gehen wie ein Kind zu seinem Vater, aber meine Glieder waren zu schwer. Wieder stürzte ich in den Abgrund unruhiger Träume.

Ich überschlug mich; es war ein reales Gefühl, kopfüber, schwindelerregend.

Irgendwo tief unten kam ich an einen Ort. Es war kein richtiger Ort, aber er schien real, denn als ich dort ankam, stand die ganze Welt still wie vor einem Sturm, und die schwindelnden Bilder und wirbelnden Erinnerungen verschwanden plötzlich.

Ich stand in einem Tal, in dem ich noch nie zuvor gewesen war, aber ich wußte, daß ich warten mußte. Ich wartete auf einen orangefarbenen Falken, der über den Berg hinter mir kommen würde.

Schweigend beobachtete ich den Himmel über mir, bis der leuchtende Vogel sich mit überirdischer Geschwindigkeit näherte. Er stieß auf einen braun-weißen Falken hinunter, den ich nicht gesehen hatte.

Ich schützte meine Augen vor dem Anblick. Als ich wieder hinschaute, erblickte ich einen majestätischen, vielfarbigen Vogel mit Federn in verschiedenen Schattierungen. Ich kann mich nicht an alle Farben erinnern – nur an Gelb, Orange, Rot und Gold –, doch seine Erscheinung war von strahlender Schönheit.

Sie beherrschte den Himmel, und das Licht schien durch die ausgebreiteten Flügel wie die sinkende Sonne durch buntes Glas. Er schien die anderen Falken nicht zu bemerken, die links in Richtung des Berges davonflogen. Sie wurden zu unbedeutenden Punkten am Himmel, während er großartig dahinschwebte, direkt über mir hing, zwischen mir und der Sonne.

Dieser Traum ist mir geblieben, unberührt von der Zeit. Er ist ein Raum, den ich bewohne wie eine Erinnerung von unendlicher Ausdehnung. Doch schien er nicht allein mein Traum zu sein. Es war, als hätte es ihn schon immer gegeben. Als wäre ich nur darauf gestoßen, wie man auf ein Tal stößt, wenn man einen Berg erklimmt.

Als ich schließlich erwachte, fühlte ich mich nicht wie aus dem Schlaf, sondern wie aus einer Trance erwacht. Meine Augen und mein Bewußtsein waren völlig klar.

Der Morgen war angebrochen. Dünne Schleier violetter Wölkchen legten sich im Osten über den Himmel. Der Chor der Vögel ertönte in der Dämmerung, und die Berge waren in die Morgensonne getaucht.

Dan stand am Rand der Gräber und blickte nach Osten. Ein alter, verwitterter Verschlag mit mehreren Schrottautos stand in der Ferne. Auf ihm stand mit weißer Farbe: »Wounded Knee ist nicht verkäuflich.«

Im Tageslicht konnte ich die Gräber mit ihren Kreuzen, Grabsteinen und Plastikblumen besser betrachten. Einige waren mit kleinen Steinen bedeckt, die scheinbar mit einer bestimmten Absicht daraufgelegt worden waren. Der Boden der Einfriedung war niedergetreten und ausgelaugt, nicht anders als das Grasland, das sich meilenweit um uns erstreckte.

Ich erhob mich, um meine Sachen zu holen. Dan hatte sich der Morgensonne zugewandt. Fatback lag neben ihm, den Kopf auf die Pfoten gelegt. Ungefähr einen halben Meter von ihr entfernt lag der große Lederbeutel, den Dan in der vergangenen Nacht mit heraufgebracht hatte.

Die Morgenbrise war frisch. Sie kündigte einen heißen Tag an. Ich schirmte meine Augen gegen die Sonne ab und schaute zu Dan hinüber. Er trug noch dieselben Sachen wie am Abend zuvor. Man konnte unmöglich sagen, ob er geschlafen hatte oder die ganze Nacht aufgeblieben war.

Er drehte sich nicht zu mir um, aber er hatte meine Bewegung gespürt. »Hast du alles beobachtet?« Er sagte es, als hätte er seit dem Zeitpunkt, zu dem ich eingeschlafen war, keinen anderen Gedanken gehabt.

Lautes Sprechen in der Einfriedung erschien mir unangebracht. Ich öffnete das Tor und ging zu ihm hinüber.

»Ja, ich glaube schon.«

»Was hast du gesehen?«

Ich erzählte ihm von dem seltsamen stillen Berg und dem durchscheinend-vielfarbigen Vogel. Er saugte an seinen Lippen und dachte eine Minute nach.

»Ich denke, du wirst jetzt schreiben können.« Er nahm seinen Beutel und machte sich auf. Ich vermutete ihn auf dem Weg zu einem persönlichen Ritual, aber er ging geradewegs zwischen den Pfeilern hindurch und begann den Abstieg.

Bis ich meine Tasche, die neben dem Monument lag, geholt hatte, steuerte Dan schon den zerfurchten Erdpfad hinunter, der zum Parkplatz führte. Auf der Straße unter uns hatte der Verkehr eingesetzt. Süßer morgendlicher Duft erfüllte die Luft.

Eilig bemühte ich mich, ihn einzuholen.

»Was bedeutet er?« fragte ich.

»Es war eine gute Nacht«, sagte Dan.

»Ich meine den Traum. Was bedeutet er?«

Er grinste mich boshaft an. »Woher, zum Teufel, soll ich das wissen? Ich kann keine Träume deuten. Dafür mußt du einen

Wichasa Wakan finden. Die sind nicht billig. Wahrscheinlich mußt du deinen Wagen eintauschen.«

Der Wind blies bereits warm und trocken, als wir am Fuß des Hügels ankamen. Ein heißer Tag kündigte sich an.

An einem Rastplatz in der Nähe gab es ein paar Stände, an denen Indianer Ohrringe und Traumfänger an die wenigen Touristen verkauften, die hier vorbeikamen. In der Morgensonne wirkte die Rinne, in der das Massaker stattgefunden hatte, mild und lichterfüllt. Die kalte Winternacht mit dem Schreien und Morden war beinahe unvorstellbar geworden.

An den Ohrring-Ständen spielte jemand *Powwow*-Musik aus dem Kassettenrecorder. Dan holte eine Flasche aus seinem Beutel. Das süße Zwitschern der Lerchen ertönte aus dem raschelnden Gras. »Möchtest du Wasser?«

Dankbar nahm ich einen Schluck und spülte mir den Mund. Er hockte sich hin und steckte sich eine Zigarette an. Frieden und Harmonie lag über dem ganzen Land.

Ich überließ Dan seinen Gedanken und ging hinüber zu einem großen Schild, daß die Ereignisse des Massakers beschrieb. Eine ausführliche Zusammenfassung war mit Farbe auf eine weiße, an zwei Pfosten genagelte Tafel gemalt.

Die Geschichte wirkte traurig, aber fern. Die fliehenden Lakota, das Winterlager, die Soldaten, der Angriff, die Verwirrung, die Toten. Wieder eine bloße Aneinanderreihung von Worten, die die Tragödien und Ungerechtigkeiten der amerikanischen Geschichte aufzeichneten. Die Leute fuhren vorbei, lasen sie vom Wagen aus, kauften einen Traumfänger und fuhren weiter. Die Black Hills und Mount Rushmore lagen nur eine Stunde entfernt. Auch heute noch gibt es Touristenbähnchen und riesige Wasserrutschbahnen zu besuchen. Vielleicht wird einem sogar eine Aufführung der Erschießung von Wild Bill Hickcock oder der Black-Hills-Passionsspiele geboten.

Dan hockte gelassen mitten auf dem kiesbedeckten Rastplatz. Der aufsteigende Rauch seiner Zigarette wurde rasch vom Morgenwind erfaßt. Weit oben auf dem Hügel standen die beiden Backsteinpfeiler mit ihrem Bogen einsam gegen die Sonne.

»Wirkt ganz anders bei Tageslicht«, sagte ich, als ich wieder neben Dan stand.

»Stimmt. Über alles wächst das Gras.«

In der Ferne dröhnte das Geräusch eines starken Motors durch die morgendliche Hitze.

»Pünktlich«, sagte Dan, als Grovers Buick auf dem Hügel sichtbar wurde. Woher sie wußten, wieviel Uhr es war, und wie sie das Treffen arrangiert hatten, war mir unklar. Der brummende Wagen hielt neben uns, und Grover beugte sich hinaus in die Sonne. Er war frisch gebadet und rasiert. Er trug ein blütenweißes T-Shirt, das im strahlenden Morgenlicht fast bläulich wirkte. Ein Duft von Rasierwasser wehte uns entgegen.

»Wollen Sie Kaffee, Nerburn?« fragte er. Er nahm einen Styroporbecher vom Armaturenbrett. Der Dampf des Kaffees hatte die Windschutzscheibe mit einem kleinen Kreis beschlagen. »Ich weiß doch, daß Sie das Zeug brauchen.«

Eifrig nahm ich den Becher entgegen und hob ihn an die Lippen. Starker, schaumiger Kaffee mit einem dunklen, kräftigen Aroma strömte in meinen Mund.

»Grover!« sagte ich »Das ist echter Kaffee. Wo haben Sie den her?«

Grover tippte eine Zigarette auf das Armaturenbrett und schnippte sie dann geschickt zwischen seine Lippen. »Beziehungen, Nerburn.«

Dan kam heran. »Probier mal, Alter.« Grover zeigte auf den

Styroporbecher in meiner Hand. Dan nahm einen Schluck und spuckte ihn auf den Boden.

»Schmeckt wie Teer«, sagte er. »Verdammtes Hippie-Zeug.«

»Das ist das Lieblingszeug von Nerburn. Es heißt Capistrano.«

Dan bemühte sich, auch die letzten Überreste auszuspucken.

»Wo hast du das denn hergekriegt?« erkundigte er sich. »So ein Zeug verkaufen sie bestimmt nicht in Pine Ridge.«

»Hab' ein Geschäft gemacht«, antwortete Grover.

»Mit dem Teufel?« fragte Dan.

»Nein, mit den alten Hippies. Weißt du noch, die im Restaurant?«

»Die mit dem grünen Bus?« fragte ich.

»Ja, ich traf sie in Pine Ridge beim Tanken.«

Dan murmelte vor sich hin und schüttelte den Kopf.

»Ein ekelhafter Geruch kam aus ihrem Bus«, erzählte Grover weiter. »Ich dachte, er brennt. Aber als er nicht explodierte, merkte ich, daß es ihr Kaffee war. Also machte ich ein Geschäft mit ihnen.«

»Du hast diesen Mist gekauft?« fragte Dan. »Du bist dümmer als die Indianer, die Manhattan verkauft haben.«

»Ich hab' ihnen versprochen, daß du ihnen vom Großen Geist erzählst und ihnen allen die Hand schüttelst«, antwortete Grover mit todernstem Gesicht. »Sie werden jede Minute hier sein.«

Dan schnaubte angeekelt.

»Im Ernst, Grover«, sagte ich. »Wo haben Sie ihn her?«

»Es ist die reine Wahrheit. Glauben Sie, ich lüge?«

Er lehnte sich bequem in seinem Sitz zurück und blies Rauchringe in den Rückspiegel. Wie sehr Dan und ich ihn auch bedrängten, er gab keine Antwort mehr.

Kapitel 26

Das Versprechen

Die Rückfahrt dauerte fast zwei Tage. Grover fuhr stetig, aber gemächlich. Er verließ nie die Straße, er schlug es nicht einmal vor. Unser »kleiner Ausflug« war am Wounded Knee und dem mysteriösen Ziel Grovers in der Nacht, die Dan und ich auf dem Hügel verbracht hatten, zu Ende gewesen.

Grover hatte sich sehr bemüht, Dan zu überreden, noch zum Mount Rushmore zu fahren, aber Dan wollte nichts davon hören. »Die verdammten Köpfe sind das Schlimmste, was der weiße Mann je getan hat«, schnauzte er. »Die heiligen Berge zu sprengen, um ihnen ein paar weiße Visagen zu verpassen!« Er sprach ausführlich darüber, daß es Indianern gestattet sein sollte, Tacos auf den Altären weißer Kirchen zu verkaufen, im Gegenzug für das, was mit den Black Hills geschehen war, und drohte, auf der Stelle auf dem Parkplatz von Mount Rushmore zu sterben, falls wir ihn zwingen würden, dorthin zu fahren. Schließlich gab Grover den Plan auf und machte sich auf den Rückweg.

Wir konnten uns auf einem öffentlichen Campingplatz in einer kleinen Stadt irgendwo an der Straße duschen. Das nahm dem billigen Toilettenwasser, mit dem Grover sich in der geheimnisvollen Nacht in Pine Ridge von oben bis unten besprengt hatte, etwas die Schärfe. Er gab uns auch später keinen Bericht über diese Nacht, und Dan fragte ihn auch nicht.

Wir fuhren unter zufriedenem Schweigen durch die spätsommerliche Hitze. Fatback schlief die meiste Zeit mit ihrem Kopf in meinem Schoß. Das poetische Wogen der Landschaft ließ mich wieder in meine Träumereien versinken. Zeit und Meilen flogen rasch dahin.

Am späten Morgen des zweiten Tages bog Grover von der Hauptstraße in die Straße zum Reservat ein. Fatback war gespannt und aufgeregt. Sie spürte die Nähe ihres Heimes.

Dan beschirmte seine Augen mit der Hand und blinzelte in die Ferne. »Sieht aus wie ein Büffel da oben.«

Grover beugte sich über das Lenkrad und starrte gegen die Sonne. »Ja, zum Donnerwetter!« pflichtete er bei.

Ich versuchte auszumachen, wohin die beiden starrten. Die Sonne durchbrach in allen Regenbogenfarben kreisförmig die Scheibe, während ich mich bemühte, einen schwarzen Punkt zu beobachten, der sich über den Kamm bewegte.

»Bewegt sich zu schnell für einen Büffel«, bemerkte Dan.

Meine Augen paßten sich langsam an, und die Spitze des Kamms kam in Sicht.

»Das ist mein Truck!« schrie ich.

Weit oben auf der Anhöhe rumpelte mein schwarzer Nissan, eine Staubwolke hinter sich herziehend, über die Prärie.

»Bei Gott, du hast recht«, sagte Dan. »Ich hätte schwören können, es wäre ein Büffel.«

»Jumbo scheint ihn wieder in Gang gebracht zu haben«, fügte Grover hinzu.

Der Truck holperte und hopste über den Kamm und verschwand.

»Willst du etwas zu Mittag?« Dan wandte sich mir zu. Ich starrte immer noch der sich auflösenden Staubwolke nach.

»Was macht mein Truck da oben?«

»Er scheint wieder in Ordnung zu sein«, sagte Grover.

»Ja, Jumbo kann alles reparieren«, pflichtete Dan bei.

Ich schwankte zwischen Freude und Ärger. Ich hatte damit gerechnet, daß mein Wagen für immer kaputt war, aber jetzt fuhr ihn jemand anderes. »Ich habe niemand anderem erlaubt, damit zu fahren«, sagte ich.

»Vielleicht fährt ja auch jemand anderes mit Ihrer Frau, Nerburn«, witzelte Grover. »Darüber scheinen Sie weniger besorgt zu sein.«

»Kommt, wir essen etwas zu Mittag«, schlug Dan vor. »Ein Mann muß essen.«

»Könnten wir nicht zuerst den Truck holen?« wandte ich ein. »Jumbo oder wer auch immer ist vielleicht auf dem Weg nach Seattle. Wer kann das wissen?«

»Ja, das könnte sein«, sagte Dan.

»Warum tut ihr mir das an?« flehte ich.

»Ein alter Mann muß regelmäßig essen, Nerburn.«

Ich hatte keine Wahl. Natürlich konnte ich mich ärgern, aber sie würden mich nur auslachen. Ich konnte betteln, aber sie würden sowieso machen, was sie wollten. Die Staubwolke hatte sich gelegt. Der Kamm war klar zu sehen, und der Truck war verschwunden.

»Ich brauche eine Suppe«, sagte Dan.

»Es ist Samstag, also gibt es Pudel-Nudel-Suppe«, bemerkte Grover. Beide lachten herzlich; es war ein alter Witz zwischen ihnen.

Grover bog nach links ab und fuhr eine Nebenstraße hinunter. Nicht lange, und wir erreichten ein niedriges, mit Teerpappe gedecktes Gebäude. Vor dem Eingang hing eine Reihe Rinderschädel. Auf dem rot-weißen Schild im Fenster stand »geschlossen«, aber draußen parkten Autos und Laster.

Wir stellten uns neben einen alten Volare ohne Radkappen und mit kaputtem Kühlergrill. Das hintere, herausgeschlagene

Seitenfenster war mit einem Stück Pappe verklebt. Der Auspufftopf war mit einem Gummiband befestigt, das auf der einen Seite um das Auspuffrohr geschlungen und auf der anderen am Kofferraumschloß befestigt war.

Ich warf einen Blick auf den Rücksitz. Ein verdreckter Luftfilter und ein Paar Starthilfekabel lagen auf dem rosa Pullover eines kleinen Mädchens inmitten eines Berges von Fast-food-Aluverpackungen.

»Den hat wahrscheinlich Jumbo repariert«, bemerkte Grover.

»Es muß einen besonderen Platz in der Hölle für Leute wie Sie geben«, sagte ich.

»Es gibt keine Indianer dort«, erwiderte Grover. »Alles schon voll mit Weißen.«

Wir betraten den düsteren Imbiß. Am anderen Ende des Raums türmte sich eine riesige Masse auf einem der Hocker.

»Jumbo!« platzte ich beinahe ekstatisch heraus.

Jumbo nickte. Ich sah aus dem Fenster in seinem Rücken. Mein Truck parkte hinter dem Gebäude.

Jumbo war mit einem Teller Hähnchen beschäftigt. Daneben lag ein Berg Knochen auf einer Serviette. In der einen Hand hielt er eine Zigarette, in der anderen einen Schenkel.

»Der Wagen ist fertig«, sagte er so, als hätte er schon die ganze Zeit auf mich gewartet. »Fährt gut.« Er war in gesprächiger Laune.

Ich war nahe daran zu fragen, wieso er damit herumfuhr, beherrschte mich aber.

»Was war denn kaputt?« fragte ich statt dessen.

»Ich esse«, entgegnete Jumbo und ließ keinen Zweifel, daß er im Augenblick wichtigere Dinge zu bedenken hatte.

»Komm schon, Nerburn. Setz dich«, sagte Dan. »Du kannst dich später um deinen Wagen kümmern.«

Zögernd folgte ich ihnen an einen Tisch. Draußen glänzte

mein Truck in der Nachmittagssonne. Jumbo schwenkte sich herum und stand auf. Er griff sich die ovale Platte mit den Hähnchenteilen und stapfte auf uns zu. Zigarettenasche fiel auf den Teller und verschwand zwischen den Flügeln und Schenkeln. Er schleppte sich zu unserem Tisch und ließ sich auf einem freien Stuhl nieder.

»Zwanzig Dollar«, sagte er.

Ich dachte, er teile uns den Preis seiner Hähnchenplatte mit. Er sah mich direkt an. »Zwanzig Dollar«, wiederholte er.

»Für den Wagen?« Plötzlich verstand ich ihn.

Er nickte.

»Für einen Dichtungsring?« fragte ich.

»Es war keine Dichtung.« Er warf Dan einen Blick zu. »Ein Schlauch ist geplatzt. Hatte ihn noch vor dem Abendessen fertig.« Seine Zeiteinteilung richtete sich nach den Mahlzeiten.

»Wie konnte ein Schlauch platzen?« Ich hatte die Schläuche erst im Frühling erneuern lassen.

»Ach, machen Sie sich keine Gedanken, Nerburn«, sagte Grover. »Jetzt ist er ja in Ordnung.«

Irgend etwas an seinem Ton erregte meinen Argwohn. Statt wegen meiner Besorgnis zu sticheln, versuchte er, vom Thema abzulenken. »Wissen Sie etwas, das ich nicht weiß?« fragte ich.

»Ich weiß vieles, das Sie nicht wissen«, sagte Grover.

»Ich meine, über meinen Truck und warum er kaputtgegangen ist.«

»Davon habe ich keine Ahnung«, gab er kurz zurück. Er starrte intensiv in den Kaffeebecher, den die Bedienung gerade vor ihn hingestellt hatte. Dan war völlig damit beschäftigt, mit seinen steifen, arthritischen Händen ein Päckchen Cracker aufzureißen.

»Dan? Haben Sie eine Ahnung, was mit meinem Truck passiert ist?«

»Verdammt noch mal! Kann ein alter Mann nicht einmal mehr in Frieden essen?«

Ich schaute von Dan zu Grover zu Jumbo. Keiner von ihnen sah mich an.

»Ihr Hundesöhne«, rief ich. »Ihr habt das gemacht. Das war eine Falle!«

Dan befreite seine Cracker aus ihrer Zellophanverpackung, und sie fielen auf den Tisch. Grover rührte in seinem Kaffee. Jumbo teilte die Hähnchenteile auf seinem Teller mit dem Zeigefinger, um die Asche zu isolieren.

»Du wirst es nie lernen, Nerburn«, sagte Dan.

»Was?«

»Daß nicht immer die Indianer an allem schuld sind.«

»Wer sonst! Wem soll ich sonst die Schuld geben? Ihr seht mir sehr nach Indianern aus.«

»Wir waren es nicht«, sagte Dan.

»Nein«, kam es von Grover.

»Wer dann?« fragte ich.

Jumbo riß ein Stück Hähnchenfleisch von einem Knochen. »Der Große Geist«, antwortete er. Dan nickte. Ebenso Grover. Nach kurzem Schweigen brachen sie in lautes Gelächter aus.

Die Bedienung kam und ließ eine weiße, fettige Tüte vor Jumbo auf den Tisch fallen.

»Was ist da drin?« fragte Grover. »Du hast doch gerade alle Hühner im Reservat verspeist.«

»Ich muß etwas zunehmen«, sagte Jumbo, wobei er seine Zigarette mit Drehbewegungen im Aschenbecher ausdrückte. »Ich mußte Diät halten. In diesen Nissans ist nicht viel Platz.« Er wuchtete sich hoch. »Muß wieder an die Arbeit.«

Ich wollte meinen Truck jetzt nicht mehr aus den Augen lassen und überließ Dan und Grover ihrer Pudel-Nudel-Suppe. In der Werkstatt wollten wir uns wiedertreffen.

Jumbo führte mich durch die Hintertür des Restaurants auf den Parkplatz, wo mein Wagen so glitzerte, wie ein schwarzer Diamant in der Sonne funkelte. Jumbo warf mir die Schlüssel über das Dach der Fahrerkabine zu und ließ sich auf den Beifahrersitz fallen. Der Truck quietschte und stand wieder still. Ich bürstete einige Kuchenkrümel vom Sitz und glitt hinter das Lenkrad.

Der Aschenbecher quoll über, und es stank nach Fett und Schweiß. Aber der Wagen lief wie neu. Im Leerlauf schnurrte er nur so, und er schien auch besser zu ziehen.

»Ich hab' auch noch ein paar andere Sachen gemacht«, sagte Jumbo stolz. »Die Einstellung war verkehrt.«

»Also haben Sie doch daran gearbeitet«, sagte ich.

Jumbo nickte. »Ziemliche Scheißarbeit. Aber guter Kassettenrecorder.«

Drei Jungs auf Geländerädern fuhren aus der Einfahrt ihres Hauses und begannen zu schreien: *Wasichu-Truck! Wasichu-Truck!* Nimm uns noch mal mit!« Jumbo winkte ihnen aus dem Beifahrerfenster zu, und die Jungen bremsten schlitternd neben uns.

»Gehört mir nicht mehr«, rief Jumbo zurück und warf einen Hühnerknochen ins Gestrüpp am Straßenrand.

Ich lächelte und schaltete in den dritten Gang. Der Truck beschleunigte mit Leichtigkeit und hoppelte über den Kies.

»Das haben Sie gut gemacht«, lobte ich ihn.

Jumbo lächelte zahnlos wie eine Kürbislaterne. »Ich kann alles reparieren«, antwortete er.

Ich ließ ihn vor seiner Werkstatt raus und versuchte, ihm etwas mehr Geld für seine Arbeit aufzudrängen, aber er wies es zurück.

»Zwanzig reichen.« Er stopfte den Schein in die Vordertasche seiner Latzhose. Die Frage nach einer Quittung oder einer

Garantie war undenkbar. Eine schnatternde Schar kleiner Jungen hatte sich neben dem Truck versammelt und kletterte auf der Rampe herum. Ich wollte sie verscheuchen, indem ich meine bevorstehende Abfahrt ankündigte, aber sie machten sich nichts daraus. Der Wagen gehörte inzwischen ebenso sehr ihnen wie mir.

Jumbo hatte mir bereits den Rücken zugewandt und arbeitete an der Kette eines Fahrrads, das auf Sitz und Lenker im staubigen Schatten vor seiner Werkstatt ruhte.

»Nochmals vielen Dank, Jumbo«, sagte ich. Er nickte ein- oder zweimal zustimmend, das war aber auch alles. Er war schon bei anderen Aufgaben.

Bald wandten die Kinder ihre Aufmerksamkeit dem Fahrrad zu, das operiert wurde. Sie standen wie Assistenten um Jumbo herum, gaben Ratschläge und schwiegen, während er die Kompliziertheiten der Kettenspannung und des Schmierens erklärte.

Ich stand allein in der Mittagssonne. Die Hitze war unbarmherzig. Ich konnte mich nicht einmal gegen den Wagen lehnen, ohne mich zu verbrennen. Am Ende der Straße zitterten einige Bäume in der flauen Brise. Ein magerer Hund streunte langsam über die Straße und legte sich in die schattige Vertiefung bei einem Abflußrohr. Die einzigen Geräusche waren das Klicken von Jumbos Schaltrad und das ferne, dumpfe Stampfen einer Maschine, das ungeachtet der sengenden Hitze an- und abschwoll.

Bald vernahm ich das Knirschen von Reifen. Grovers grüner Buick kroch um die Ecke wie ein großes, faules Reptil. Er hielt neben mir an, und Dan kletterte heraus.

»Ist der Truck in Ordnung?«

»Fährt großartig.«

»Jumbo kann alles reparieren.«

»Das stimmt.«

Wir schwiegen und betrachteten den leeren Raum zwischen uns. Ich erwartete, daß er mich zu sich nach Hause einlud, aber nichts dergleichen geschah.

»Also dann«, sagte ich. »Dann mache ich mich am besten auf den Weg. Es wird eine lange Fahrt.«

»Und heiß«, fügte Dan hinzu. »Ich habe etwas für dich.« Er griff durch Grovers Wagenfenster in den Lederbeutel, den er in der Nacht am Wounded Knee bei sich gehabt hatte. Er kramte ein wenig darin herum und nahm einen stilisierten Adler heraus, der aus einem flachen roten Stein geschnitzt war und den man sich um den Hals hängen konnte.

Er hielt ihn mir beiläufig entgegen; es war keine rituelle Übergabe. Ich nahm den geschnitzten Stein aus seiner kastanienbraunen Hand entgegen. Er hielt ihn einen Augenblick lang fest, bevor er losließ, dann gehörte er mir.

Er zog seine Hand nicht sofort zurück. Sie hing in der Luft wie eine Baumwurzel, entblößt, aus der Erde gegraben, offengelegt. Er dachte nach.

Schließlich schüttelte er den Kopf. Sein Gedanke war wie eine Sturmwolke vorübergezogen. Er öffnete die Hand und streckte sie mir entgegen. Der Abschied war gekommen.

Ich nahm seine Hand. Meine weiße Hand in seinen mahagonifarbenen Schwielen und Knoten wirkte kraftlos und ungeformt. Er drückte sie fest. Ein Versprechen lag darin.

Ich sah ihn an, aber er schaute weg. Die Bedeutung lag in den Händen, nicht in den Augen.

»Ich werde meine Aufgabe gut erfüllen«, sagte ich.

Er nickte.

»Ich schicke Ihnen Entwürfe.«

Er nickte wieder.

Es drängte mich zu sprechen, Dinge herauszulassen, ihn zu umarmen, ihm zu danken, irgend etwas zu tun. Er ließ seine

Hand fallen und wandte sich ab. Ich begann erneut zu sprechen. Er hob die Hand bis in Schulterhöhe und bewegte sie leicht. »Du hast genug gesagt«, hieß das. »Sei ruhig.«

Ich stand in der glühenden Hitze und sah zu, wie er den verchromten Griff an Grovers Wagentür umfaßte. Fatback schnaufte und sabberte auf dem Rücksitz. Sie war wieder zu Hause und sehr aufgeregt. Grover beugte sich vor, so daß er mich, dort wo ich stand, sehen konnte. Er berührte seine Hutkrempe einmal kurz mit der Hand – ein winziger Salut –, bevor Dan die Tür öffnete und neben ihn in den Wagen glitt.

Grover schaltete, und der Wagen rollte mit einem tiefen Grollen die Straße hinunter. Ich konnte die Hinterköpfe der beiden Männer sehen, während sie davonfuhren. Allein Fatback hatte sich nach mir umgedreht. Ihre Augen waren halb geschlossen, und ihr Kopf ruhte auf der Hutablage.

Ich hob die Hand und winkte ihr zu. Halb redete ich mir ein und halb glaubte ich, daß sie mich verstehen würde. Sie spitzte die Ohren und warf mir einen niedergeschlagenen Blick zu. Der Wagen rumpelte über eine Anhöhe und war verschwunden.

Die Bäume standen jetzt völlig reglos in der Mittagshitze. Langsam legte ich mir die Kette um den Hals. Der Steinadler war kühl; schwer ruhte er auf meiner Brust. Ich stand im Staub der verlassenen Straße und lauschte auf das in der Ferne immer schwächer werdende, tiefe Brummen von Grovers Buick. Der alte Hund neben dem Abfluß erhob sich, drehte sich dreimal um sich selbst und legte sich dann wieder hin. Noch lange, nachdem schon nichts mehr zu hören war, rührte ich mich nicht von der Stelle.

Dalai Lama

Die Lehren des tibetischen Buddhismus

Mit einem Vorwort
von Richard Gere

Was alle Menschen gemeinsam haben, ist der Wunsch, glücklich zu sein, und genau darin besteht für den Dalai Lama der Sinn des Lebens.

Mit diesem Buch erklärt Seine Heiligkeit westlichen Lesern die Möglichkeiten, die der Buddhismus auf diesem Weg anbietet.

Diese einzigartige Darlegung des gesamten Aufbaus des tibetischen Buddhismus, einschließlich der Vajrayana-Lehren, verbindet klare Einsichten, tiefgründige Analysen und hohe spirituelle Praxis miteinander.

288 Seiten, gebunden

HOFFMANN
UND CAMPE

ARKANA
GOLDMANN

Spirituelle Wege

Varda Hasselmann,
Die Seele der Papaya   21522

M. Scott Peck,
Der wunderbare Weg   13220

Thich Nhat Hanh, Das Glück,
einen Baum zu umarmen   13233

Kathleen Norris,
Als mich die Stille rief   21535

Goldmann • Der Taschenbuch-Verlag